体育院校通用教材

中国武术教程

(下　册)

全国体育院校教材委员会审定

人民体育出版社

图书在版编目（CIP）数据

中国武术教程.下册/全国体育院校教材委员会审定.——北京：人民体育出版社，2003（2025.5重印）
体育院校通用教材
ISBN 978-7-5009-2448-7

Ⅰ.①中… Ⅱ.①全… Ⅲ.①武术—中国—高等学校—教材 Ⅳ.①G852

中国版本图书馆CIP数据核字(2003)第039972号

中国武术教程.下册

全国体育院校教材委员会　审定
出版发行：人民体育出版社
印　　装：三河市紫恒印装有限公司

开　本：787×1092　16开本　印　张：23.25　字　数：533千字
版　次：2004年1月第1版　印　次：2025年5月第23次印刷
书　号：ISBN 978-7-5009-2448-7
印　数：70,691—73,690册
定　价：48.00元

版权所有·侵权必究
购买本社图书，如遇有缺损页可与发行与市场营销部联系
联系电话：（010）67151482
社　　址：北京市东城区体育馆路8号（100061）
网　　址：www.psphpress.com

《中国武术教程》编委会

主　编：邱丕相　上海体育学院教授、博士生导师
副主编：朱瑞琪　北京体育大学教授、博士生导师
　　　　郭志禹　上海体育学院教授、博士生导师
编　委（以姓氏笔画为序）
　　　　关铁云　沈阳体育学院教授
　　　　张选惠　成都体育学院教授
　　　　陈亚斌　西安体育学院教授
　　　　郑旭旭　集美大学体育学院教授
　　　　栗胜夫　河南大学体育学院教授
　　　　康戈武　中国武术研究院研究员
　　　　曾于久　武汉体育学院教授
　　　　蔡仲林　湖北大学体育学院教授
顾　问：蔡龙云　上海体育学院教授、原中国武术研究院副院长

前　言

《中国武术教程》是根据全国体育院校教材建设的总体目标，即逐步建立适应培养社会主义现代化建设者和接班人，面向21世纪、能反映当代体育科学技术水平，具有中国特色的体育教材体系的精神组织编写的。

在人民体育出版社的积极倡导和全国体育院校教材委员会的大力支持下，于2000年11月成立了教材编写委员会，并于2001年3月在主持院校上海体育学院召开了第一次编写会议，明确了分工及时间进度要求。同年12月由主编和副主编在北京对初稿进行了初审，并提出了具体修改意见。2002年4月，全体编委在福建省武夷山市举行了教材定稿会，对全部文稿逐一进行审阅讨论，并对不符合要求的文稿提出了进一步修改的意见。最终于2002年底交与人民体育出版社。

与原全国体育院校专修、普修《武术》教材相比，这本新教材从武术运动发展的时代要求和教学实践出发，更着重于学生专业素质教育和能力培养，努力体现出时代性、实践性、科学性和系统性，以图全面地反映我国武术运动教学训练的理论与实践。新教材分上、下两册，上册为武术运动概论和套路、器械的理论与技术，下册是以散打为主体的教学训练理论与技术。与原教材相比，在理论部分有较大的更新和补充；在技术部分增加了拳、械和项目种类，以及太极推手、中国式摔跤、短兵、擒拿和肘膝技术等。整部教材的内容更加全面，更加充实，也更富有新意。

本教材适用于全国高等体育院校、师范院校体育系的武术专业教学（普修教学可选择其中的有关章节），同时也是硕士研究生和博士研究生极有价值的参考资料。

本教材在编写过程中得到国家体育总局科教司、国家体育总局武术运动管理中心的大力支持；还得到了上海体育学院、集美大学体育学院、福建省武夷山市，以及参编人员所在院校及单位的支持与协助；特别是人民体育出版社自始至终参与了教材的组织、策划、讨论和编辑工作，在此一并表示衷心的感谢。

最后还要说明的是，本教材编写历经三年时间，是众多参编者集体智慧的结晶，除编委会成员外，还有许多作者参与编写工作（在每一章节后均有署名），对他们的辛勤劳动，我们一并表示真诚的谢意。

对本教材中的不足及错误和疏漏之处，恳请广大读者批评指正，我们将不胜感谢。

《中国武术教程》编写委员会
2003年4月

目 录

第十章 散打运动概述 …………………………………………………………（ 1 ）

  第一节 散打的名词概念及其分析 ……………………………………（ 1 ）
    一、古代"搏"字含义及其演变 ……………………………………（ 1 ）
    二、散手一词的使用及沿革 …………………………………………（ 2 ）
    三、武术徒手格斗项目名称的论证 …………………………………（ 3 ）

  第二节 现代散打运动发展简况 ………………………………………（ 4 ）
    一、十年试验阶段（1979~1989年） ………………………………（ 4 ）
    二、快速发展阶段（1989~1998年） ………………………………（ 5 ）
    三、积极开拓国内外武术市场阶段（1998年至今） ………………（ 6 ）

  第三节 散打的特点和作用 ……………………………………………（ 8 ）
    一、散打的特点 ………………………………………………………（ 8 ）
    二、散打的作用 ………………………………………………………（ 9 ）

第十一章 散打的基本技术 …………………………………………………（ 11 ）

  第一节 基本技术 ………………………………………………………（ 11 ）
    一、单个技术 …………………………………………………………（ 11 ）
      （一）实战姿势（预备姿势） ……………………………………（ 11 ）
      （二）基本拳法 ……………………………………………………（ 12 ）
      （三）基本腿法 ……………………………………………………（ 15 ）
      （四）基本摔法 ……………………………………………………（ 23 ）
      （五）基本步法 ……………………………………………………（ 33 ）
      （六）基本防守法 …………………………………………………（ 36 ）
      （七）基本跌法 ……………………………………………………（ 41 ）
    二、组合技术 …………………………………………………………（ 44 ）
      （一）拳法组合 ……………………………………………………（ 44 ）
      （二）腿法组合 ……………………………………………………（ 46 ）
      （三）拳腿组合 ……………………………………………………（ 48 ）
      （四）拳摔组合 ……………………………………………………（ 52 ）

三、应用型技术 …………………………………………………（ 55 ）
　　　（一）主动进攻型技术 ……………………………………（ 55 ）
　　　（二）防守反击型技术 ……………………………………（ 66 ）
第二节　散打的技术特征及要求 …………………………………（ 71 ）
　　一、实战姿势的技术特征及要求 ………………………………（ 71 ）
　　二、步法的技术特征及要求 ……………………………………（ 71 ）
　　三、防守方法的技术特征及要求 ………………………………（ 72 ）
　　　（一）接触性防守的技术特征及要求 ……………………（ 73 ）
　　　（二）非接触性防守的技术特征及要求 …………………（ 73 ）
　　四、跌法的技术特征及要求 ……………………………………（ 74 ）
　　五、踢打的技术特征及要求 ……………………………………（ 75 ）
　　六、摔法的技术特征及要求 ……………………………………（ 77 ）
第三节　散打技法运用的原则 ……………………………………（ 78 ）
　　一、技法中的实用性原则 ………………………………………（ 78 ）
　　二、符合力学作用的原理 ………………………………………（ 78 ）
　　三、全面发展身体的原则 ………………………………………（ 79 ）
　　四、符合竞技对抗性原则 ………………………………………（ 80 ）

第十二章　散打教学 ……………………………………………（ 82 ）
第一节　散打教学的基本特点 ……………………………………（ 82 ）
　　一、了解散打教学的基本特点 …………………………………（ 82 ）
　　　（一）以德为本，贯穿始终 ………………………………（ 82 ）
　　　（二）动作规范，注重实用 ………………………………（ 82 ）
　　　（三）循序渐进，区别对待 ………………………………（ 83 ）
　　　（四）以点带面，触类旁通 ………………………………（ 83 ）
　　　（五）双人配合，贵在和谐 ………………………………（ 83 ）
　　二、散打教学的注意事项 ………………………………………（ 84 ）
第二节　散打教学的阶段和步骤 …………………………………（ 84 ）
　　一、散打教学阶段的划分 ………………………………………（ 84 ）
　　　（一）初步建型阶段（泛化阶段） ………………………（ 84 ）
　　　（二）配合运用阶段（分化阶段） ………………………（ 85 ）
　　　（三）实战提高阶段（巩固和自动化阶段） ……………（ 85 ）
　　二、散打教学的步骤 ……………………………………………（ 85 ）
　　　（一）学会动作 ……………………………………………（ 85 ）
　　　（二）强化体会技术及用力技巧 …………………………（ 86 ）
　　　（三）配合运用 ……………………………………………（ 86 ）
　　　（四）条件实战 ……………………………………………（ 86 ）

　　　　（五）实战 ………………………………………………………（86）
　第三节　散打教学的方法和手段 …………………………………………（86）
　　一、教学方法 ……………………………………………………………（86）
　　　　（一）示范教学法 …………………………………………………（86）
　　　　（二）讲解教学法 …………………………………………………（87）
　　　　（三）完整教学法 …………………………………………………（87）
　　　　（四）分解教学法 …………………………………………………（88）
　　　　（五）模拟教学法 …………………………………………………（88）
　　　　（六）预防和纠正错误动作法 ……………………………………（88）
　　二、练习形式 ……………………………………………………………（89）
　　　　（一）单人练习 ……………………………………………………（89）
　　　　（二）双人练习 ……………………………………………………（89）
　　　　（三）分组练习 ……………………………………………………（90）
　　　　（四）集体练习 ……………………………………………………（90）
　　三、练习方法 ……………………………………………………………（90）
　　　　（一）空击练习 ……………………………………………………（90）
　　　　（二）击点练习 ……………………………………………………（91）
　　　　（三）攻防练习 ……………………………………………………（91）
　　　　（四）递招练习 ……………………………………………………（91）
　　　　（五）打靶练习 ……………………………………………………（91）
　　　　（六）隔空练习 ……………………………………………………（92）
　　　　（七）加难练习 ……………………………………………………（92）
　　　　（八）变易（降低难度）练习 ……………………………………（92）
　　　　（九）假设练习 ……………………………………………………（93）
　　　　（十）模拟练习 ……………………………………………………（93）
　　　　（十一）假实战 ……………………………………………………（93）
　　　　（十二）打沙包 ……………………………………………………（93）
　　　　（十三）条件实战 …………………………………………………（94）
　　　　（十四）实战 ………………………………………………………（94）
　第四节　散打教学课的任务与结构 ………………………………………（94）
　　一、教学课的任务 ………………………………………………………（94）
　　二、教学课的结构 ………………………………………………………（95）
　　　　（一）准备部分 ……………………………………………………（95）
　　　　（二）基本部分 ……………………………………………………（95）
　　　　（三）结束部分 ……………………………………………………（95）
　　三、教案示例 ……………………………………………………………（96）

第十三章 散打训练 （99）

第一节 散打运动员科学选材 （99）
一、遗传选材 （99）
　（一）遗传度选材法 （100）
　（二）皮纹选材法 （100）
二、年龄选材 （100）
三、形态选材 （100）
四、机能选材 （101）
　（一）生理指标测评法 （101）
　（二）生化指标测评法 （101）
五、素质选材 （102）
六、技能选材 （102）
　（一）技术测评法 （102）
　（二）战术测评法 （102）
七、心理选材 （102）
　（一）运动员心理能力测评 （103）
　（二）运动员个性心理特征测评 （103）
八、智能选材 （103）
九、特征选材 （103）
十、专项综合能力选材 （103）

第二节 散打运动员的体能训练 （104）
一、力量训练 （105）
　（一）最大力量的训练 （105）
　（二）速度力量的训练 （108）
　（三）力量耐力的训练 （109）
二、速度训练 （110）
　（一）速度的表现形式和特点 （111）
　（二）速度训练的方法学要素 （111）
　（三）速度训练方法 （112）
三、耐力训练 （113）
　（一）耐力素质的训练成分 （113）
　（二）耐力素质训练的方法学要素 （114）
　（三）耐力素质训练方法 （114）
四、柔韧训练 （116）
　（一）柔韧训练的方法学要素 （116）
　（二）柔韧训练基本方法 （117）

五、抗击力训练 …………………………………………………（117）
　　　（一）拍打训练 ………………………………………………（117）
　　　（二）跌法（倒地）训练 ……………………………………（118）
　　　（三）模拟实战训练 …………………………………………（118）
第三节　散打运动员的技能训练 …………………………………（118）
　　一、散打技能训练的因素 ………………………………………（119）
　　　（一）选择战机 ………………………………………………（119）
　　　（二）选择动作 ………………………………………………（120）
　　　（三）选择部位 ………………………………………………（120）
　　二、散打技能训练的方法 ………………………………………（121）
　　　（一）原地规范动作练习 ……………………………………（121）
　　　（二）结合步法的动作练习 …………………………………（121）
　　　（三）空击练习 ………………………………………………（122）
　　　（四）不接触式的攻防练习 …………………………………（122）
　　　（五）递招练习 ………………………………………………（122）
　　　（六）打靶练习 ………………………………………………（122）
　　　（七）条件实战练习 …………………………………………（122）
　　　（八）实战练习 ………………………………………………（123）
　　三、散打技能训练的要求 ………………………………………（123）
第四节　散打战术及其训练 ………………………………………（125）
　　一、散打战术概说 ………………………………………………（125）
　　二、设计散打战术的原则 ………………………………………（126）
　　三、散打的战术形式 ……………………………………………（128）
　　　（一）直攻战术 ………………………………………………（128）
　　　（二）强攻战术 ………………………………………………（128）
　　　（三）佯攻战术 ………………………………………………（128）
　　　（四）迂回战术 ………………………………………………（128）
　　　（五）制长战术 ………………………………………………（129）
　　　（六）制短战术 ………………………………………………（129）
　　　（七）多点战术 ………………………………………………（129）
　　　（八）重创战术 ………………………………………………（130）
　　　（九）突袭战术 ………………………………………………（130）
　　　（十）反击战术 ………………………………………………（130）
　　　（十一）下台战术 ……………………………………………（130）
　　　（十二）边角战术 ……………………………………………（131）
　　　（十三）体力战术 ……………………………………………（131）
　　　（十四）心理战术 ……………………………………………（131）

四、散打战术训练的任务 …………………………………（131）
　　五、散打战术训练的方法 …………………………………（132）
　　　（一）假设性训练 ……………………………………（132）
　　　（二）战例分析训练 …………………………………（132）
　　　（三）战术分解训练 …………………………………（132）
　　　（四）模拟训练 ………………………………………（133）
　　　（五）条件实战 ………………………………………（133）
　　　（六）实战比赛 ………………………………………（133）
第五节　散打运动员的心理训练 ………………………………（133）
　　一、散打运动员心理训练的内容 …………………………（134）
　　　（一）一般心理训练 …………………………………（134）
　　　（二）赛前心理训练 …………………………………（134）
　　　（三）赛后心理调节 …………………………………（134）
　　二、散打运动员心理训练的方法 …………………………（134）
　　　（一）意念训练法 ……………………………………（134）
　　　（二）诱导训练法 ……………………………………（135）
　　　（三）模拟训练法 ……………………………………（135）
　　三、散打运动员赛前常见心理障碍及其克服的方法 ……（135）
第六节　散打训练过程的监控 …………………………………（137）
　　一、身体机能监控 …………………………………………（137）
　　二、运动负荷监控 …………………………………………（138）
　　三、身体素质监控 …………………………………………（138）
　　四、技术监控 ………………………………………………（139）
　　五、战术监控 ………………………………………………（139）
　　六、心理监控 ………………………………………………（139）
第七节　散打运动的损伤及其预防 ……………………………（140）
　　一、散打运动中常见的损伤 ………………………………（140）
　　　（一）瞬间休克与神志不清 …………………………（140）
　　　（二）撕裂伤 …………………………………………（140）
　　　（三）软组织损伤 ……………………………………（140）
　　　（四）关节脱臼 ………………………………………（141）
　　　（五）骨折 ……………………………………………（141）
　　二、散打运动常见损伤的处理 ……………………………（141）
　　　（一）瞬间休克的临场处理 …………………………（141）
　　　（二）撕裂伤处理 ……………………………………（142）
　　　（三）软组织损伤处理 ………………………………（142）
　　　（四）关节脱臼处理 …………………………………（142）

（五）骨折处理 …………………………………………………………（142）
　三、散打运动损伤的预防 ………………………………………………（143）
　　　（一）科学、合理地安排训练 …………………………………………（143）
　　　（二）加强易受伤部位肌肉的力量 ……………………………………（143）
　　　（三）杜绝在训练中的嬉戏 ……………………………………………（143）
　　　（四）充分地做好准备活动 ……………………………………………（143）
　　　（五）加强医务监督 ……………………………………………………（143）

第十四章　散打竞赛的组织与裁判 ……………………………………（145）
　第一节　散打竞赛的组织 ………………………………………………（145）
　　一、制定竞赛计划 …………………………………………………………（145）
　　二、拟定竞赛规程 …………………………………………………………（145）
　　三、建立竞赛组织机构 ……………………………………………………（146）
　　四、组织裁判队伍 …………………………………………………………（147）
　第二节　散打竞赛的编排 ………………………………………………（147）
　　一、编排的步骤 ……………………………………………………………（147）
　　二、编排的方法 ……………………………………………………………（148）
　　　（一）单循环赛 …………………………………………………………（148）
　　　（二）单淘汰赛 …………………………………………………………（149）
　　　（三）双淘汰赛 …………………………………………………………（150）
　　　（四）种子和轮空 ………………………………………………………（151）
　　三、编排中的注意事项 ……………………………………………………（154）
　第三节　散打竞赛规则简介 ……………………………………………（155）
　　一、竞赛通则简介 …………………………………………………………（155）
　　　（一）竞赛性质与办法 …………………………………………………（155）
　　　（二）散打比赛的体重级别 ……………………………………………（155）
　　　（三）服装护具 …………………………………………………………（155）
　　　（四）竞赛局数与时间 …………………………………………………（155）
　　　（五）场地器材 …………………………………………………………（155）
　　二、评判方法简介 …………………………………………………………（156）
　　　（一）攻击方法 …………………………………………………………（156）
　　　（二）禁击部位与得分部位 ……………………………………………（156）
　　　（三）得分标准 …………………………………………………………（156）
　　　（四）犯规与罚则 ………………………………………………………（156）
　　　（五）胜负的评定 ………………………………………………………（156）
　第四节　散打裁判法 ……………………………………………………（157）
　　一、台上裁判员裁判方法和注意事项 ……………………………………（157）

（一）对技术性动作的裁判方法 …………………………………（157）
　　（二）对侵人犯规的裁判方法 ……………………………………（159）
　　（三）对技术犯规的裁判方法 ……………………………………（160）
　　（四）注意事项 ……………………………………………………（160）
　二、边裁判员记分方法和注意事项 ……………………………………（161）
　　（一）记分方法 ……………………………………………………（161）
　　（二）注意事项 ……………………………………………………（162）

第十五章　太极推手 ………………………………………………………（163）
　第一节　太极推手概说 …………………………………………………（163）
　　一、传统太极推手 …………………………………………………（163）
　　二、太极推手竞技运动的特点 ………………………………………（163）
　　三、太极推手竞技运动的发展 ………………………………………（164）
　第二节　基本功与基本技术 ……………………………………………（165）
　　一、手法 ………………………………………………………………（165）
　　　（一）单按掌 ……………………………………………………（165）
　　　（二）双按掌 ……………………………………………………（166）
　　　（三）搂掌 ………………………………………………………（166）
　　　（四）云掌 ………………………………………………………（167）
　　　（五）采勾手 ……………………………………………………（169）
　　　（六）挂掌 ………………………………………………………（170）
　　二、步法练习 …………………………………………………………（171）
　　　（一）进步练习 …………………………………………………（171）
　　　（二）上步练习 …………………………………………………（172）
　　　（三）撤步练习 …………………………………………………（172）
　　　（四）退步练习 …………………………………………………（173）
　　　（五）横移步练习 ………………………………………………（173）
　　　（六）绕步练习 …………………………………………………（174）
　　三、推手静力桩 ………………………………………………………（175）
　　　（一）混圆桩 ……………………………………………………（175）
　　　（二）弓步技击桩 ………………………………………………（175）
　　　（三）三才桩 ……………………………………………………（176）
　　四、动力桩 ……………………………………………………………（176）
　　　（一）马步动力桩 ………………………………………………（176）
　　　（二）弓步动力桩 ………………………………………………（177）
　　五、双人练习 …………………………………………………………（178）
　　　（一）平圆单推手 ………………………………………………（178）

（二）立圆单推手 …………………………………………………（181）
　　（三）折叠单推手 …………………………………………………（184）
　　（四）平圆双推手 …………………………………………………（187）
　　（五）立圆双推手 …………………………………………………（190）
　　（六）折叠双推手 …………………………………………………（193）
　　（七）单缠臂 ………………………………………………………（196）
　　（八）双缠臂 ………………………………………………………（198）
　　（九）弓步折叠掤按 ………………………………………………（199）
　　（十）马步挂臂 ……………………………………………………（200）
　　（十一）马步采按 …………………………………………………（202）
　　（十二）合步四正手 ………………………………………………（204）
　　（十三）顺步四正手 ………………………………………………（208）
　　（十四）身体的转动练习 …………………………………………（210）
　六、发力练习 ……………………………………………………………（212）
　　（一）弓步双按 ……………………………………………………（212）
　　（二）弓步采挒 ……………………………………………………（213）

第三节　太极推手技法训练与运用 ……………………………………（213）
　一、进步掤按的训练与运用 ……………………………………………（213）
　　（一）进步掤按的单式训练 ………………………………………（213）
　　（二）进步掤按的运用 ……………………………………………（214）
　二、撤步大将的训练与运用 ……………………………………………（215）
　　（一）撤步大将的单式训练 ………………………………………（215）
　　（二）撤步大将的运用 ……………………………………………（216）
　三、上步挤的训练与运用 ………………………………………………（217）
　　（一）上步挤的单式训练 …………………………………………（217）
　　（二）上步挤的运用 ………………………………………………（218）
　四、采按的训练与运用 …………………………………………………（219）
　　（一）进步采按的单式训练 ………………………………………（219）
　　（二）进步采按的运用 ……………………………………………（220）
　　（三）撤步采按的单式训练 ………………………………………（221）
　　（四）撤步采按的运用 ……………………………………………（222）
　　（五）绕步采按的单式训练 ………………………………………（223）
　　（六）绕步采按的运用 ……………………………………………（225）
　五、撤步双采的训练与运用 ……………………………………………（226）
　　（一）撤步双采的单式训练 ………………………………………（226）
　　（二）撤步双采的运用 ……………………………………………（227）
　六、进步采挒的训练与运用 ……………………………………………（228）

　　　　（一）进步采挒的单式训练 …………………………………………… (228)
　　　　（二）进步采挒的运用 …………………………………………………… (229)
　　七、肘法的训练与运用 ……………………………………………………… (229)
　　　　（一）进步掤肘的单式训练 …………………………………………… (229)
　　　　（二）进步掤肘的运用 ………………………………………………… (230)
　　　　（三）上步压肘的单式训练 …………………………………………… (231)
　　　　（四）上步压肘的运用 ………………………………………………… (233)
　　八、进步靠法的训练与运用 ………………………………………………… (234)
　　　　（一）进步靠法的单式训练 …………………………………………… (234)
　　　　（二）进步靠法的运用 ………………………………………………… (235)
　　九、进步搂法的训练与运用 ………………………………………………… (236)
　　　　（一）进步搂法的单式训练 …………………………………………… (236)
　　　　（二）进步搂法的运用 ………………………………………………… (236)
　第四节　太极推手战术及其训练 ……………………………………………… (237)
　　一、战术原则 ………………………………………………………………… (238)
　　二、比赛常用的战术形式 …………………………………………………… (239)
　　　　（一）直攻战术 ………………………………………………………… (240)
　　　　（二）猛攻战术 ………………………………………………………… (240)
　　　　（三）诱攻战术 ………………………………………………………… (240)
　　　　（四）稳攻战术 ………………………………………………………… (240)
　　　　（五）圈线战术 ………………………………………………………… (240)
　　　　（六）边线战术 ………………………………………………………… (241)
　　三、战术训练 ………………………………………………………………… (241)
　　　　（一）战术训练的要求 ………………………………………………… (241)
　　　　（二）战术训练的方法 ………………………………………………… (242)

第十六章　其他格斗技术介绍 ……………………………………………………… (244)
　第一节　武术短兵 ……………………………………………………………… (244)
　　一、概说 ……………………………………………………………………… (244)
　　二、基本动作与技法 ………………………………………………………… (244)
　　　　（一）短兵结构 ………………………………………………………… (244)
　　　　（二）持短兵礼与握短兵方法 ………………………………………… (245)
　　　　（三）实战姿势 ………………………………………………………… (246)
　　　　（四）基本步法 ………………………………………………………… (246)
　　　　（五）基本技法 ………………………………………………………… (247)
　　三、基本技法的应用 ………………………………………………………… (250)
　　　　（一）进攻技法的应用 ………………………………………………… (250)

（二）防守反击技法的应用 …………………………………………… (257)
　第二节　擒拿与解脱 …………………………………………………………… (276)
　　一、擒拿法 ………………………………………………………………… (276)
　　　（一）双方相握擒拿法 …………………………………………………… (276)
　　　（二）腕部被抓擒拿法 …………………………………………………… (279)
　　　（三）肩部被抓擒拿法 …………………………………………………… (287)
　　　（四）胸部被抓擒拿法 …………………………………………………… (291)
　　　　　（五）头部被抓擒拿法 …………………………………………… (292)
　　　（六）腰部被抱擒拿法 …………………………………………………… (294)
　　　（七）对面相遇擒拿法 …………………………………………………… (297)
　　　（八）从后面擒拿法 ……………………………………………………… (298)
　　　（九）冲拳擒拿法 ………………………………………………………… (299)
　　　（十）贯拳擒拿法 ………………………………………………………… (300)
　　二、解脱法 ………………………………………………………………… (302)
　　　（一）拇指被折解脱法 …………………………………………………… (302)
　　　（二）腕部被折解脱法 …………………………………………………… (302)
　　　（三）腕部被抓解脱法 …………………………………………………… (303)
　　　（四）肘部被折解脱法 …………………………………………………… (306)
　　　（五）颈部被卡解脱法 …………………………………………………… (308)
　第三节　肘、膝技术 …………………………………………………………… (310)
　　一、肘法 …………………………………………………………………… (310)
　　　（一）顶肘 ………………………………………………………………… (310)
　　　（二）担肘 ………………………………………………………………… (313)
　　　（三）盘肘 ………………………………………………………………… (316)
　　　（四）砸肘 ………………………………………………………………… (319)
　　二、膝法 …………………………………………………………………… (321)
　　　（一）顶膝 ………………………………………………………………… (321)
　　　（二）撞膝 ………………………………………………………………… (324)
　第四节　中国式摔跤 …………………………………………………………… (327)
　　一、概说 …………………………………………………………………… (327)
　　二、术语 …………………………………………………………………… (328)
　　　（一）通用俗语 …………………………………………………………… (328)
　　　（二）把位术语 …………………………………………………………… (329)
　　　（三）手法术语 …………………………………………………………… (329)
　　　（四）步法术语 …………………………………………………………… (329)
　　三、跤法 …………………………………………………………………… (330)
　　　（一）脚部摔法 …………………………………………………………… (330)

（二）腿部摔法 …………………………………………………………（331）
　　　（三）腰、臀摔法 ………………………………………………………（333）
　　　（四）手部摔法 …………………………………………………………（334）
　　　（五）肩、头部摔法 ……………………………………………………（336）
　　四、规则与裁判法简介 ………………………………………………………（336）
　　　（一）比赛礼节 …………………………………………………………（336）
　　　（二）比赛局数和时间 …………………………………………………（336）
　　　（三）比赛中的信号 ……………………………………………………（336）
　　　（四）比赛服装 …………………………………………………………（336）
　　　（五）得分标准 …………………………………………………………（337）
　　　（六）进攻有效与无效 …………………………………………………（337）

　附录　武术主要典籍简介 ………………………………………………………（338）

Contents

Chapter Ten　　Summary of Sanda Movement ……………………… (1)

Section One　The Concept and Differentiation of Sanda ………… (1)
　Ⅰ. The Meaning of Ancient Chinese Character "搏" and Its Evolution … (1)
　Ⅱ. The Use and History of "Sanshou" ………………………………… (2)
　Ⅲ. The Demonstration of the Names of Barehanded Combat Event in
　　　Wushu …………………………………………………………………… (3)
Section Two　A Brief History of Modern Sanda Movement ………… (4)
　Ⅰ. Ten Years of Experiment (1979–1989) …………………………… (4)
　Ⅱ. Rapid Development (1989–1998) ………………………………… (5)
　Ⅲ. Vigorous Development of Wushu Market Both at Home and
　　　Abroad (1998–Now) ………………………………………………… (6)
Section Three　Characteristics and Use of Sanda ……………………… (8)
　Ⅰ. Characteristics of Sanda …………………………………………… (8)
　Ⅱ. Use of Sanda ………………………………………………………… (9)

Chapter Eleven　　Basic Techniques of Sanda ………………………… (11)

Section One　Basic Techniques ………………………………………… (11)
　Ⅰ. Single Techniques …………………………………………………… (11)
　　ⅰ. Combat Posture (Preparation Posture) ………………………… (11)
　　ⅱ. Basic Fist Techniques …………………………………………… (12)
　　ⅲ. Basic Leg Techniques …………………………………………… (15)
　　ⅳ. Basic Throwing Techniques ……………………………………… (23)
　　ⅴ. Basic Footwork …………………………………………………… (33)
　　ⅵ. Basic Defense Techniques ……………………………………… (36)
　　ⅶ. Basic Tumbling Techniques ……………………………………… (41)
　Ⅱ. Combination Techniques …………………………………………… (44)
　　ⅰ. Combination of Fist Techniques ………………………………… (44)
　　ⅱ. Combination of Leg Techniques ………………………………… (46)
　　ⅲ. Combination of Fist and Leg Techniques ……………………… (48)

ⅳ. Combination of Fist and Throwing Techniques ············ (52)
   Ⅲ. Applied Techniques ································· (55)
      ⅰ. Attack Techniques ····························· (55)
      ⅱ. Defense and Counterattack Technigues ············· (66)
  Section Two   Technical Features and Requirements of Sanda ······ (71)
   Ⅰ. Technical Features and Requirements of On-guard Position ········· (71)
   Ⅱ. Technical Features and Requirements of Footwork ············· (71)
   Ⅲ. Technical Features and Requirements of Defense Techniques ········· (72)
      ⅰ. Technical Features and Requirements of Touching Defense ········ (73)
      ⅱ. Technical Features and Requirements of Non-touching Defense ··· (73)
   Ⅳ. Technical Features and Requirements of Tumbling Techniques ······ (74)
   Ⅴ. Technological Characteristics and Requirements of Kicking and
      Striking ··· (75)
   Ⅵ. Technological Characteristics and Requirements of Throwing ········ (77)
  Section Three   Principles of Using Sanda Techniques ················· (78)
   Ⅰ. Pragmatic Principle ································ (78)
   Ⅱ. Mechanical Principle ······························· (78)
   Ⅲ. Overall Development Principle ······················· (79)
   Ⅳ. Competitive Principle ····························· (80)

Chapter Twelve   Teaching of Sanda ························· (82)

  Section One   Basic Features of Sanda Teaching ··················· (82)
   Ⅰ. Understand the Basic Features of Sanda Teaching ·············· (82)
      ⅰ. Take Ethics as the Foundation and Carry it Through From
         Begining to End ······························· (82)
      ⅱ. Standardize the Movements and Emphasize the Practicability ········ (82)
      ⅲ. Advance Step by Step and Treat Different Students in
         Different Ways ································ (83)
      ⅳ. Use the Experience of Selected Units to Promote Work in
         the Entire Area and Comprehend by Analogy ················ (83)
      ⅴ. Cooperate with Each Other and Attach Importance to the Harmony ··· (83)
   Ⅱ. Points for Attention in Teaching ······················· (84)
  Section Two   The Stages and Steps of Sanda Teaching ············· (84)
   Ⅰ. Division of Teaching Stages ························· (84)
      ⅰ. Initial Figuration Stage (Generalization Stage) ····················· (84)
      ⅱ. Coordination and Application Stage (Differentiation Stage) ········ (85)
      ⅲ. Real Combat and Improvement Stage (Consolidation and
         Automation Stage) ································ (85)

Ⅱ. Teaching Steps ……………………………………………… (85)
    ⅰ. Learn Basic Movements ………………………………… (85)
    ⅱ. Emphasize the Understanding of Techniques …………… (86)
    ⅲ. Coordinate and Apply …………………………………… (86)
    ⅳ. Combat in Certain Conditions ………………………… (86)
    ⅴ. Real Combat ……………………………………………… (86)

Section Three   Methods and Measures of Sanda Teaching ……… (86)
  Ⅰ. Teaching Methods …………………………………………… (86)
    ⅰ. Demonstration Method …………………………………… (86)
    ⅱ. Explanation Method ……………………………………… (87)
    ⅲ. Integrated Method ……………………………………… (87)
    ⅳ. Segmented Method ……………………………………… (88)
    ⅴ. Simulated Method ………………………………………… (88)
    ⅵ. Mistake Preventing and Correcting Method …………… (88)
  Ⅱ. Practicing Form ……………………………………………… (89)
    ⅰ. Solo Practicing …………………………………………… (89)
    ⅱ. Double Practicing ………………………………………… (89)
    ⅲ. Group Practicing ………………………………………… (90)
    ⅳ. Collective Practicing …………………………………… (90)
  Ⅲ. Practicing Methods ………………………………………… (90)
    ⅰ. Free Attack Practice …………………………………… (90)
    ⅱ. Point Attack Practice …………………………………… (91)
    ⅲ. Attack and Defense Practice …………………………… (91)
    ⅳ. Act-feeding Practice …………………………………… (91)
    ⅴ. Target-hitting Practice ………………………………… (91)
    ⅵ. Interval Practice ………………………………………… (92)
    ⅶ. Difficulty Increasing Practice ………………………… (92)
    ⅷ. Difficulty Reducing Practice …………………………… (92)
    ⅸ. Supposed Condition Practice …………………………… (93)
    ⅹ. Simulated Practice ……………………………………… (93)
    ⅺ. Imitating Real Conditions Practice …………………… (93)
    ⅻ. Striking Sand Bag ……………………………………… (93)
    ⅹⅲ. Combat in Certain Conditions ………………………… (94)
    ⅹⅳ. Real Combat …………………………………………… (94)

Section Four   The Task and Structure of Sanda Class ………… (94)
  Ⅰ. The Task of Class …………………………………………… (94)
  Ⅱ. The Structure of Class ……………………………………… (95)
    ⅰ. Preparation Part ………………………………………… (95)

  ii. Basic Part ………………………………………………………… (95)
  iii. End Part …………………………………………………………… (95)
 III. Demonstration of a Teaching Plan ……………………………… (96)

Chapter Thirteen Sanda Training ……………………………… (99)

Section One Scientific Athlete Selection ……………………… (99)
 I. Selection in Accordance with Genetic Features ……………… (99)
  i. Genetic Degree ………………………………………………… (100)
  ii. Fingerprints ……………………………………………………… (100)
 II. Selection in Accordance with Age ……………………………… (100)
 III. Selection in Accordance with Shape …………………………… (100)
 IV. Selection in Accordance with Function ………………………… (101)
  i. Evaluation According to Physiological Indexes ………… (101)
  ii. Evaluation According to Biochemical Indexes ………… (101)
 V. Selection in Accordance with Quality …………………………… (102)
 VI. Selection in Accordance with Techniques …………………… (102)
  i. Evaluation of Techniques …………………………………… (102)
  ii. Evaluation of Tactics ………………………………………… (102)
 VII. Selection in Accordance with Psychology …………………… (102)
  i. Evaluation on the Athlete's Psychological Ability ……… (103)
  ii. Evaluation on the Athlete's Mental Characteristics of Individual … (103)
 VIII. Selection in Accordance with Intelligence …………………… (103)
 IX. Selection in Accordance with Individual Characteristics …… (103)
 X. Selection in Accordance with Comprehensive Abilities of Specific
  Event ………………………………………………………………… (103)

Section Two Power Training ……………………………………… (104)
 I. Strength Training …………………………………………………… (105)
  i. Peak Strength Training ……………………………………… (105)
  ii. Speed Strength Training …………………………………… (108)
  iii. Power Endurance Training ………………………………… (109)
 II. Speed Training ……………………………………………………… (110)
  i. Forms and Characteristics of Speed ……………………… (111)
  ii. Methodological Elements in Speed Training …………… (111)
  iii. Speed Training Methods …………………………………… (112)
 III. Endurance Training ………………………………………………… (113)
  i. Training Elements of Endurance …………………………… (113)
  ii. Methodological Elements in Endurance Training ……… (114)
  iii. Endurance Training Methods ……………………………… (114)

Contents

- Ⅳ. Flexibility Training ··· (116)
  - ⅰ. Methodological Elements in Flexibility Training ········· (116)
  - ⅱ. Basic Means of Flexibility Training ····················· (117)
- Ⅴ. Anti-striking Training ····································· (117)
  - ⅰ. Slapping Training ······································ (117)
  - ⅱ. Tumbling (Falling Down) Training ······················· (118)
  - ⅲ. Combat-Simulating Training ···························· (118)

Section Three Technique Training ····························· (118)
- Ⅰ. The Elements in Technique Training ·························· (119)
  - ⅰ. Selection of Opportunity ······························· (119)
  - ⅱ. Selection of Attacking Act ····························· (120)
  - ⅲ. Selection of Attacking Part ···························· (120)
- Ⅱ. Technique Training Methods ································ (121)
  - ⅰ. Standard Act Exercises in a Fixed Place ················ (121)
  - ⅱ. Act Exercises in Combination of Footwork ··············· (121)
  - ⅲ. Free Attack Exercises ·································· (122)
  - ⅳ. Non-touching Attacking and Defending Exercises ········· (122)
  - ⅴ. Act-feeding Exercises ·································· (122)
  - ⅵ. Target-Hitting Practice ································ (122)
  - ⅶ. Real Combat in Certain Conditions ······················ (122)
  - ⅷ. Real Combat ·· (123)
- Ⅲ. Requirements of Sanda Technique Training ··················· (123)

Section Four Sanda Tactics and Training ······················ (125)
- Ⅰ. Summary of Sanda Tactics ·································· (125)
- Ⅱ. Principles of Designing Sanda Tactics ····················· (126)
- Ⅲ. Forms of Sanda Tactics ···································· (128)
  - ⅰ. Direct Attacking Tactics ······························· (128)
  - ⅱ. Storm Tactics ·· (128)
  - ⅲ. Feint Tactics ·· (128)
  - ⅳ. Roundabout Tactics ····································· (128)
  - ⅴ. Anti-long-attack Tactics ······························· (129)
  - ⅵ. Anti-short-attack Tactics ······························ (129)
  - ⅶ. Multiple Points Tactics ································ (129)
  - ⅷ. Infliction Tactics ····································· (130)
  - ⅸ. Surprise Attack Tactics ································ (130)
  - ⅹ. Counterattack Tactics ·································· (130)
  - ⅺ. Off-line Tactics ······································· (130)
  - ⅻ. Angle and Sideline Tactics ····························· (131)

xiii. Strength Tactics	(131)
xiv. Psychology Tactics	(131)
IV. Tasks of Sanda Tactic Training	(131)
V. Methods of Sanda Tactic Training	(132)
i. Imagination Training	(132)
ii. Case Analyzing Training	(132)
iii. Tactics Division Training	(132)
iv. Simulating Training	(133)
v. Conditional Real Combat	(133)
vi. Real Combat Competition	(133)

Section Five Sanda Athletes' Psychological Training ······ (133)

I. The Content of Psychological Training	(134)
i. General Psychological Training	(134)
ii. Pre Competition Psychological Training	(134)
iii. Post Competition Psychological Adjustment	(134)
II. Methods of Psychological Training	(134)
i. Idea Training Method	(134)
ii. Inducing Training Method	(135)
iii. Simulating Training Method	(135)
III. Sanda Athletes' Common Psychological Problems and Solutions Before Competition	(135)

Section Six Monitoring of Sanda Training Process ······ (137)

I. Monitoring of Body Function	(137)
II. Monitoring of Load	(138)
III. Monitoring of Quality	(138)
IV. Monitoring of Techniques	(139)
V. Monitoring of Tactics	(139)
VI. Monitoring of Psychology	(139)

Section Seven Injury and Its Prevention in Sanda Movement ······ (140)

I. Common Injuries in Sanda Movement	(140)
i. Instant Shock and Unconsciousness	(140)
ii. Laceratd Wounds	(140)
iii. Injury of Soft Tissues	(140)
iv. Joints Dislocation	(141)
v. Fracture	(141)
II. Treatment of Common Injuries in Sanda Movement	(141)
i. Spot Treatment of Instant Shock and Unconsciousness	(141)
ii. Treatment of Laceration	(142)

ⅲ. Treatment of Injury in Soft Tissues ……………………………… (142)
ⅳ. Treatment of Joints Dislocation ……………………………… (142)
ⅴ. Treatment of Fracture ……………………………… (142)
Ⅲ. Prevention Measures of Injuries in Sanda Movement ……………… (143)
ⅰ. Arrange Training Scientifically and Reasonably ………………… (143)
ⅱ. Increase the Strength of Muscles Liable to Injury ……………… (143)
ⅲ. Prohibit Games Irrelevant to Training ………………………… (143)
ⅳ. Do Warming-up Exercises Fully ……………………………… (143)
ⅴ. Improve Medical Service ……………………………… (143)

Chapter Fourteen   Organizing and Judging of Sanda Competition …… (145)

Section One   Organizing of Sanda Competition ……………………… (145)
Ⅰ. Formulation of Competition Plans ……………………………… (145)
Ⅱ. Formulation of Competition Procedures ……………………… (145)
Ⅲ. Setting up Structure of Organization ……………………………… (146)
Ⅳ. Organization of Judge Teams ……………………………… (147)
Section Two   Arrangement of Sanda Competition ……………………… (147)
Ⅰ. Steps of Arrangement ……………………………… (147)
Ⅱ. Methods of Arrangement ……………………………… (148)
ⅰ. The Single Round Robin ……………………………… (148)
ⅱ. The Knock-out ……………………………… (149)
ⅲ. The Knock-out with a Repackage ……………………………… (150)
ⅳ. Seed and Bye ……………………………… (151)
Ⅲ. Points for Attention in Arrangement ……………………………… (154)
Section Three   A Brief Introduction of the Rules for Sanda
Competition ……………………………… (155)
Ⅰ. A Brief Introduction of General Rules ……………………………… (155)
ⅰ. Types and Systems of Competition ……………………………… (155)
ⅱ. Bodyweight Categories ……………………………… (155)
ⅲ. Contestant's Wear and Protective Equipments ………………… (155)
ⅳ. The Number of Rounds and Time Limit ……………………… (155)
ⅴ. Contest Area and Equipment ……………………………… (155)
Ⅱ. A Brief Introduction of Evaluation Methods ……………………… (156)
ⅰ. Methods of Contest ……………………………… (156)
ⅱ. Valid and Prohibited Parts ……………………………… (156)
ⅲ. Scoring Criteria ……………………………… (156)
ⅳ. Fouls and Penalties ……………………………… (156)
ⅴ. Winner and Loser ……………………………… (156)

Section Four Sanda Judging Methods ····· (157)

Ⅰ. Judging Methods and Points for Attention to Judges on the Platform ····· (157)

ⅰ. How to Judge the Technical Acts ····· (157)

ⅱ. How to Judge Aggressive Fouls ····· (159)

ⅲ. How to Judge Technical Fouls ····· (160)

ⅳ. Points for Attention ····· (160)

Ⅱ. Judging Methods and Points for Attention to Sideline Judges ····· (161)

ⅰ. Scoring Methods ····· (161)

ⅱ. Points for Attention ····· (162)

Chapter Fifteen Taiji Tuishou (Push-hands) ····· (163)

Section One Summary of Taiji Tuishou (Push-hands) ····· (163)

Ⅰ. Traditional Taiji Push-hands ····· (163)

Ⅱ. Features of Sport Taiji Push-hands ····· (163)

Ⅲ. The Development of Sport Taiji Push-hands ····· (164)

Section Two Basic Exercises and Techniques ····· (165)

Ⅰ. Hand Techniques ····· (165)

ⅰ. Pushing With One Palm ····· (165)

ⅱ. Pushing With Two palms ····· (166)

ⅲ. Brushing Palm ····· (166)

ⅳ. Waving Palm ····· (167)

ⅴ. Hooking Hand ····· (169)

ⅵ. Hanging Palm ····· (170)

Ⅱ. Footwork Exercises ····· (171)

ⅰ. Forward Step Exercises ····· (171)

ⅱ. Advancing Exercises ····· (172)

ⅲ. Retreat Exercises ····· (172)

ⅳ. Backward Step Exercises ····· (173)

ⅴ. Side Moving Step Exercises ····· (173)

ⅵ. Circular Moving Step Exercises ····· (174)

Ⅲ. Push-hands Static Stake Exercises ····· (175)

ⅰ. Hunyuan Stake Exercises ····· (175)

ⅱ. Sparring Bow Stake Exercises ····· (175)

ⅲ. Sancai Stake Exercises ····· (176)

Ⅳ. Moving Stake Exercises ····· (176)

ⅰ. Moving Horse-riding Stake Exercises ····· (176)

ⅱ. Moving Bow Stake Exercises ····· (177)

Ⅴ. Duel Exercises ····· (178)

ⅰ. Single-hand Exercises in Horizontal Circles ……………… (178)
ⅱ. Single-hand Exercises in Vertical Circles ………………… (181)
ⅲ. Single-hand Exercises in a Folding Way …………………… (184)
ⅳ. Double-hand Exercises in Horizontal Circles …………… (187)
ⅴ. Double-hand Exercises in Horizontal Circles …………… (190)
ⅵ. Double-hand Exercises in a Folding Way ………………… (193)
ⅶ. Twine One Arm ………………………………………………… (196)
ⅷ. Twine Two Arms ……………………………………………… (198)
ⅸ. Warding off and Pressing with Folded Arms in Bow Stance …… (199)
ⅹ. Hanging Arm in Horse-riding Stance ……………………… (200)
ⅺ. Picking and Pressing in Horse-Riding Stance …………… (202)
ⅻ. Four Regular Hand Techniques in Closing Steps ……… (204)
ⅹⅲ. Four Regular Hand Techniques in Favorable Steps …… (208)
ⅹⅳ. Body-turning Exercises ……………………………………… (210)
Ⅵ. Strength-exploding Exercises ………………………………………… (212)
ⅰ. Press with Two Hands in Bow Stance …………………… (212)
ⅱ. Pick and Strike in Bow Stance …………………………… (213)

Section Three Training and Application of Push-hands Techniques … (213)

Ⅰ. Training and Application of the Form of Warding off and Pressing with Forward Steps ……………………………………………… (213)
ⅰ. Single Form Training ……………………………………… (213)
ⅱ. Application …………………………………………………… (214)
Ⅱ. Training and Application of the Form of Large Range Deflecting with Retreating Steps ………………………………………………… (215)
ⅰ. Single Form Training ……………………………………… (215)
ⅱ. Application …………………………………………………… (216)
Ⅲ. Training and Application of the Form of Stepping Forward and Push …………………………………………………………………… (217)
ⅰ. Single Form Training ……………………………………… (217)
ⅱ. Application …………………………………………………… (218)
Ⅳ. Training and Application of the Form of Picking and Pressing …… (219)
ⅰ. Single Form Training with Forward Steps ……………… (219)
ⅱ. Application of Picking and Pressing with Forward Steps ………… (220)
ⅲ. Single Form Training with Retreating Steps …………… (221)
ⅳ. Application of Picking and Pressing with Retreating Steps ……… (222)
ⅴ. Single Form Exercises with Circular Steps …………… (223)
ⅵ. Application of Picking and Pressing with Circular Steps ………… (225)

Ⅴ. Training and Application of Picking Two Hands with Retreating Steps ……………………………………………………………… (226)
   ⅰ. Single Form Training ……………………………………… (226)
   ⅱ. Application …………………………………………………… (227)
Ⅵ. Training and Application of Picking and Striking With Forward Step ……………………………………………………………… (228)
   ⅰ. Single Form Exercises ……………………………………… (228)
   ⅱ. Application …………………………………………………… (229)
Ⅶ. Training and Application of Elbow Techniques ……………… (229)
   ⅰ. Single Form Training of Warding off with Elbow and Forward Steps ……………………………………………………… (229)
   ⅱ. Application of Warding off with Elbow and Forward Steps ……… (230)
   ⅲ. Single Form Training of Pressing Elbow with a Forward Step …… (231)
   ⅳ. Application of Pressing Elbow with a Forward Step …………… (233)
Ⅷ. Training and Application of Leaning Techniques with Forward Steps … (234)
   ⅰ. Single Form Exercises ……………………………………… (234)
   ⅱ. Application …………………………………………………… (235)
Ⅸ. Training and Application of Brushing Techniques with Forward Steps … (236)
   ⅰ. Single Form Exercises ……………………………………… (236)
   ⅱ. Application …………………………………………………… (236)

Section Four   Taiji Push-hands Tactics and Its Training …………… (237)
  Ⅰ. Tactical Principles ………………………………………………… (238)
  Ⅱ. Common Tactical Forms in Competition ……………………… (239)
    ⅰ. Direct Attack Tactic ………………………………………… (240)
    ⅱ. Fierce Attack Tactic ………………………………………… (240)
    ⅲ. Inducing Attack Tactic ……………………………………… (240)
    ⅳ. Steady Attack Tactic ………………………………………… (240)
    ⅴ. Circle and Line Tactic ……………………………………… (240)
    ⅵ. Sideline Tactic ……………………………………………… (241)
  Ⅲ. Tactics Training …………………………………………………… (241)
    ⅰ. Requirements of Tactics Training ………………………… (241)
    ⅱ. Methods of Tactics Training ……………………………… (242)

Chapter Sixteen   An Introduction of Some Other Combat Skills …… (244)

Section One   Wushu Short Weapon ……………………………………… (244)
  Ⅰ. Summary …………………………………………………………… (244)
  Ⅱ. Basic Movements and Techniques ……………………………… (244)
    ⅰ. The Structure of Short Weapon …………………………… (244)

    ii. Holding Salute and Methods ·· (245)

    iii. Combat Posture ··· (246)

    iv. Basic Footwork ··· (246)

    v. Basic Techniques ··· (247)

  III. Application of Basic Techniques ·· (250)

    i. Application of Attack Techniques ······································ (250)

    ii. Application of Defense and Counterattack ·························· (257)

Section Two Qinna (Catching Skill) and Extrication ················ (276)

  I. Qinna (Catching Skill) Techniques ·· (276)

    i. Techniques Used When Two Holding Each Other ················ (276)

    ii. Techniques Used When Wrist is Seized ······························ (279)

    iii. Techniques Used When Shoulder is Caught ························ (287)

    iv. Techniques Used When Chest is Caught ···························· (291)

    v. Techniques Used When Head is Caught ····························· (292)

    vi. Techniques Used When Waist is Holden ···························· (294)

    vii. Techniques Used When Face to Face ································· (297)

    viii. Techniques Used From Behind the Opponent ······················· (298)

    ix. Techniques to Catch Punch Fist ·· (299)

    x. Techniques to Catch Sweeping Side Fist ···························· (300)

  II. Extrication Techniques ·· (302)

    i. Extrication Techniques When Thumb is Twisted ················· (302)

    ii. Extrication Techniques When Wrist is Twisted ··················· (302)

    iii. Extrication Techniques When Wrist is Holden ····················· (303)

    iv. Extrication Techniques When Elbow is Twisted ··················· (306)

    v. Extrication Techniques When Neck is Locked ····················· (308)

Section Three Elbow and Knee Techniques ································ (310)

  I. Elbow Techniques ·· (310)

    i. Pushing Elbow ·· (310)

    ii. Horizontal Blocking Elbow ·· (313)

    iii. Bending Elbow ·· (316)

    iv. Smashing Elbow ··· (319)

  II. Knee Techniques ·· (321)

    i. Pushing Knee ·· (321)

    ii. Bumping Knee ·· (324)

Section Four Shuai Chiao (Chinese Style Wrestling) ················ (327)

  I. Summary ·· (327)

  II. Technical Terms ·· (328)

    i. Common Saying ·· (328)

ⅱ. Technical Terms of Holding Position .... (329)
　　ⅲ. Technical Terms of Hand Techniques .... (329)
　　ⅳ. Technical Terms of Footwork .... (329)
Ⅲ. Wrestling Techniques .... (330)
　　ⅰ. Wrestling with Foot .... (330)
　　ⅱ. Wrestling with Leg .... (331)
　　ⅲ. Wresting with Waist and Buttocks .... (333)
　　ⅳ. Wresting with Hand .... (334)
　　ⅴ. Wrestling with Shoulder and Head .... (336)
Ⅳ. A Brief Introduction of Rules and Judging Methods .... (336)
　　ⅰ. Competition Protocol .... (336)
　　ⅱ. The Number of Rounds and Time Limit .... (336)
　　ⅲ. Signals in the Competition .... (336)
　　ⅳ. Contestant's Wear .... (336)
　　ⅴ. Scoring Criteria .... (337)
　　ⅵ. Valid and Invalid Attacks .... (337)

Appendix: A Brief Introduction of Some Major
　　　　　Classical Wushu Works .... (338)

(Translator : Shen Deyi)

第十章　散打运动概述

散打是两人按照一定的规则，运用武术中的踢、打、摔等攻防技法制胜对方的、徒手对抗的现代竞技体育项目，它是中国武术的重要组成部分。

第一节　散打的名词概念及其分析

关于武术徒手格斗形式的名称，在漫长的历史演变过程中，记载于文字流传于民间的叫法不少。古称相搏、手搏、卞、弁、白打等等。由于以徒手相搏相角的形式在台子上进行，故俗称"打擂台"。现在称之为散打，亦称散手。

一、古代"搏"字含义及其演变

古代相搏简称为"搏"。以"搏"字而论，最初出现在先秦古籍中，且常常与狩猎活动有关，反映了早期的搏斗技术主要是"田猎搏兽也"。"搏"的初义与"捕"字相通，可以说"搏"是"捕"的引申义。随着私有制和部落间战争的频繁出现，始于狩猎活动的徒手搏斗逐渐摆脱其生产属性，而成为人与人斗的一种专门技术，并且得到不断的发展。到了春秋战国时代，古籍中已明确出现人与人"相搏""手搏"之类的文字记载，如《谷梁传·僖公元年》载："（鲁）公子友谓莒曰：吾二人不相悦，士卒何罪？屏左右相搏。"《左传·僖公二十八年》载："晋侯梦与楚子搏。""搏，手搏也"，说明"搏"已经由宽泛的含义演变为一种徒手格斗技术的专门术语。《释名》曰："搏，四指广（搏）亦以击之也"，今人翁士勋认为此处的"四指"即"四肢"的借代。"然且始举手击要，终在扑也"，表明当时的手搏技术可打可摔，打要击其要害，摔要使对方倒地。徒手格斗的技法已经相当全面，并不只是单指以手相击。班固在《汉书·艺文志》"兵技巧"中收有《手搏》六篇，可见当时手搏不仅在技术上已有相当水平的发展，而且在理论上已有专门的论述。今人陈邦怀注意到《居延汉简甲编》第1304号简有六个字，释文是"相错畜，相散手"。他认为这支残简正是《汉书·艺文志》中《手搏》一书的佚文。在汉代"手搏"亦可称为"卞"或"弁"。如《汉书·哀帝纪赞》曰："哀帝……雅性不好声色，时览卞射武戏。"又《汉书·甘延寿传》载："试弁，为期门，以材力爱幸。"据《说文解字》"卞"的本字是"抃"，由于同音，古籍中常借用为"卞""弁"。"抃"的原义是"拊手也"，因此，段玉裁认为是由"拊手"引申为"两手相搏也"，即"手搏"，所以"卞""弁"实为"手搏"的异称。"白打"一词始见于明万历年间谢肇淛撰《五杂俎》（卷五）列举的十八般武艺，前十七种均为兵器名称，第十八"白打"即是指徒手搏斗的技艺。明朱国桢《涌幢小品》卷十二云："白打，即手搏之戏。"清周亮工《闽小记》载："白打，即为之手搏，名短打者也。昔日白手不持寸铁为白战，武艺十八，终以白打为终。"

"打擂台"是中国古代比武之习俗，即指两人在台上徒手较量武艺。1975年在湖北江陵县凤凰山秦墓出土的木篦，其弧形背面有彩绘的"手搏"比赛场面。画面上有三男子，均赤膊，下着短裤，腰间束带，足穿翘头鞋。右边两人正在较量，左边一人双手前伸，为比赛做裁判员。台上挂着帷幕飘带，表明比赛是在台上的帷幕中进行的。隋唐五代时，比武几乎形成制度，大体规则是不分体重级别，没有护具，多赤身穿短裤，活动多在方形的台子上进行，犯规处罚不严格，获胜者给予重奖。宋代一般在比武前要筑台，称做"露台"，上台比武称做"露台争交"。到了明代，正规的比武叫"打擂台"，赛前先设擂主，再安排高手应战，凡欲较量高低之人，临场报名并立下生死文书，方可上台献艺。当时的台子叫"献台"，裁判员称做"部署"。比赛时不许暗算，先被打下台者为输，胜者可获得旗、帐、银杯、彩缎、马匹等奖品。明代对抗性比武在典籍著述中也有反映，如袁宏道在《嵩游记》中称在少林寺时"晓起出门，童白分棚立，乞观手搏。"江西揭暄子《兵法圆机》中关于当时相搏的记述："当思搏法，此临时着也。敌强宜用抽卸，敌均宜用挡抄，敌弱宜用冲燥。"这说明对抗比武时，对手情况不同，用的招式和方法应有所区别。明清时期是武术的大发展时期，"打擂"比武在民间颇为流行，诸如春节、庙会或其他节日集会，各门派不同拳种的练武"社""馆"大都会设擂比武发展技艺，一般在擂台两侧挂上诸如"拳打南山猛虎""脚踢北海蛟龙"的楹联以增加比赛的气氛。比赛通常有两种形式：一种是由擂主在公开场合搭上擂台，分别迎战所有的挑战者。这种比赛不用事先报名，来自各地的拳师只要自愿参加、对方同意就可以上台比试。另一种是由主办者设擂，各路人士不分地区及身份，均可自愿报名参加，死伤自负，比赛不分体重级别，用"拈阄儿"配对手，比武在高台上进行。比赛时在擂台四角各坐一名裁判员，另有一名主裁判一手持小铜铃，一手持小红旗或黄旗，比赛开始或停止时以摇铃为令，出现险情时用旗子隔开。每对赛手打三个回合，以得点多者为胜，"见红"（被打出血）"倒桩"（倒地）"甩翻"（被丢下台）为败。获胜者被众人簇拥披红挂彩、打马游街，以示庆贺。

二、散手一词的使用及沿革

民国时期，始将武术徒手格斗称为"散手"，在民间得到广泛使用，并沿用至今。"散手"是相对武术套路的固定动作而言，表示将武术套路中固定的攻防招数拆散运用于攻防实践。所以散手、散着（招）、散打、拆手，实质上是不同的词表达的同一个概念。当时，随着"国粹体育"和民族体育的弘扬，人们认为"欲振兴国术，非积极提倡比试不可"。通过竞技可振作尚武精神。同时，在西方竞技体育的影响下，武术逐渐走向现代体育运动会的竞赛场。1928年和1933年南京中央国术馆先后在南京公共体育场举办了两届国术国考，有近20个省、市国术馆和中央国术馆三百多名应试者参加考试。考试分为预试和正试，预试为单人表演，正试为两人对抗比赛，散手被列为"国考"的重点项目，预试及格方可参加正试。比赛不按体重分级，只以抽签分组进行淘汰赛。比赛无任何护具，也不作时间限制。规则要点是凡用手、肘、脚、膝击中对方任何部位得一点，凡击中对方眼部、喉部、裆部为犯规，犯规三次取消比赛资格，严重者一次取消资格。当时的散手比赛主要是点到为止，有的只用脚尖踢中对方或以手指摸到对方的头发也算得一点，故双方均不轻易进攻，只得躲躲闪闪跳来蹦过去，状如斗鸡。

1929年在杭州举行的全国性国术游艺大会，开始规定参加散手比赛的代表必须有保送单位或保送人。大会组织者在看了套路表演之后，对技艺不精者劝其不要参加散手比试。参加比试者均着大会统一的短装，扎腰带，分为红、白两色。擂台高1.3米，长20米，宽18.6米。比试双方在擂台中央画定的粉圈上相对而立，待评判长鸣哨后，各上前互行一鞠躬礼，再鸣哨即开始比赛。另有两名监察委员手持红、白旗在台上管理、指点，必要时制止犯规动作的使用。由于规则粗疏，因此边打边改规则，及至最后决赛时，评、监两委员会共议"拳脚一律解放，踢击各部位均可"。

1933年，在南京举行的"全国运动大会"，仍设有散手比赛，比赛以性别分组，按体重分级，并带有护具（用棒球的护胸和足球的护腿），头和裆部是禁区，三局两胜，没有时间限制，比赛近似摔跤，一对选手比赛有的竟长达1小时以上。

虽然国术国考和当时的散手比赛有种种不足，但它借鉴了西方现代体育的比赛方法，使武术改变了传统的竞赛形式，在一定程度上促进了武术竞技的发展。

1949年中华人民共和国成立后，随着武术运动的普及与发展，散手项目亦受到武术运动爱好者的青睐，习练者日众。1953年11月在天津市举行的全国民族形式体育表演及竞赛大会上，散手被列为竞赛项目。其后，国家只将套路运动形式作为武术推广、表演和竞赛的重点，散手则在民间仍有流传，直到1979年3月国家体委决定将散手列为竞技比赛试验项目，同年5月在南宁市举行的全国武术观摩交流大会上，散手作了尝试性的表演。1980年，列入"全国武术对抗项目表演赛"。为尊重历史沿革，"散手"一词作为武术徒手对抗项目的正式名称一直沿用至今。

三、武术徒手格斗项目名称的论证

对武术徒手格斗形式的运动项目"散手"这一名称，从1979年开始试点比赛之后，一直存在着两种不同的观点。一种观点认为"散手"这个名称，尊重了历史的沿革，是自然而合乎情理的。另一种观点则认为"散手"这个名称不准确，不好理解，应该改为"散打"。名称是表示某一事物的语言文字符号，它作为一种专用的概念术语应该反映出事物的本质属性和事物的本质特征。实际上，从历史发展来看，将武术对抗形式的比试引入正式体育比赛场，就是要把武术徒手格斗形式的运动从传统的、民间的、封闭的状态，引进现代的、公众的、开放的竞技体育舞台。因此，不仅是在技术层面和表现形式上有一个由零散、繁杂向统一、规范的竞技体育转换的问题，而且在名称和术语的使用上也应该有一个统一、规范的要求。武术徒手对抗比赛试验的反复实践过程所反映出来的表象，在人们的头脑里逐渐形成了反映这种事物的概念。人们在口头语言、文字记载、媒体报道中开始越来越多地使用"散打"这一名词术语。"散打"概念中的"散"字，就是表示散手、散着（招）、拆手、招数的意思；"打"字表示运用这些方法进行格斗较量的性质和用途。这两个具有不同含义的字组合在一起，不仅能够从字面上比较全面地反映事物表象及其本质属性，见其词、明其意，而且通俗易懂，符合人们的语言习惯。因此，中国武术协会在广泛征求意见的基础上，从1998年开始在正式的比赛和交往中，推广使用"散打"一词，并逐渐规范统一。实际上，这不仅仅是个名称问题，现代散打运动作为体育这一大系统中的子系统，已经不完全等同于传统意义上的武术实用散手，它不再仅仅是对武术中的传统技击术进行简单的继承和再现，而是将传统武术不同风格的技击术，在继承的基础上，遵循现代体育精神进行了改造和发展，这也是一种文化转型的必然结果。根据武术发展的需要和社会精神文明方面的需求，把"散打"作为竞技体育运动并大力推广，从转型的模式上讲，就是在"制度层面"把武术的散打纳入体育运动系列，使之成为"竞赛项目"。由于体育竞技运动的规律和要求，其技术表现和运用不可能完全保持原来的面目，需要对传统技击术进行有目的的取舍与整合，使之能够符合体育竞赛的特点。正是这些变化，最终产生思想观念和价值取向的变化，即"意识层面"的更新，使得体育性质的武术散打概念得以确立，这也反映了社会发展和时代的要求。

第二节　现代散打运动发展简况

中国武术打练结合历经久远而不衰，因为人们学习武术是希望通过武术训练，在身体健康的基础上获得一些防身自卫的能力。但由于历史上的种种原因，20世纪50年代以后的武术运动一直以套路形式作为主要的发展方向，直到1979年，中国武术界才开始散打比赛试验，至今大致经历了三个发展阶段。

一、十年试验阶段（1979~1989年）

现代散打运动真正得以全面发展，是在1979年之后。当时由于国内武术热的兴起，为全面继承和发展武术这一古老的文化遗产，国家体委决定先在北京体育学院、武汉体育学院、浙江省体委三个单位进行武术对抗项目的试点，1979年5月在广西南宁市举行的全国武术观摩交流大会上进行了汇报表演。同年9月，第4届全运会期间，又调北京体院、武汉体院、浙江省和河北省散打队在石家庄赛区进行了公开表演。1980年10月国家体委调集试点单位的有关人员开始拟定《武术散手竞赛规则》（征求意见稿），通过试验修改，于1982年1月制定了《武术散手竞赛规则》（初稿），并且按照此规则在北京工人体育馆举行了全国武术散手邀请赛。自此，散打运动按照"积极、稳妥"的精神，每年都举行一次"全国武术对抗性项目（散手）表演赛"，不断试验，逐步发展。

当时散打比赛的场地是：在平地上铺一块9米直径的圆形地毯或在软垫上铺设帆布盖单，并标有中心点，距场边0.5米画一警戒线。比赛时要求穿戴护具，有拳套、护头、护胸和护裆。1985年又增加了体操鞋、护腿板。其后又将体操鞋改为"赤脚穿护脚背"，并增加了护齿。在判定方法上，规定将对方摔打出界而自己站在界内可以得2分，逼使对方出界可以得1分。后来在技术方法、得分标准，禁用方法等方面几经曲折与变化，例如当时的散打比赛分成两种形式，一种是戴头盔，允许击头；另一种是不戴头盔，不允许击头。最后逐步取得一致。1988年9月，在甘肃省兰州市举行的全国表演赛，首次采用了设擂台进行比赛的方式。至此，散打比赛试验历时十年，作为一个武术比赛项目，已基本成形，也被越来越多的人所认识、了解和喜爱。同年10月在深圳举办的国际武术节上，首次向国内外全面地展示了现代武术散打的风姿。1989年，现代散打运动被国家体委批准为正式比赛项目。

二、快速发展阶段（1989～1998年）

散打运动被确定为国家正式比赛项目，为这项运动的快速、全面发展创造了有利条件。各省、市体委、直属体院和行业体协纷纷成立专业运动队。1990年国家体委正式公布《武术散手运动员技术等级标准》。同年，批准了首批散打武英级运动员。1990年经国家体委审定，《武术散手竞赛规则》正式出版。1991年全国武术散打比赛分设上半年举行的全国武术散打锦标赛团体赛和下半年举行的全国武术散打锦标赛个人赛。1993年散打比赛被列为第7届全运会比赛项目，设男子团体一块金牌。1997年在上海举行的第8届全运会上将金牌数增至三块，分设大级别、中级别、小级别三个小团体。2001年在广州第9届全运会上男子十一个级别比赛的金牌总数增至六块。与此同时，散打在国际上也得到快速发展。自1991年开始，经国际武术联合会批准，散打列为世界武术锦标赛的正式项目，同年在北京举行了第1届世界锦标赛。此后，在每两年举行一次的世界武术锦标赛上都有散打比赛。1998年，在泰国举行的第13届亚运会上，散打被列为正式比赛项目，设五块金牌。2002年7月，经国际武联批准，在上海举办了第1届武术散打世界杯比赛。目前世界上已有七十多个国家和地区开展了散打运动。

散打在全国的体育院、系中也得到了普遍的开展，部分体育学院还把散打列为重点项目。全国各地的民间武术馆校则把散打作为教学训练的主要内容，部队和公安系统更是将散打作为训练徒手技能的必修科目。为了保证散打运动能够持续健康地全面发展，国家体育总局武术运动管理中心和中国武术协会作了大量的工作，主要表现在以下几个方面：

（一）重视并加大了对散打科学研究的力度

通过设立武术科研基金和科研课题、召开武术专题研讨会等各种形式，多次组织各地专家学者对诸如散打与传统文化、武术套路的相互关系以及对散打发展的影响、散打运动特点及技术体系的构建、散打发展战略及技术发展趋势、散打教学与训练的规范化与科学化、生物科学对提高散打运动水平的指导与应用等方面进行了广泛的研讨与探索，这些工作对于提高认识、改变观念、统一思想、达成共识、科学决策、共同促进散打运动的健康发展起到了重要的导向作用。

（二）大力推广和培训技术骨干

自1989年4月在北京举办首届全国散打教练员训练班以来，先后在全国各地举办过多次各种类型的教练员培训班，组织编写并出版《中国散手》和《中国体育教练员岗位培训教材武术（散手)》，加强对技术骨干的培训和轮训工作，为各地组建和发展更多的高水平的优秀运动队伍提供了技术上和组织上的准备。同时，还配合国际武联，组织编写了国际武术散打教材，多次举办国际武术散打教练员、裁判员学习班，派出大批专家、教练员到各国去推广普及散打运动，甚至帮助组建和训练所在国家的代表队参加世界性或地区性各类散打比赛。所有这些，都为散打运动快速地在国内普及和走向世界打下了坚实的基础。

（三）不断地修改、完善竞赛规则

自1982年制定出第一部武术散打竞赛规则以来，根据散打运动的发展规律和技术水平的不断提高，多次组织相关的专家、学者研究和探讨如何利用规则的导向作用，规范竞赛行为，发扬武术散打的技术特点，正确引导技术的发展，并且根据不同时期的发展情况，先后修订出版了1990年、1996年、1998年版的《武术散打竞赛规则》以及《补充规定》。这些逐年修订的竞赛规则，在体重称量、因伤弃权、强制读秒、消极搂抱的规定等方面，逐步朝着更加公平、对等、合理的方向完善，符合现代竞技体育规则的总体原则和发展趋势，既顺应了散打运动的发展要求，又确保了散打运动持续顺利地快速发展。

（四）加强了项目的管理和赛风的建设

为了保证散打运动健康有序地发展，严格规范了各类比赛的报批程序和批准条件，加强了对参赛运动员的资格审查和注册登记工作，制定了端正赛风和加强社会主义精神文明建设的一系列规定，逐步完善了散打的医务监督措施。目前，我国不仅有数十万武术散打爱好者，而且已经培养出了一大批技术卓越、体能超群、善打能拼的优秀运动员。散打运动本着"更快、更高、更强"的奥林匹克精神，已逐步与国际竞技体育接轨。

三、积极开拓国内外武术市场阶段（1998年至今）

为了适应社会发展的需要，深化武术竞赛改革，就必须面向市场，按照市场规律和人民大众的需求来运作比赛。武术运动管理中心从1998年开始，分别在陕西户县、河北沧州、山东青岛举行了三次具有试验性的武术比赛，运动员脱掉头盔、护胸、护腿和护脚背，只戴拳套、护齿和护裆，使比赛更为激烈精彩。同时增加了比赛的局数,也促进了运动员在体能和抗击打能力方面的训练。同年10月,又分别在北京和上海举行了中美武术搏击争霸赛和中国与欧洲运动员武术搏击对抗赛。在此基础上,从1999年开始,全国武术散打锦标赛上也正式脱掉了护头、护胸、护腿和护脚背等护具。所有这些改革,都是为挖掘开发武术散打的市场潜力创造条件。其实这些工作,早在20世纪90年代一开始就一直未间断地进行系列尝试。为了吸引企业的赞助和观众的参与热情,在全国正式的锦标赛之外,还举行过不同形式的各类散打擂台邀请赛、挑战赛和争霸赛等赛事,如1994年的"中华武术南北争霸赛"(还产生了中华人民共和国成立以来第一位获得"武状元"称号的运动员)。1999年5月在浙江台州还出现了别开生面的"武术散打水上擂台赛":当时只设了男子60公斤、65公斤、70公斤三个级别的角逐;长宽各为7米的正方形擂台搭建在水中,台面高出水面0.5米;每对参加比赛的运动员通过活动跳板走上擂台角逐,赤膊穿短裤,只戴拳套、护齿和护裆;一局比赛中,一方一次下台落水,另一方为该局胜方;如果双方落水,则从水中爬起上台再战;为保证运动员安全,不仅水中有救护员,而且在赛前还要测试运动员的游泳技能,不合格者不能参赛。此后,在湖北等地还举办过类似的全国水上擂台赛,观众踊跃,市场火爆。以上这些比赛都为开拓国内市场和满足观众需求作出了有益的探索,也为武术散打走出国门,与世界同类徒手格斗项目进行比赛交流做好了必要的准备,为创造武术散打新赛事创造了条件。

  1999年,经过长期的酝酿和艰苦的谈判,12月中旬,中国武术代表团赴美国,与美国职业拳击进行对抗赛。在美国犹他州圣乔治城的迪希体育中心,双方共进行了男子54公斤、58公斤、62公斤、66公斤、71公斤、76公斤、81公斤、85公斤和女子62公斤共九个级别的较量,最后中国队以7∶2的悬殊比分赢得对抗赛的胜利。这次比赛是武术联合企业界携手使散打走向海外市场的巨大进步,把武术散打与职业拳击两个不同的项目放在一起交流,本身就是一个创举。通过比赛促进了两个不同项目之间的交流与了解,打开了禁锢,提高了武术散打和其他同类项目进行交流比赛的信心,也打出了武术散打运动发展的新天地。近几年,中国武术散打与泰国的泰拳、法国的自由搏击、日本的空手道等都进行了多次的交流与相互学习。相信今后这种国际的武术交流与合作将会更加频繁。

  2000年3月,一个完全按照市场规律来运作、运用经济手段调动各方面参与比赛的积极性、与过去单纯依靠行政组织管理完全不同的全新赛制的比赛——"中国武术散打王争霸赛"在北京正式开赛。散打王争霸赛每周举行一场比赛,贯穿全年。参赛选手分65公斤、70公斤、75公斤、80公斤、85公斤、85公斤以上共六个级别,各个级别的参赛选手通过双败淘汰制决出本级别的一名冠军,最后由六个级别的冠军分成两组进行第一轮的循环赛,第二轮由各组的第一名进行决赛,最终的获胜者成为"散打王"。为了使散打王比赛比以往的比赛更加精彩激烈,对规则的执行也作了部分修改,主要变化有:每场比赛须打满5局,每局2分钟;拳套更加轻、薄;场子缩小为6米×6米;擂台四周围上护栏;缠抱时间严格控制在2秒钟之内;充分放开得分手段,鼓励运动员使用腿法和摔法得分。全部的比赛由湖南电视台卫星频道进行异地现场直播,把散打比赛的场面真实地传递给亿万观众。现代化的灯光、音响、音乐和舞美设计,比赛现场主持人的解说，包括运动员的服装、发型以及出场亮相的动作全部经过专业人士的包装，把紧张激烈的赛事渲染得极富观赏性，这不仅大大提高了武术散打运动的社会认知面和认同程度，而且使众多原本默默无闻的散打运动员成了受人瞩目的明星。散打王争霸赛是中国武术史上比赛跨度最长的赛事，也是散打运动开展以来影响最大的赛事。比赛全部采用市场运作并导入了导演概念和国际最前卫的包装理念，是中国武术向职业化、产业化进军的一个重大突破，受到了国内外的普遍关注。此举也表明武术散打运动在市场化、产业化的方向上进入了一个新的发展时期。

第三节　散打的特点和作用

现在开展的竞技武术散打运动，已经形成了自己独特的技术风格。现代散打运动技术包括进攻技术、防守技术和防守反击技术三大类。它与中国传统技击术的关系，应该说有些继承的成分，但更多的则是经过整合而有所发展。所谓整合，是指具有不同文化特质的技击术，经过相互吸收、融化、调和而趋于一体的过程。整合后的散打技术更加符合竞技体育项目的特征，是中国传统技击术发展的必然结果，也是东西方文化相互交融、渗透的典型表现。现代散打运动逐渐发展成为一种适应于竞技的新的技击技术体系，它有别于传统的"点到为止"，也不同于"一招制敌"的实用技击技术。

一、散打的特点

散打运动具有对抗性、体育性、民族性的特点。

对抗性——相对于武术套路运动，徒手对抗格斗是散打的基本运动特征。现代散打运动并不局限于对中国武术中传统的徒手格斗术进行单纯的继承和表现，而是在继承的基础上有了发展和提高。其中最为突出的，就是把传统中只注意"招法"的观念发展成为把体能、智能与技能结合起来，进而突出了它的综合应用的能力。比赛双方没有固定的动作顺序，而是互以对方技击动作随机转移，斗智、较技，互相捕捉对方的弱点以所长制所短。它不仅要求运动员熟练地掌握散打技术，还要有敏捷的应变能力，从而明显区别于武术套路运动形式。散打由于自身的特性以及社会的需要，更突出地反映了武术的本质——技击性。打击对方、保护自己是散打运动的基本目的。

体育性——相对于传统的防身自卫绝技，散打作为竞技体育项目，必须体现体育的本质属性，即把人体安全和健康作为自身生存和发展的前提。散打是一种激烈、残酷的运动，虽然其技术总是在不断追求最大的攻击效果中发展，但出现对运动员健康有害的行为是绝对不允许的。因此，散打技术的攻防招法明显区别于使人致伤、致残的技术方法，即所谓致人于死地的绝招。散打竞赛规则严格规定了后脑、颈部、裆部等为禁击部位。另外，从技法上，不管用哪种技术流派的击打方法，均不允许使用反关节的擒拿动作，以及用肘、膝等技法进攻对方。其技法的实用性限制在一定范围内起作用。

民族性——指现代散打运动在比赛形式和技术运用上，通过继承与发展，都体现了中国武术的民族性特点。首先，散打在 8 米 × 8 米的擂台上进行比赛和三局两胜制就是沿袭了中国古代民间打擂比武的风俗习惯。其次，在散打技术的应用上，"远踢近打贴身摔"技击方法的多样化和打击部位的多层次，充分体现了中国武术的技术整体性运动特点。现代散打技术的继承与发展，主要是对传统技击术进行整理、归纳，舍弃它们的形态，找出其中带有共性的规律，即把中国各拳种门派的拳法、腿法通过规整，总结出它们的基本运动形式，经过高度概括，确定进攻技术具有两种运动形式：一种是直线形方法，另一种是弧线形方法。然后根据"追求效果"的原则赋予新的表现形式，再经过反复的试验和论证，确定了拳法以冲、贯、抄、鞭，腿法以蹬、踹、鞭、勾、劈、扫、摆为内容的散打基本技术。摔法则根据"快摔"的要求和"无把"的特点，主要把握住"破坏重心"和"抢圈"的要点，创造出"接招摔"的方法，形成了"远踢近打贴身摔"的散打技术特点。同时，对防守技术也根据"实用效果"原则进行了分类，即划分为"接触性防守"和"非接触性防守"两种基本形式。现代散打技术还对世界各国搏击技术进行大胆的借鉴，摄取其中的有益成分，甚至是具体的实用技法，使现代散打运动形成现今流行的模式。

二、散打的作用

（一）培养竞争意识

散打是比较激烈的搏击运动。直面拳脚的攻击与身手比试，成功与失败、痛苦与高兴、失落与得意，两者必居其一。竞争意识是现代社会各种人才必须具备的基本素质，可以说散打最能培养胜不骄败不馁的竞争精神。青少年经过一段时间散打的练习，成人以后，进入社会的竞争行列，将会更加朝气蓬勃而又充满竞争活力。

（二）健体防身

散打运动是斗勇斗智、较技较力的运动。通过散打练习，能掌握自卫防身的技能，同时能够提高人的速度、力量、耐力、灵巧等身体素质，增强人体内脏器官的功能，尤其是对提高人的神经系统的灵活性有很好的作用。

（三）锻炼意志

散打运动对意志品质的锻炼是多方面的。首先，在功力训练上是十分单调的，训练过程中要克服全身肌肉的疼痛，从不适应到适应，是一个艰难的过程。其次，两人交手比试时，要克服心理上的胆怯，逐步增强敢拼的意识。比试中如果遇到强手，可能要挨打，此时的皮肉之痛，使意志薄弱者望而却步，而意志坚强者则会咬紧牙关，在艰难中拼搏，直到最后胜利。通过多年的散打训练，能培养出顽强拼搏的意志品质。

（四）发展心智

散打绝不是凭蛮力来拼命的，而是要讲究方法技巧，要灵活机动地运用战略战术，它是一项以巧取胜的格斗技术。中国传统武术中的"以小胜大""四两拨千斤"等技击法则，始终是散打技术应用追求的最高境界。因此，通过散打练习，能有效地提高人的反应与应变能力，发展思维的敏捷性与灵活性，尤其是培养人在危难之际保持一种冷静而又从容应对的心理智能。

主要参考文献：

1. 马明达.说剑丛稿.第1版.兰州：兰州大学出版社，2000.46～67页
2. 翁士勋.《角力记》校注.第1版.北京：人民体育出版社，1990
3. 《中国散手》编写组.中国散手.第1版.北京：人民体育出版社，1990
4. 《中国武术百科全书》编撰委员会.中国武术百科全书.第1版.北京：中国大百科全书出版社，1998
5. 中国国家体育总局.中国体育教练员岗位培训教材武术（散手）.第1版.北京：人民体育出版社，1999

（第十章作者：蔡仲林）

第十一章 散打的基本技术

散打的基本技术，是指散打运动员在实战中完成进攻与防守动作的方法，是散打运动员竞技能力水平的重要因素。根据动作的组成，可将散打技术大致分为单个动作技术和组合动作技术两大类。其中单个动作技术有实战姿势、拳法、腿法、摔法、步法、防守法、跌法等，组合动作技术有拳法组合、腿法组合、拳腿组合、拳摔组合等。另外，根据动作的应用功能，可将散打技术大致分为主动进攻型技术和防守反击型技术两大类。在散打比赛中，运动员根据攻守平衡的对抗原理，将单个和组合技术不断地运用到进攻和防守之中。

散打运动员所掌握的技术越全面，达到的运动技能越高，也就越能有效地使用单个技术和组合技术。全面的技术训练也有利于发展运动员技术上的个人特点，使之形成自己的技术风格。

第一节 基本技术

一、单个技术

（一）实战姿势（预备姿势）

1. 动作过程

散打的实战姿势一般分为左手在前的"正架"和右手在前的"反架"两种。运动员可以根据自己的习惯和爱好，选择合适的一种实战姿势作为最初学习散打的定势。本书均以正架为例（图11-1-1①②）。

下面介绍对身体各部位的要求。

（1）步型：两脚前后开立，距离稍大于肩。前脚掌稍内扣，

图 11-1-1①

图 11-1-1②

后脚跟微离地。两膝微屈，身体重心在两腿之间（图11-1-2）。

（2）躯干：身体侧向前方，含胸收腹（图11-1-3）。

（3）手臂和头部：手型要求四指内屈，并拢握拳，大拇指横压于食指和中指的第二节指节上（图11-1-4①②）。

前臂的肘关节夹角在90～110°之间，拳与鼻同高，肘下垂；后臂的拳在颌下，屈臂贴靠于胸肋（图11-1-5），下颌微收。目平视，合齿闭唇（图11-1-6）。

图 11-1-2

图 11-1-3

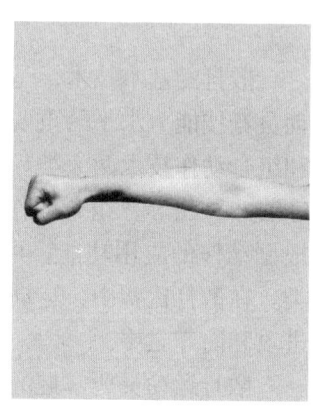

图 11-1-4①

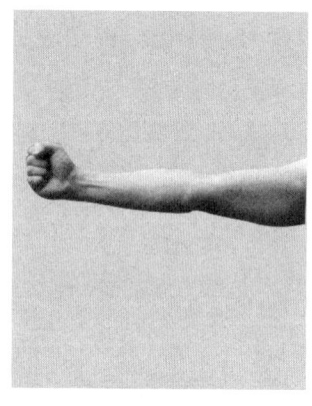

图 11-1-4②

图 11-1-5

图 11-1-6

2. 易犯错误及其纠正方法

身体重心过低、前倾或后倾，身体上部保护不够。纠正时，强调步法移动灵活，防守严密，姿势不可太低，重心控制在两脚之间；两手紧护躯体，尽量缩小暴露给对手打击的有效部位。

（二）基本拳法

1. 冲拳

（1）左冲拳

①动作过程：由实战姿势，即由左脚、左手在前的正架势开始，右脚微蹬地面，重

心微向前脚移动，上体微右转。同时左臂由屈到伸并内旋90°，直线向前冲出，发力于腰，力达拳面（图11-1-7、8）。

②易犯错误及其纠正方法

撩拳。由于冲拳前肘先于拳而动，形成拳往下撩的错误。纠正时，强调以拳领先，勿先动肘；或由同伴帮助以一手拉拳，一手按肘，慢慢体会要领。

只动前臂。冲拳时不是以肩催臂，而只是前臂屈伸。纠正时，强调肩先动，催肘送拳。

（2）右冲拳

①动作过程：右脚微蹬地，并以前脚掌向内转，转腰送肩，上体左转。同时右臂由屈到伸并内旋90°，直线向前冲出，力达拳面（图11-1-9）。

图 11-1-7

图 11-1-8

图 11-1-9

②易犯错误及其纠正方法

上体过于前倾。冲拳时，上体向前移动过多，腰没有向左拧转。纠正时，多体会腰绕纵轴方向拧转的要领，克服向前俯身的毛病。

翻肘撩拳。冲拳时前臂、肘关节先动并外翻，形成撩拳错误。纠正时，由教练员或同伴帮助，或面对镜子，做慢动作练习。

向后引拳，预兆明显。这是学习拳法的常见错误。纠正时，面对镜子或由同伴监督，用慢速放松练习，以体会出拳路线。

2. 贯拳

（1）左贯拳

①动作过程：上体微向右转，同时左拳向外（约45°）、向前、向内成平面弧形横击，臂微屈，拳心朝下。同时转腰发力，力达拳面或偏于拳眼侧（图11-1-10）。

图 11-1-10

②易犯错误及其纠正方法

贯拳幅度过大。纠正时，面对镜子或由同伴帮助，消除只想用力的心理，严格体会贯拳的运行路线，待动作基本定型后再加大动作力量。

翻肘过早，出现甩拳。纠正时，由同伴帮助，一手拉拳，一手按肘，克服翻肘的错误。

向前探身。纠正时，多体会向右转腰发力的要领，或由同伴帮助控制身体前探。

（2）右贯拳

①动作过程：右脚微蹬地并以前脚掌向内转，合胯并向左转腰，右拳向外（约45°）、向前、向内成平面弧形横击。同时上体左转，腰胯发力，力达拳面或偏于拳眼侧（图11-1-11）。

②易犯错误及其纠正方法：参考左贯拳。

3. 抄拳

（1）左抄拳

①动作过程：上体微左转，重心略下沉，腰迅速向右转，发力于腰，左拳由下向前上方勾击，上臂和前臂夹角在90～110°之间，拳心朝里，力达拳面（图11-1-12、13）。

图 11-1-11　　　　　　图 11-1-12　　　　　　图 11-1-13

②易犯错误及其纠正方法

左拳向外绕行。纠正时，面对镜子，不追求用力，重点体会拳的运行路线。

抄拳发力时上体后仰、挺腹。纠正时，重点体会蹬地转腰的要领以及内力的运用。

重心上提、歪胯。纠正时，由同伴帮助，一手按头，一手扶胯，边练习边提示改进。

（2）右抄拳

①动作过程：右脚蹬地，扣膝合胯，腰微右转。同时右拳向下、向前、向上勾击，

上臂与前臂夹角在90～110°之间，拳心朝里，力达拳面（图11-1-14、15）。

②易犯错误及其纠正方法

右拳后拉。练习者想加大动作力度，以至右拳先后拉再上勾，出现严重预兆。纠正时，应消除单纯用劲心理，着重体会用劲路线和全身协调配合。

身体向上立起。练习者没有体会合胯转腰的用力方法，过分追求蹬地伸髋。纠正时，由同伴协助控制重心的起伏，如一手按头，一手给靶（保持正确的高度），体会力从腰发的要领。

4. 转身右鞭拳

①动作过程：右脚经左脚后插步，身体向右后转180°。同时左拳与右拳一起回收至胸前。动作不停，上体继续向右转体180°，同时右拳反臂由屈到伸，向外、向右横向鞭打，拳眼朝上，发力于腰，力达拳背（图11-1-16、17）。

图 11-1-14

②易犯错误及其纠正方法

转体停顿，站立不稳。纠正时，可专做转体练习。

前臂没有外甩，形成直臂抢打，力点不准。纠正时，可原地练习鞭拳，体会前臂鞭甩的要领。

图 11-1-15

图 11-1-16

图 11-1-17

（三）基本腿法

1. 蹬腿

（1）左蹬腿

①动作过程：右腿微屈支撑，左腿提膝抬起，勾脚，当膝稍高于髋时，以脚领先向

前蹬出，髋微前送，力达脚掌（图11-1-18、19）。

②易犯错误及其纠正方法

提膝不过腰，髋、踝关节放松，力不顺达。纠正时，上体直立，多做提膝靠胸练习和左右转换的蹬腿练习，注意挺髋并稍前送。

（2）右蹬腿

①动作过程：身体重心前移至左腿，左腿微屈支撑，身体稍左转；右腿屈膝前抬，勾脚，以脚领先向前蹬出，髋微前送，力达脚掌（图11-1-20、21）。

②易犯错误及其纠正方法：参考左蹬腿。

图 11-1-18

图 11-1-19

图 11-1-20

图 11-1-21

2. 踹腿

（1）左踹腿

①动作过程：身体重心移向右腿，右腿微屈支撑；左腿屈膝抬起与髋同高，小腿外翻，脚尖勾起，由屈到伸展髋、挺膝向前踹出，上体微侧倾，力达脚底（图11-1-22、23）。

②易犯错误及其纠正方法

收腹、屈髋、撅臀，上体与腿不能成一条直线，打击距离短、速度慢、力量小。纠正时，手扶肋木或其他支撑物，一腿抬起，脚不落地，严格按动作要求，由慢到快反复练习踹腿。练习之初，踹腿的高度可适当低些，以后逐渐提高高度。

（2）右踹腿

①动作过程：身体左转180°，左脚尖外摆，重心移至左腿，左腿微屈支撑；同时右腿屈膝抬起与髋同高，大腿内收，脚尖勾起，脚掌正对攻击目标，随后由屈到伸向前踹出，上体微侧倾，力达脚底（图11-1-24、25）。

②易犯错误及其纠正方法：参考左踹腿。

图 11-1-22

图 11-1-23

图 11-1-24

图 11-1-25

3. 鞭腿

（1）左鞭腿

①动作过程：右腿微屈支撑，上体稍向右侧倾；左腿屈膝向左侧摆起，扣膝，绷脚

背，随即向前挺膝鞭甩小腿，力达脚背至小腿前下端（图11-1-26、27）。

②易犯错误及其纠正方法

脚背放松，膝没内扣，力点不准，容易受损伤。纠正时，按动作要领多做绷脚背，鞭腿击打沙包、脚靶等物，体会击打时脚背的肌肉感觉和力点。

（2）右鞭腿

①动作过程：身体左转90°，重心移至左腿；同时右腿以大腿带动小腿屈膝前摆，扣膝绷脚，随即向前挺膝鞭甩小腿，力达脚背至小腿下端（图11-1-28、29）。右腿屈膝落地成反架。

②易犯错误及其纠正方法：参考左鞭腿。

图 11-1-26

图 11-1-27

图 11-1-28

图 11-1-29

4. 勾腿

（1）左勾腿

①动作过程：右腿弯曲，膝稍外展，上体稍右转，收腹合胯；左腿以大腿带动小

腿，直腿向前、向右弧线擦地勾踢，挺膝勾脚，力达脚弓内侧（图11-1-30、31）。

②易犯错误及其纠正方法

有预摆，幅度大，向前上方用力，脚踝放松。纠正时，做勾踢木桩或两人相互勾踢的配合练习，互相检查，体会动作运行路线、用力方向和力点。

（2）右勾腿

①动作过程：重心移至左腿，左腿弯曲，左脚外展，身体左转180°，收腹合胯；右腿以大腿带动小腿，直腿向前、向左弧线擦地勾踢，挺膝勾脚并内扣，力达脚弓内侧（11-1-32、33）。

②易犯错误及其纠正方法：参考左勾腿。

图 11-1-30

图 11-1-31

图 11-1-32

图 11-1-33

5. 摆腿

（1）左摆腿

①动作过程：右脚向左前上步，腿微屈独立支撑，身体向左后转体360°，上体稍侧

倾；同时左腿经右后向前摆起，脚面绷平，力达脚掌，目视左脚（图11-1-34、35）。

②易犯错误及其纠正方法

猫腰，低头，收腹屈髋，扫摆无力，击打不到位。纠正时，多做摆腿击打沙包的练习，体会动作要领，注意转体时以头领先。

（2）右摆腿

①动作过程：重心移至左腿支撑，身体向右后转360°，随转体，上体稍侧倾。同时右脚离地，右腿经左后向前摆起，脚面绷平，力达脚掌，目视右脚（图11-1-36、37）。

②易犯错误及其纠正方法：参考左摆腿。

图 11-1-34

图 11-1-35

图 11-1-36

图 11-1-37

6. 扫腿

（1）前扫腿

①动作过程：以右前扫腿为例，重心移至左脚，左腿屈膝全蹲后，以左脚掌为轴，身体左转180°；右腿由后向前旋转横扫，发力于腰，力达脚弓内侧至小腿下端。同时左

臀着地，左大小腿盘叠（图11-1-38、39）。

②易犯错误及其纠正方法

扫转腿弯曲，脚掌离地，转体与扫腿不连贯。纠正时，多做转体扶地扫腿的练习，体会整体用力的协调性。

（2）后扫腿

①动作过程：重心移至左腿，屈膝全蹲，以左脚前脚掌为轴向右后转体180°，两手扶地；右腿向左后方弧线擦地直腿后扫，脚掌内扣，发力于腰，力达脚后跟至小腿下端背面。同时臀部着地，左腿盘叠（图11-1-40、41）。

②易犯错误及其纠正方法：参考前扫腿。

图 11-1-38

图 11-1-39

图 11-1-40

图 11-1-41

7. 劈腿

（1）左劈腿

①动作过程：身体重心移至右腿，左腿屈膝抬起送髋，上体保持正直或稍后倾，左

脚高举过头后快速下压（如刀劈木柴一样），用脚掌或脚后跟下砸对方的头部（图11-1-42、43）。

②易犯错误及其纠正方法

提腿高度不够，身体重心前后控制不好。纠正时，可采用武术套路中的正踢方法，只是下落时向前下方劈下，重点体会整体用力的协调性。

（2）右劈腿

①动作过程：身体重心移至左腿，右腿屈膝抬起送髋，右脚高举过头后快速下压（如刀劈木柴一样），用脚掌或脚后跟下砸对方的头部（图11-1-44、45）。击打目标后，右脚自然下落成反架，再还原成预备势。

②易犯错误及其纠正方法：参考左劈腿。

图 11-1-42

图 11-1-43

图 11-1-44

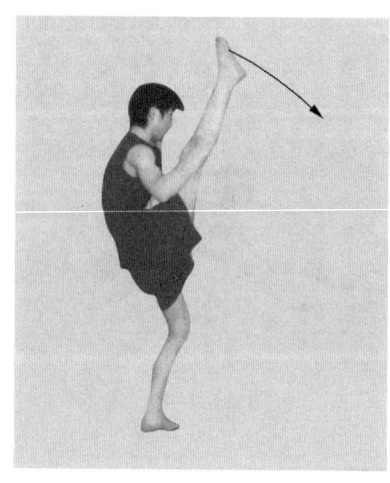

图 11-1-45

（四）基本摔法

1. 贴身摔

（1）抱腿前顶

①动作过程：双方由实战姿势开始，上左步，身体下潜闪躲，然后两手抱对方双腿膝窝下部，两手用力回拉。同时用左肩前顶对方大腿根部或腹部，将对方摔倒（图11-1-46~48）。

图 11-1-46

图 11-1-47

图 11-1-48

②易犯错误及其纠正方法

抱不住双腿。纠正时，注意下潜接近对手。

摔不倒对手。纠正时，应强调两臂后拉与肩顶配合协调。

（2）抱腿旋压

①动作过程：右脚蹬地，上左步，身体下潜，重心移至左腿。同时左手抄抱对方大腿内侧，右手抱住对方小腿后，以左脚掌为轴，身体向右后方旋转，以右手提、左肩压

的合力，将对方摔倒（图11-1-49、50）。

②易犯错误及其纠正方法

抱腿不紧。纠正时，注意强调以胸腹部贴紧对方腿部内侧。

摔不倒对手。纠正时，应强调提、拉、顶与转腰配合一致。

（3）抱腿搂腿

①动作过程：上步，身体下潜闪躲，然后左手抱对方右后腰，屈肘；右手抱其左膝窝用力回拉，使对方的左腿离地。左腿抬起前伸，由前向后搂挂对方的支撑腿，同时用左肩向前顶靠对方肋部将其摔倒（图11-1-51~53）。

图 11-1-49

图 11-1-50

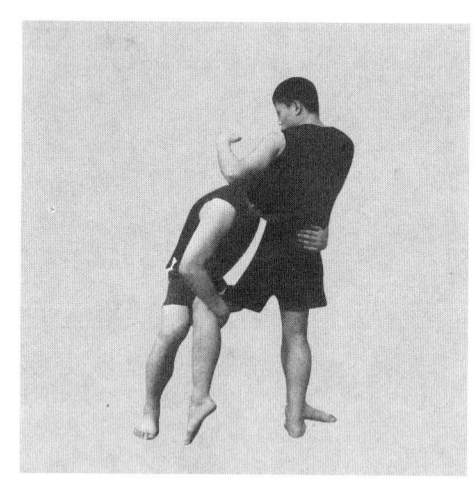

图 11-1-51

图 11-1-52

图 11-1-53

②易犯错误及其纠正方法

抱腿不紧。纠正时，强调进身马上破坏对方的重心，抱起对方的前腿使其单腿支撑。

摔不倒对方。纠正时，应强调搂腿、手拉和肩顶用力一致。

（4）折腰搂腿

①动作过程：下闪，两臂抱住对方腰部，右腿抬起，并以小腿由前向后搂挂对方左小腿。同时两手抱紧对方腰部，上体前压其胸，使其后倒（图11-1-54~56）。

②易犯错误及其纠正方法

搂不倒对方。纠正时，强调抱腰要紧并向回拉，上体前倾压胸和搂腿动作一致。

（5）压颈搂腿

①动作过程：双腿被对方抱住后，立即俯身屈髋并向左转腰，以左手压推对方后颈部，右手向上搂托对方左膝关节，将对方向前翻滚倒地（图11-1-57~59）。

②易犯错误及其纠正方法

图 11-1-54

图 11-1-55

图 11-1-56

图 11-1-57

图 11-1-58　　　　　　　　　　　图 11-1-59

对手不能倒地。纠正时，强调下蹲要及时，压推颈与搂托膝要用力一致。

（6）夹颈打腿

①动作过程：左手虚晃对方，左脚上步，并向右转体，右手迅速抓住对方左前臂，左臂从对方右肩穿过后屈臂夹抱对方颈部。右脚向后插半步与左脚平行，臀部抵住对方小腹，身体立即右转，同时用左小腿向后横打对方小腿外侧，将对方挑起摔倒（图11-1-60、61）。

②易犯错误及其纠正方法

夹颈不牢固。纠正时，强调身体贴靠对方，屈臂夹紧并回拉。

摔不倒对方。纠正时，应强调打腿和转体变脸协调一致。

图 11-1-60　　　　　　　　　　　图 11-1-61

2. 接招摔

（1）抱腰过背

①动作过程：对方用左贯拳攻击头部时，立即向左闪身，左脚向前上半步，同时左

臂由对方右腋下穿过，搂抱对方后腰；右手挂挡对方左拳后迅速夹握对方左前臂。然后身体右转，右脚向后插半步，双腿屈膝，臀部抵住对方小腹。继而两腿蹬伸，弓腰，头向右转，将对方背起后摔倒（图11-1-62~65）。

②易犯错误及其纠正方法

抱腰不紧。纠正时，应注意上步转身贴近对方身体。

摔不倒对方。纠正时，应强调上步、转身、屈膝、低头、弓腰、伸腿、转头动作快速连贯，用力完整、充分。

图 11-1-62

图 11-1-63

图 11-1-64

图 11-1-65

（2）夹颈过背

①动作过程：对方用左贯拳攻击头部时，立即以右手挂挡对方左拳后迅速夹握对方左前臂，同时左臂由对方右肩穿过后，屈臂夹住对方颈部。右脚向后插半步与左脚平行，两腿屈膝，臀部抵住对方小腹。然后身体右转，两腿蹬伸，弓腰，头向右转，将对

方背起后摔倒（图11-1-66~68）。

②易犯错误及其纠正方法

夹颈不牢固。纠正时，应强调身体贴住对方，屈臂夹颈要紧。

背不起对方。纠正时，应强调以背部横贴对方胸腹部，插步、转身、低头、弓腰、蹬伸要快速、协调、连贯。

（3）穿臂过背

①动作过程：对方用左贯拳攻击头部时，立即向左闪身，同时左脚向前上半步，右手挂挡对方左拳后迅速夹握对方左前臂，同时左臂从对方左臂下穿过并上挑至肩上，身体右转，右脚向后插半步屈膝，臀抵住对方小腹。继而两腿蹬伸，弓腰，头向右转，将对方背起后摔倒（图11-1-69~71）。

②易犯错误及其纠正方法

抱不住对手的左臂。纠正时，应强调插步转身要快，双手上下配合一致。

图 11-1-66

图 11-1-67

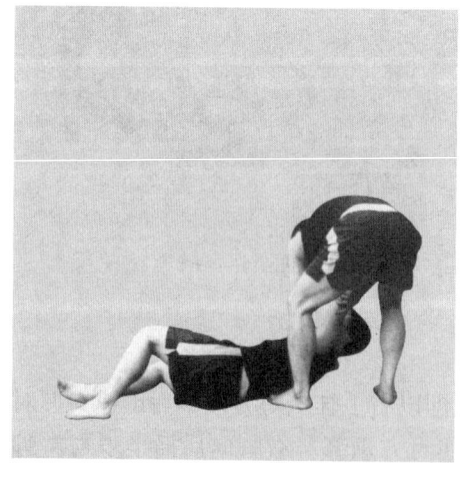

图 11-1-68

图 11-1-69

图 11-1-70

图 11-1-71

两腿蹬伸不直。纠正时，应增加转身、屈膝和伸腿的辅助练习。

（4）接腿前切

①动作过程：当对方以左踹腿或左鞭腿进攻时，立即用里抄抱腿方法，抄抱其小腿后，左脚随即向前上步，换右臂掀抱其小腿，以左前臂下端外侧为力点向前切压对方的胸部或面部，使其摔倒（图11-1-72、73）。

图 11-1-72

图 11-1-73

②易犯错误及其纠正方法

摔不倒对方。纠正时，应注意上步与前臂的切压和后手上掀相配合，充分破坏对方的重心，使其向后倒地。

（5）接腿下压

①动作过程：当对方用左鞭腿进攻时，立即以里抄抱其腿后，右腿立即向后撤步，上体右转，左手回拉。同时躯干前屈，用肩胸下压对方左腿内侧，将对方摔倒

（图11-1-74、75）。

②易犯错误及其纠正方法

摔不倒对方。纠正时，应注意撤步转身、肩胸下压及右手上掀协调配合，充分破坏对方的重心，使对方后倒。

（6）接腿勾踢

①动作过程：当对方用右鞭腿进攻肋部时，立即抢先进步，并向左转身，同时用右手臂抄抱其膝关节以上部位，左手搂抱对方小腿。随后用右手迅速向对方颈部下压，右脚勾踢对方支撑腿脚踝处，同时上体右转，右手回拉，将对方摔倒（图11-1-76、77）。

图 11-1-74

图 11-1-75

图 11-1-76

图 11-1-77

②易犯错误及其纠正方法

勾踢不倒对方。纠正时，要求抱腿尽量向膝关节以上抄抱，压颈、勾踢、转腰动作要协调、快速、完整。

（7）接腿挂腿

①动作过程：当对方用右鞭腿进攻肋部时，立即以左脚抢先进步，用左手外抄抱其右小腿，右腿抬起前伸，以小腿由前向后搂挂其支撑腿。同时右手用力向前、向下推压其右肩，将其摔倒（图11-1-78、79）。

图 11-1-78

图 11-1-79

②易犯错误及其纠正方法

抱腿不紧。纠正时，要求接抱腿时抄抱对方腿的膝关节以上部位，并贴近自己肋部，使其不能逃脱。

摔不倒对方。纠正时，强调搂挂腿和右手推压与左手抱腿上掀动作用力一致。

（8）接腿摇涮

①动作过程：当对方以左踹腿或左蹬腿进攻时，立即用双手抄抱其脚踝处，然后两腿屈膝退步，两手用力回拉，继而跨左步，上右步，双手由内向下、向左上方弧形摇荡，将对方摔倒（图11-1-80~82）。

图 11-1-80

图 11-1-81

②易犯错误及其纠正方法

摔不倒对方。纠正时，强调后拉借力与弧形摇荡协调一致，注意先破坏对方重心然后再摇涮，即先拉后摇。

（9）接腿上托

①动作过程：当对方以左踹腿或左蹬腿进攻胸部时，立即用双手抄抱其脚踝处，然后双手屈臂向前上方推托，将对方摔倒（图11-1-83、84）。

图 11-1-82

图 11-1-83

图 11-1-84

②易犯错误及其纠正方法

托推不倒对方。纠正时，注意托劲与推劲相配合，身体始终向前跟进，直至对方倒地。

（10）接腿别腿

①动作过程：当对方用左鞭腿进攻时，立即抄抱其腿，接着身体下潜上左步，右脚跟半步，继而左脚插在对方的支撑腿后面别腿，上体右转用胸臂下压对方前腿，将对方摔倒（图11-1-85、86）。

②易犯错误及其纠正方法

抱不住腿。纠正时，强调掌握好抄抱腿的方法和时机。

摔不倒对方。纠正时，要求别腿、转体、变脸、压腿衔接要快，用力要整。

图 11-1-85

图 11-1-86

（五）基本步法

1. 前进步

后脚蹬地，前脚先向前进半步，后腿紧接跟进半步（图11-1-87~89）。

图 11-1-87

图 11-1-88

图 11-1-89

2. 后退步
前脚蹬地,后脚先后退半步,前脚再回收半步(图11-1-90、91)。

3. 收步
左脚向后收步至右脚旁,脚掌点地,重心偏于右腿(图11-1-92)。

4. 撤步
左脚向后撤一步,脚跟离地,成右脚在前、左脚在后。右脚脚尖外展,重心偏于右腿(图11-1-93)。

5. 上步
后脚经前脚前上一步,同时两臂前后交换,成反架姿势(图11-1-94)。

6. 进步
基本动作同前进步,但要求前后两脚同时快速移动。

7. 退步
基本同后退步,惟两步要快速移动。

图 11-1-90

图 11-1-91

图 11-1-92

图 11-1-93

图 11-1-94

8. 插步

后腿经前腿后插一步，脚跟离地，两脚略呈交叉（图11-1-95）。

9. 垫步

后脚蹬地向前脚内侧并拢，同时前腿屈膝提起（图11-1-96、97）。

10. 纵步

单腿纵步：前腿屈膝上提，后腿连续蹬地向前移动（图11-1-98、99）。

双腿纵步：两脚同时蹬地，使身体向上或向前后左右跳跃移动。

11. 闪步

左（右）脚向左（右）侧移半步，右（左）脚随之向左（右）滑步，同时身体向右（左）转动约90°（图11-1-100）。

12. 跳闪步

双脚同时蹬地跳起，快速轻灵地向前后、左右闪躲。

图 11-1-95

图 11-1-96

图 11-1-97

图 11-1-98

图 11-1-99

图 11-1-100

13. 侧跨步

左（右）脚向左（右）侧跨半步，右（左）脚略向左（右）脚靠近，两膝弯曲。同时右拳向斜下方伸出，左拳回收至左腮旁（图11-1-101）。

14. 换步

左脚与右脚同时蹬地并前后交换，同时两臂也前后交换成反架姿势（图11-1-102①②）。

图 11-1-101　　　　　图 11-1-102①　　　　　图 11-1-102②

（六）基本防守法

1. 接触性防守

（1）拍挡

①动作过程：由正架实战姿势开始，左（右）手以拳心或掌心为力点向里横向拍挡，同时上体微左（右）侧闪（图11-1-103）。完成动作后即刻回位。

②易犯错误及其纠正方法

拍挡时，向前迎拨，幅度过大。纠正时，注意只动前臂，不能伸肘、伸臂，强调向斜后拍挡。

（2）挂挡

①动作过程：左（右）手屈臂向后挂挡置于同侧耳廓处，肘尖下垂，同时上体微左（右）转（图11-1-104）。完成动作后即回位。

②易犯错误及其纠正方法

抬肘向外格挡。纠正时，可面对镜子检查动作规格，也可做攻防练习，检查防守的效果。

（3）拍压

①动作过程：左（右）拳变掌，以掌心为力点由上向下在腹前拍压，屈肘，前臂接近水平，指尖朝内（图11-1-105）。完成动作后即刻回位。

图 11-1-103　　　　　图 11-1-104　　　　　图 11-1-105

②易犯错误及其纠正方法

臂伸直，虎口、指尖朝前或朝下，手腕放松。纠正时多做徒手的强化练习。

（4）外抄抱

①动作过程：左手屈臂外旋，上臂紧贴肋部，前臂水平，手心朝上，同时右手屈臂紧护胸、面部位，立掌或半握拳，手心朝左形成合抱状。同时上体微左转（图11-1-106）。完成动作后即刻回位。

②易犯错误及其纠正方法

两肘离开躯干，两手防护不同时。纠正时，两人一组，一人用鞭腿进攻，用力要小；另一人体会向外抄抱接腿的方法。

（5）里抄抱

①动作过程：左手屈臂向下、向里紧贴腹前，手心朝上，同时右手屈臂紧贴胸前，立掌或半握拳，虎口朝上，掌心朝前，两手形成合抱状。上体微含蓄（图11-1-107）。完成动作后即刻回位。

图 11-1-106　　　　　　　图 11-1-107

②易犯错误及其纠正方法

两臂离开躯干向前迎抱，防守不严密。纠正时，应多做抱腿的模仿练习或两人一攻一防的练习。

（6）外截

①动作过程：左（右）拳由上向下、向左（右）后斜挂，拳心朝里，肘尖朝后，臂微屈。同时上体微左（右）转（图11-1-108）。完成动作后即刻回位。

②易犯错误及其纠正方法

臂向外横拦，肘尖朝外，直臂。纠正时，可由同伴帮助以左、右鞭腿进攻，反复做外截防守练习。

（7）里挂

①动作过程：左臂内旋，左拳由上向下、向右斜下挂防，拳眼朝内，拳心朝左。同时上体微右转（图11-1-109）。完成动作后即刻回位。右手的方法一样，方向相反。

②易犯错误及其纠正方法

左臂向外弧形绕圈，动作幅度过大。纠正时，面对镜子改进动作路线。

（8）掩肘

①动作过程：左（右）臂弯曲回收，前臂外旋，上臂贴近左（右）肋，在腰微向右（左）转的同时向内、向腹下滚掩，拳心朝里，以前臂尺骨下端（小指侧）为防守力点，含胸、收腹、低头（图11-1-110）。完成动作后即刻回位。

图 11-1-108

图 11-1-109

图 11-1-110

②易犯错误及其纠正方法

上体含缩不够，两臂防守不严密。纠正时，两人配合做抄拳的攻防练习，体会正确动作。

（9）阻挡

①动作过程：身体微前移，提肩缩颈，以肩部和手心阻挡对方直线拳法或腿法的进攻（图11-1-111）。

②易犯错误及其纠正方法

身体直立，仰头，两手保护不严密。纠正时，可以静止体会动作为主，适当配合攻防练习。

（10）阻截

①动作过程：左腿屈膝略抬，脚尖朝上，以脚掌为力点前伸阻截，脚掌朝前下方（图11-1-112）。

②易犯错误及其纠正方法

支撑不稳，准备性差，迎截不主动。纠正时，可两人一组做攻防练习。

2. 非接触性防守

（1）提膝

①动作过程：重心移至右腿，同时左腿屈膝提起（图11-1-113）。

图 11-1-111

图 11-1-112

图 11-1-113

②易犯错误及其纠正方法

身体前倾，支撑不稳。纠正时，可多做快速提膝平衡后静止的练习。

（2）收步

①动作过程：由实战姿势开始，前脚由前向后脚收步，接近后脚时前脚掌虚点地，重心落于后腿（图11-1-114）。

②易犯错误及其纠正方法

上体前倾，凸臀，虚实不明。纠正时，可多练习收步和迈步的组合步法，强调上体保持正直。

图 11-1-114

（3）后闪

①动作过程：重心后移，梗脖缩颈，躯干略向后闪躲（图11-1-115）。

②易犯错误及其纠正方法

只是头部后仰，挺腹。纠正时，可面对镜子多做模仿练习。

（4）侧闪

①动作过程：两膝微屈，俯身，躯干向右侧或左侧闪躲（图11-1-116）。

②易犯错误及其纠正方法

身体向侧横移过多，歪头。纠正时，两人配合练习，对方以冲拳从正面攻击头部，练习左右侧闪防守，互相检查动作姿势。

（5）下躲闪

①动作过程：两腿屈膝，沉胯、缩颈，使重心下降，上体向下弧形躲闪，两手紧护躯干以上部位（图11-1-117①②）。

②易犯错误及其纠正方法

只低头不屈膝，或只屈膝不含胸、沉胯，不缩颈。纠正时，可面对镜子或由同伴帮

图 11-1-115

图 11-1-116

图 11-1-117①

图 11-1-117②

助以贯拳进攻，反复体会正确姿势。

（6）跳步躲闪

①动作过程：两脚蹬地使身体向后、向左或向右跳闪（图11-1-118）。

②易犯错误及其纠正方法

跳闪前先松胯，动作不整，迟缓。纠正时，可多做跳绳闪躲，开始跳闪幅度小一些，强调腹背肌保持适度的紧张。

（七）基本跌法

1. 前滚翻

由站立姿势开始，身体全蹲，双手撑地，重心移至两手上。两脚用力蹬地，同时低头屈臂，团身向前滚动（图11-1-119、120），然后双手抱小腿成蹲立，再站起。

2. 后滚翻

身体全蹲，双手向后撑地。低头含胸，团身快速后倒，经臂、腰、肩、后脑依次向后滚动。然后双腿蹲立，双手推撑站立（图11-1-121~123）。

图 11-1-118

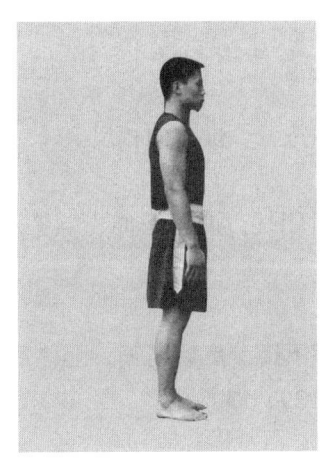

图 11-1-119

图 11-1-120

图 11-1-121

图 11-1-122

图 11-1-123

3. 鱼跃抢背

（1）鱼跃左抢背：左脚在前，右脚在后，屈膝蹲立。两脚蹬地，同时闭气，两臂向前摆伸，身体腾空。随后左臂向右下伸，低头，左肩顺势触地，团身向左前方滚翻，右腿着地的同时右手拍地，完成后站起（图11-1-124~126）。

图 11-1-124

图 11-1-125

图 11-1-126

（2）鱼跃右抢背：同鱼跃左抢背，惟方向相反。

4. 前倒（栽碑）

并腿站立，上体前倒。同时闭气，两臂摆伸，顺势双手撑地，屈臂缓冲（图11-1-127、128）。

5. 后倒

两脚分开或并步站立，屈膝下蹲。然后闭气，上体后倒，收下颌，在肩背触地的同时，两手在体侧拍地（图11-1-129、130）。

6. 左右侧倒

两脚分开站立，左（右）腿屈膝下蹲。然后闭气，上体向左（右）侧倒，左（右）

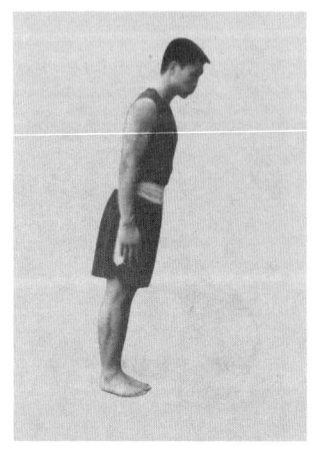
图 11-1-127

图 11-1-128

图 11-1-129

前臂内旋，在大腿外侧触地，右（左）手指朝内，手臂微屈，在体侧拍地（图 11-1-131、132分别为左、右侧倒地）。

7. 左右斜后倒

两脚分开站立，右（左）脚向右（左）前伸，左（右）膝弯曲。上体向左（右）斜后倒，同时闭气。随后小腿、大腿、左（右）臀依次触地，左（右）手内旋在体侧拍地（图11-1-133、134分别为左、右斜后倒地）。

注意事项：

在学习跌法时，一定要有保护垫，要在教师的指导、保护下进行练习，以防受伤。通过跌法的练习，既可掌握被摔倒后的自身保护技巧，又能增强身体的抗击打能力。

图 11-1-130

图 11-1-131

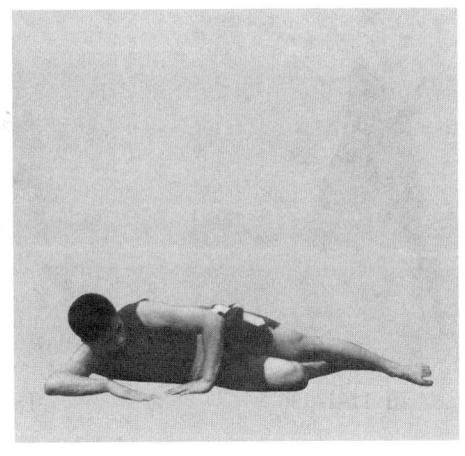

图 11-1-132

图 11-1-133

图 11-1-134

二、组合技术

（一）拳法组合

1. 左右冲拳（图 11-1-135~137）
2. 左右贯拳（图 11-1-138、139）
3. 左右抄拳（图 11-1-140、141）
4. 左冲右贯拳（图 11-1-142、143）
5. 左贯右冲拳（图 11-1-144、145）
6. 左贯右抄拳（图 11-1-146、147）
7. 左冲右鞭拳（图 11-1-148~150）

图 11-1-135

图 11-1-136

图 11-1-137

图 11-1-138

图 11-1-139

图 11-1-140

图 11-1-141

第十一章　散打的基本技术

图 11-1-142

图 11-1-143

图 11-1-144

图 11-1-145

图 11-1-146

图 11-1-147

图 11-1-148

图 11-1-149

图 11-1-150

（二）腿法组合

1. 左右蹬腿（图 11-1-151~153）
2. 左右踹腿（图 11-1-154、155）
3. 左右鞭腿（图 11-1-156、157）
4. 左蹬右踹腿（图 11-1-158、159）
5. 左踹右鞭腿（图 11-1-160、161）

图 11-1-151

图 11-1-152

图 11-1-153

图 11-1-154

图 11-1-155

第十一章　散打的基本技术

图 11-1-156

图 11-1-157

图 11-1-158

图 11-1-159

图 11-1-160

图 11-1-161

47

6. 左鞭右蹬腿（图 11-1-162、163）

7. 左踹右摆腿（图 11-1-164~166）

（三）拳腿组合

1. 左右冲拳接右鞭腿（图 11-1-167~169）

图 11-1-162

图 11-1-163

图 11-1-164

图 11-1-165

图 11-1-166

2. 左蹬腿接左右冲拳（图 11-1-170~172）

图 11-1-167

图 11-1-168

图 11-1-169

图 11-1-170

图 11-1-171

图 11-1-172

3. 左鞭腿接左冲右贯拳（图 11-1-173~175）
4. 左贯拳右冲拳接右踹腿（图 11-1-176~178）

图 11-1-173

图 11-1-174

图 11-1-175

图 11-1-176

图 11-1-177

图 11-1-178

5. 左冲拳接左踹右鞭腿（图 11-1-179~181）
6. 左冲拳右贯拳接右蹬腿（图 11-1-182~184）

图 11-1-179

图 11-1-180

图 11-1-181

图 11-1-182

图 11-1-183

图 11-1-184

（四）拳摔组合

1. 左冲拳接抱腿前顶（图 11-1-185~187）
2. 左贯拳接抱腿旋压（图 11-1-188~190）

图 11-1-185

图 11-1-186

图 11-1-187

图 11-1-188

图 11-1-189

图 11-1-190

3. 左冲拳右贯拳接抱腿搂腿（图 11-1-191~193）
4. 左冲拳接夹颈过背（图 11-1-194~196）

图 11-1-191

图 11-1-192

图 11-1-193

图 11-1-194

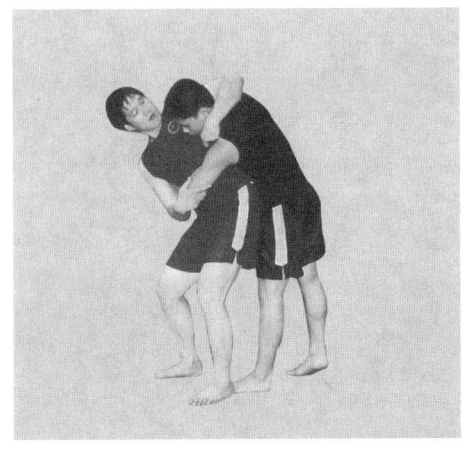

图 11-1-195

图 11-1-196

5. 左贯拳接夹颈打腿（图 11-1-197~199）
6. 左右冲拳接抱腰搂腿（图 11-1-200~202）

图 11-1-197

图 11-1-198

图 11-1-199

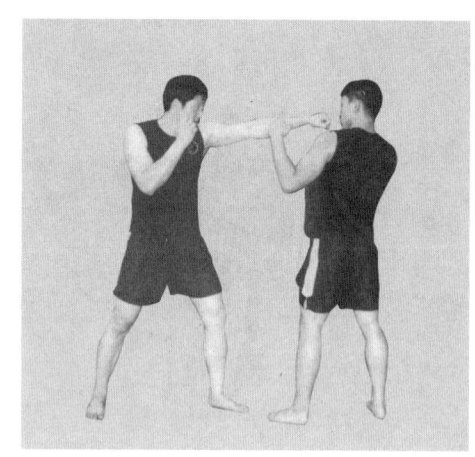

图 11-1-200

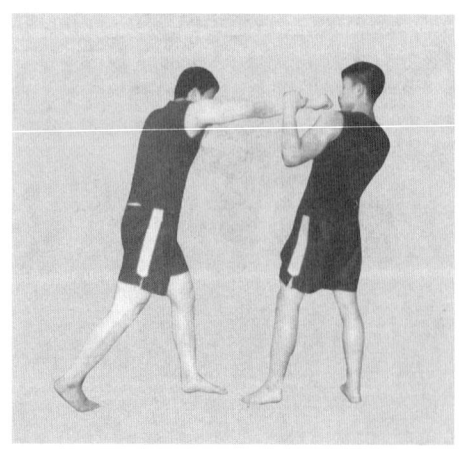

图 11-1-201

图 11-1-202

三、应用型技术

应用型技术包括主动进攻型技术和防守反击型技术。

（一）主动进攻型技术

主动进攻型技术，是指实战双方处在无效距离的对峙中，一方因时因势地突然通过快速的步法移动抢占有效的距离后，而运用的最合理的攻击方法。主要用于两种情况：

第一，根据强攻、抢攻的战术，出其不意，攻其不备，直取空当，在精神气质和动作气势上压倒对方。

第二，对于防守紧密、沉着应战、反应较快的对手而采用的战术打法，做到指上打下、声东击西、以假护真，达到转移进攻的目的。

但无论是强攻、抢攻，还是巧攻，都是进攻型技术中既有区别又统一的整体，所以在实战中只有做到"虚实相生"，才能随机应付复杂多变的战况，从而取得胜利。当然，进攻型技术不能局限于以下介绍的这些，也可根据自己的身体特点和习惯来组编，这样既有利于全面、系统地运用技术，也有利于形成自己独特的打法，以便掌握比赛的主动权。下面介绍几种常用主动进攻型技术方法：

1. 进步左冲拳

（1）动作说明：双方由实战姿势开始，一方以进步左冲拳击打对方头部（图11-1-203）。

（2）进攻意图：除单一的进攻技术外，也可以连接组合技术。以下介绍几种与进步左冲拳连接的常用组合方法：

①左冲拳——右冲拳。以进步左冲拳击打或虚晃（以下均同）对方头部，随后快速以右冲拳攻击对方腹部（图11-1-204、205）。

图 11-1-203

图 11-1-204

图 11-1-205

②左冲拳——左踹腿。以进步左冲拳击打对方头部，随后垫步以左踹腿攻击对方腹部（图11-1-206、207）。

③左冲拳——右鞭腿。以进步左冲拳击打对方头部，随后直接以右鞭腿攻击对方肋部或背部（图11-1-208、209）。

图 11-1-206

图 11-1-207

图 11-1-208

图 11-1-209

④左冲拳——抱腿前顶摔。以进步左冲拳击打对方头部，随后快速上步抱住对方双腿，以抱腿前顶摔法将对方摔倒（图11-1-210~212）。

⑤左冲拳——抱腰过背摔。以进步左冲拳击打对方头部，随后右脚插步，同时左臂抄抱对方腰部，以抱腰过背摔将对方摔倒（图11-1-213~215）。

第十一章 散打的基本技术

图 11-1-210

图 11-1-211

图 11-1-212

图 11-1-213

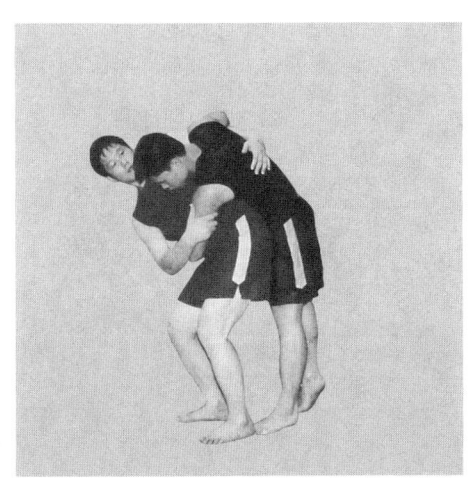

图 11-1-214

图 11-1-215

2. 进步左贯拳

（1）动作说明：双方由实战姿势开始，一方以进步左贯拳击打对方头部侧面（图11-1-216）。

（2）进攻意图：除单一的进攻技术外，也可以连接组合技术。以下介绍几种与进步左贯拳连接的常用组合方法：

①左贯拳——右冲拳。以进步左贯拳击打或虚晃对方头部，紧接以右冲拳攻击对方头或腹部（图11-1-217、218）。

②左贯拳——左蹬腿。以进步左贯拳攻击对方头部，快速以左蹬腿攻击对方腹部（图11-1-219、220）。

图 11-1-216

图 11-1-217

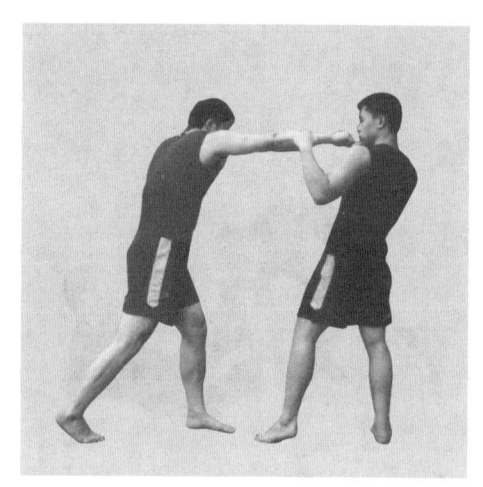

图 11-1-218

图 11-1-219

图 11-1-220

③左贯拳——右鞭拳。以进步左贯拳攻击对方头部，随后插步转身以右鞭拳攻击对方头、面部（图11-1-221、222）

④左贯拳——左踹腿。以进步左贯拳攻击对方头部，快速以左踹腿攻击对方腹部（图11-1-223、224）。

⑤左贯拳——右勾腿。以进步左贯拳晃击对方头部，随后左脚外展，右腿勾踢对方前小腿下端（图11-1-225、226）。

⑥左贯拳——右摆腿。以进步左贯拳晃击对方头部，随后右转身以右摆腿攻击对方（图11-1-227、228）。

图 11-1-221

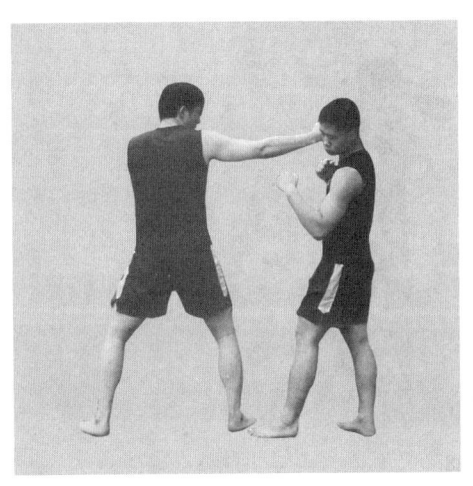

图 11-1-222

图 11-1-223

图 11-1-224

图 11-1-225

图 11-1-226

图 11-1-227

图 11-1-228

3. 垫步左鞭腿

（1）动作说明：双方由实战姿势开始，一方以垫步左鞭腿攻击对方腿或腹部（图11-1-229）。

（2）进攻意图：除单一的进攻技术外，也可以连接组合技术。以下介绍几种与垫步左鞭腿连接的常用组合方法：

①左鞭腿——左踹腿。以垫步左鞭腿晃击对方腿部，落地后再以左踹腿攻击对方胸或头部（图11-1-230~232）。

图 11-1-229

②左鞭腿——左右冲拳——左踹腿。以垫步左鞭腿攻击对方腿部，接左右冲拳连击对方头部，再以左踹腿攻击对方胸或头部（图11-1-233~236）。

图 11-1-230

图 11-1-231

图 11-1-232

图 11-1-233

图 11-1-234

图 11-1-235

图 11-1-236

③左鞭腿——左冲拳——右鞭腿。以垫步左鞭腿攻击对方腿部,接左冲拳击打对方头部,随即以右鞭腿攻击对方肋部(图11-1-237~239)。

④左鞭腿——右贯拳——右踹腿。以垫步左鞭腿攻击对方腿部,接右贯拳击打对方头部,随即以右踹腿攻击对方胸或头部(图11-1-240~242)。

⑤左鞭腿——右冲拳——左踹腿。以垫步左鞭腿攻击对方腿部,接右冲拳击打对方面部,随即以左踹腿攻击对方腹或头部(图11-1-243~245)。

图 11-1-237

图 11-1-238

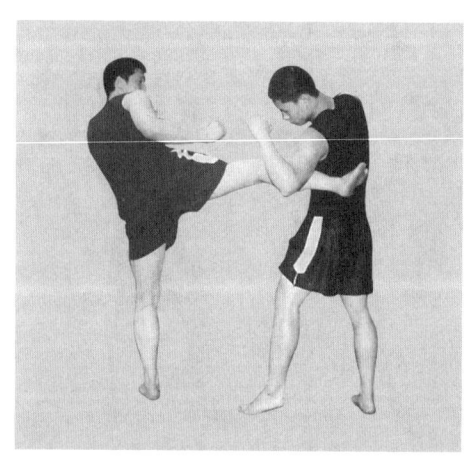

图 11-1-239

第十一章　散打的基本技术

图 11-1-240

图 11-1-241

图 11-1-242

图 11-1-243

图 11-1-244

图 11-1-245

4. 垫步左踹腿

（1）动作说明：双方由实战姿势开始，一方以垫步左踹腿攻击对方胸腹部（图11-1-246）。

（2）进攻意图：除单一的进攻技术外，也可以连接组合技术。以下介绍几种与垫步左踹腿连接的常用组合方法：

①左踹腿——左右冲拳。以垫步左踹腿攻击对方腹部，接左右冲拳连击对方头部（图11-1-247~249）。

②左踹腿——右踹腿。以垫步左踹腿攻击对方腹部，随后左脚落地，接右踹腿攻击对方的胸、头部（图11-1-250、

图 11-1-246

图 11-1-247

图 11-1-248

图 11-1-249

图 11-1-250

251）。

③左踹腿——左冲拳——右鞭腿。以垫步左踹腿攻击对方腹部，接左冲拳击打对方头部，再以右鞭腿攻击对方肋部（图11-1-252~254）。

④左踹腿——左右冲拳——右蹬腿。以垫步左踹腿攻击对方腹部，接左右冲拳击打对方头部，再以右蹬腿攻击对方胸或头部（图11-1-255~

图 11-1-251

图 11-1-252

图 11-1-253

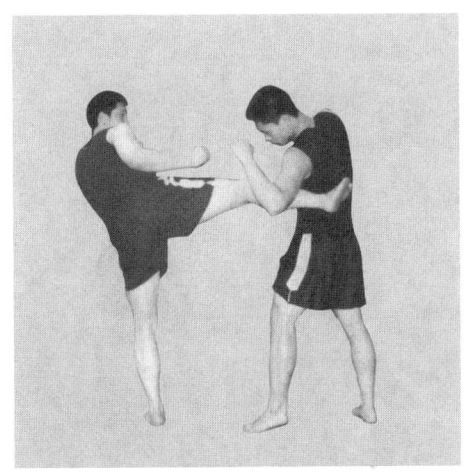

图 11-1-254

图 11-1-255

258）。

⑤左踹腿——右冲拳——左踹腿。以垫步左踹腿攻击对方腹部，接右冲拳击打对方头部，再以左踹腿攻击对方胸或头部（图11-1-259~261）。

（二）防守反击型技术

防守反击型技术，是指在实战中一方突然发起抢攻（含假动作）时，另一方能及时、有效地进行防守反击的攻防方法。

图 11-1-256

图 11-1-257

图 11-1-258

图 11-1-259

图 11-1-260

以下介绍的只是供读者了解和掌握防守反击型技术的部分打法。在练习和实战中，可以根据双方的不同情况，以合理多变的技术动作进行反击。另外，防守后的反击动作可以是单一动作，也可以是组合动作。对于组合动作的反击，可以衔接前面介绍过的组合动作，这里就不再重复介绍了。下面介绍几种常用的防守反击型技术方法：

1. 下躲闪左冲拳

动作说明：由实战姿势开始，当对方使用直线拳法进攻时，本方迅速向下躲闪防守，同时以左冲拳反击（图11-1-262）。

2. 拍压右冲拳（右贯拳）

动作说明：当对方使用左踹腿进攻中盘时，本方以左拍压防守后，立即以右冲拳或右贯拳反击对方头部（图11-1-263、264）。

图 11-1-261

图 11-1-262

图 11-1-263

图 11-1-264

3. 挂挡左冲拳（左贯拳）

动作说明：当对方使用左贯拳进攻时，本方以右挂挡防守后，立即以左冲拳或左贯拳反击对方面部（图11-1-265、266）。如对方以右手拳进攻，则以左手防守，右手反击。

4. 拍挡左鞭腿

动作说明：当对方使用右踹腿进攻时，本方以左拍挡防守后，立即以左鞭腿反击对方大腿后部（图11-1-267、268）。

图 11-1-265

图 11-1-266

图 11-1-267

图 11-1-268

5. 外截（收步——迈步）右鞭腿

动作说明：当对方使用左踹腿进攻时，本方左脚即刻收步和左手外截防守后，左脚立即向前迈步以右鞭腿反击（图11-1-269、270）。

6. 收步（左脚）左鞭腿

动作说明：当对方使用前踹腿进攻时，本方左脚迅速收步防守后，立即以纵步左鞭腿反击（图11-1-271、272）。

图 11-1-269

图 11-1-270

图 11-1-271

图 11-1-272

7. 换步左鞭腿

动作说明：当对方使用前鞭腿进攻时，本方立即换步防守，随后以左鞭腿（后腿）反击（图11-1-273、274）。

8. 接腿摔

动作说明：当对方使用前鞭腿进攻时，本方立即抄抱对方前腿，随后以左手按压对方颈部，以左脚勾踢对方小腿（图11-1-275、276）。对方如以右鞭腿进攻时，则防守反击动作一样，但方向相反。

注：如对方以其他腿法进攻时，本方可采用教材中介绍的相应的接腿摔法进行反击，在此不作重复介绍。

图 11-1-273

图 11-1-274

图 11-1-275

图 11-1-276

第二节　散打的技术特征及要求

为了叙述方便，本教材把散打技术归类为实战姿势、步法、防守法、跌法、踢打法、摔法和防守反击法等。下面介绍各项技术的特征及要求。

一、实战姿势的技术特征及要求

散打的实战姿势，通常也称预备姿势。武术运动中，不同的拳种有不同的预备姿势，如形意拳用三体式、长拳多用高虚步、南拳多用半马步、八卦掌则用摆扣步等，其特点都是局限于本拳种的需要或某个典型动作。练习者可以通过长时间磨炼和反复实践而把它运用得得心应手。然而，分析某个姿势是否合理，则需要从实战的需要出发，用科学的方法加以研究。不管选用什么样的实战姿势，它都应具有以下三个优点：

（一）便于运用进攻方法

实战时，运动员必须准确地把握进攻的时机，而时机是靠运动员应急的敏感性来获得的。特别是防守反击时，对方时而用拳，时而用腿；时而打上，时而击下，而且距离不断变化，这对实战姿势时两手所放的位置和两脚所站的距离至关重要。因此，实战姿势应便于灵活地变换和运用各种进攻方法，并使之发动迅速。

（二）便于防守

散打的防守方法有时是闪躲防守，如后闪、侧闪、下躲闪等；有时是用四肢防守，如左右拍击、格挡、阻截等。选用的散打实战姿势是否有利于防守，应着重体现在两个方面：一是身体的投影面要小，即暴露给对手所击打的身体部位要少；二是防守面大。因此，实战姿势要求身体侧向站立，两臂一上一下，紧护头部和躯干，使胸、腹、裆等得分或要害部位都处于有效的保护之内。另外，还要求竖项梗脖，下颌微收，闭嘴合齿，以缩小咽喉的暴露面。

（三）便于步法移动

散打实战时，运动员需要根据攻防动作的特点和要求，在不同的时机、距离、条件下不断而迅速地转换步法和姿势。实战姿势应便于步法的移动，身体重心在两腿之间，不论做前后左右的移动，都是等长距离，无须明显地倒换重心。另外，两腿微屈，使身体总是处于一种欲动的"弹性"状态，以增加步法移动的灵活性。

二、步法的技术特征及要求

散打中的步法在各拳种中有不同的内容。目前，比赛常用的步法有进步、退步、纵步、垫步、上步、撤步、闪步、跳闪步等。步法的快慢，移动距离的大小，直接影响着攻防的效果。散打对步法的技术要求是：

（一）活

活，是指步法移动、变换要灵活敏捷。运动时轻松自如，虚实变换，让对手抓不住身体的重心所在，给对手造成判断困难。判断对手的重心所在，是使用方法的依据。比如对手用右贯拳进攻，身体重心必须落在前脚，如果在防守反击时以右勾腿踢其前脚，此时对手欲以前腿做反击已不可能了。散打步法要活，首先力量是基础，膝关节、踝关节弹性要好；其次在站立时两脚相距不宜太宽，两膝弯曲不能过大，身体重心尽可能不向一边倒（除必要的进攻外），实战中应该是"动态型"，尽量避免"静止型"。

（二）疾

疾，是指步法移动的速度。双方交手前都处在相持和窥视状态之中，互相保持着一定的距离，任何一方发动进攻，必须以快速的步法接近对方，在有效距离施以技法，进攻才能生效。同样，防守一方也必须具备有快速的后退和躲闪能力，防守或反击方能成功。

（三）稳

稳，是指步法移动的稳定性。掌握了对方的身体重心及移动的规律，破其稳定，才可以巧取胜。例如，有的运动员冲拳时只注重力度而使身体重心过分前移，过多地超出了支撑面，对手如顺势一带就失去平衡。还有的运动员使用腿法进攻时，一味追求腿的击打高度，造成支撑腿站立不稳，如对手掀托其腿部便会倒地，这些都是步法不稳的结果。

（四）准

准，是指步法移动的准确性。准确地移动步法，能为进攻、防守和防守反击赢得时间。进攻时的步幅太小，不能产生最佳效果，也会影响到二次进攻和回位防守。防守时步法移动的距离不够，有可能被击中；而移动过多，又不利反击，错失良机。把握步法移动的准确性，主要取决于运动员的时、空感觉能力，而这种能力的获得，有赖于长期的实践和不断的摸索。

三、防守方法的技术特征及要求

准确、巧妙地防守，一则能保护自己，二则可为更好地进攻创造条件。防守是积极主动的，其目的是更好地进攻。

防守技术大体分为两类：一类是接触性防守，即通过肢体的拦截达到防守目的，如左右拍挡、挂挡、抄抱等；另一类是非接触性防守（或称闪躲防守），即通过身体姿势的变化或是位置的移动达到防守的目的，如下躲闪、左右侧闪、后闪等。两类防守技术有不同的特点，非接触性防守能充分发挥四肢的攻击作用，接触性防守有较大的保险性，与前者相比较容易掌握。在实战中，要根据不同的情况和目的，运用不同的防守技术，或者根据个人的擅长，侧重掌握不同的防守方法。

防守技术总的要求是对对手的进攻时间、运行路线、攻击方法和部位都要反应敏捷，判断准确，达到自动化程度。但两类不同的防守法，其技术要求是有区别的。

（一）接触性防守的技术特征及要求

1. 防守面要大

防守面要大是指在实战中要立足于防一片，不要防一点，尽量提高防守的成功率。例如，以左手拍挡对方的冲拳时，上臂和前臂的夹角要小，前臂近似垂直，使从头到腹都处在保护之下，对手的冲拳高一点或低一点都能防守到。若把肘尖向外一翻，前臂呈水平，防守面就小多了，而且容易防守落空。再如以右格挡防守对手的左贯拳为例，肘尖应尽量下垂，五指伸开，躯干右侧也相应侧屈，使头至右肋均能得到保护。

2. 动作幅度要小

动作幅度要小这在防守技术中是不容易做到的，特别是缺乏实战经验的运动员，由于紧张与恐惧心理的影响，加之正确动作未定型，一遇对手（尤其是强手）的进攻，就会手足无措，只想迎挡对手，以致动作幅度过大，结果影响了防守的准确性。防守动作幅度要小，但应以防守的效果和是否有利于反击为准，不能只图幅度小而失去了防守和反击的作用。

3. 还原转换快

还原转换快指防守后回原位或转换进攻时间或连续变换几种防守的间隔要短。如左手拍挡以后，转左撑拳反击，或防左转防右、防上变防下等的转换，还原要快。动作间的转换快慢，与动作幅度、结构有关。幅度大转换慢，结构不合理也影响转换的速度。合理的攻防动作结构应该是：打上防下、打下防上，击左护右、击右护左。既便于攻防的转换，也能给对手一种攻之有法、防之严密的畏惧感。

（二）非接触性防守的技术特征及要求

1. 时机恰当

时机恰当是说要求防守的时间与进攻的时间恰到好处，不早不晚。闪躲过早，对手则转移进攻或变换招法；晚了则有被击中的可能。因此，要求练习者须具备较好的反应能力。

2. 位移准确

位移准确指躲闪对方的进攻时，身体姿势的改变或距离的移动要有高度的准确性。移动距离短了，往往易被击中；距离长了或幅度过大了，势必会给反击增加难度，甚至贻误战机。

3. 整体协调

整体协调是对身体协调性的要求，是指不论是前避后撤，还是左右躲闪，都必须注意整体性、一致性。如下躲闪对方的冲拳或贯拳，应由踝关节开始，膝、胯、腰、颈、头等关节都要同时弯曲收缩。有的练习者只是一仰头，躯干和腿都不动，形成了躲头不躲身、不躲腿的错误，如果对手是指上打下的组合招法，你就会顾此失彼。

四、跌法的技术特征及要求

跌法，是指双方在使用摔法的过程中，为了达到保护自己而采用的各种倒地动作。跌法和摔法相互依存，有摔法就必然会出现被摔倒的现象，因而说摔法中包括了跌法不无道理。但从其技术功能而言，摔法为进攻，跌法为防守（也称保护）；从其技术特点而言，这是完全不同的两种类型。散手中的跌法较多，但从摔倒的不同方位划分，有向前、后直倒或滚翻的，有左右侧摔或斜前、斜后跌扑的，有腾空和不腾空的翻摔等。不同的跌法有不同的技术，下面介绍跌法中的共性特点。

（一）缓冲

任何一种跌法，首要的一点是在躯干触地之前，以双手或双脚先着地，再通过各关节的化解，缓冲给地面的作用力，达到减轻对内脏器官的震动以保护自己的目的。如前倒（套路术语称栽碑），必须先以两手或两前臂着地，左右侧倒、斜倒等也是如此。

（二）低头（勾头）

颈椎和后脑是支配人的一切活动的神经中枢和"司令部"。当身体突然倒地而发生震动时，由于颈部肌肉力量薄弱，颈椎往往极易受伤；当身体后倒时，也会因为后脑先着地而出现脑震荡。因此，跌法中的低头，是避免或减少颈椎和后脑受伤的关键性技术。

（三）团身

在倒地的瞬间，尤其是向前后倒地瞬间，通过团身（结合闭气），一则能缓解对内脏器官的震动，二则能迅速地逃离对手，达到保护自己的目的。

（四）闭气

在倒地的一瞬间，通过突然闭气，能够反射性地引起胸、腹肌肉紧缩，从而增大腔内的压力，增强躯体接触地面的弹性，犹如一个打足了气的球，摔在地上会反弹起来一样，缓解了地面对五脏六腑的反作用力。

（五）臂内旋

旋臂，即在倒地（尤其是向斜方位倒地）的瞬间，同侧臂内旋，使虎口朝内，在极大冲力的情况下，肘关节及肩关节顺势依次滚动弯曲着地，达到自我保护的目的。通过临场观察和统计，在散打比赛中，由于倒地方法不当而出现肩、肘关节损伤的现象不少，必须引起运动员的足够重视。

（六）接触面要大

接触面要大是指尽量增大身体倒地瞬间接触地面的表面积，以减轻对身体局部的震动。因此，在倒地的一刹那，要求手掌辅助拍地，以增大接触面积，缓冲对身体的震荡。

五、踢打的技术特征及要求

散打中的进攻技术分为踢、打、摔三大类。所谓踢打法，即为腿法和手法。在目前散打实战时，运动员需要戴手套，实际手法中也只能以拳法为主。按动作的结构归类，踢打法可分为直线型、横线型、上下型和旋转型四种：直线型包括冲拳、掸拳、蹬腿、踹腿等；横线型包括贯拳、鞭腿、勾腿等；上下型包括抄拳、劈拳等；旋转型包括转身鞭拳，转身摆腿和前、后扫腿等。任何一种进攻方法都存在着动作的起止点、受力点和运行路线三方面的规格要求，改变哪一个方面，都会导致方法的改变或是错误的产生。因此，每学习一种方法都必须严格要求并准确地掌握它。现将踢打法共性特征归纳如下：

（一）速度快

踢打技术如能发挥出"快"的特点，就会收到使对手防不胜防的效果。影响动作的快慢，原因是多方面的。

1. 肌肉力量是基础

进攻动作的完成最终是靠肌肉的收缩而产生力量，没有力量作为物质基础，想做到快速进攻是不可能的。

2. 掌握用力技法是关键

力量和速度，在没有掌握用力的技法以前是很难成正比例发展的。任何武术流派的用力技法都要求刚柔结合，刚柔是用力技法中相辅相成、互相依存的两个方面。刚柔相济、先柔后刚、刚后必柔这种周期性的放松——收缩——放松就是武术用力的技法所在。只有肌肉处在完全放松的状态下，才能产生第二次的最大收缩力量。

3. 避免动作的"预摆"是根本

每一个踢打方法的运行路线和动作的起止点都是有严格要求的，有的运动员为了加大力量而把动作的幅度做得很大，或带有"预兆"，如先收后放、先引后打等等，无意中增加了动作的运行时间，提前暴露了进攻意图，结果达不到快速出击的效果。

（二）力量重

力量重是指踢、打动作的力度要求。散打比赛，运动员处在你追我退或你攻我防的激烈拼搏中，所用方法必须有一定的力度才能取得"清晰有效"而得分的效果，同时也才能给对方一种威胁。例如，甲方使用左冲拳进攻乙方，乙方欲进身以摔法反击，若甲方冲拳力量很大，乙方便会担心被重击而受伤，进身也就不那么果断。反之，力度很小，乙方心里不畏惧，进身抱摔时也就毫无顾虑了。再如，甲追乙退，乙方欲以左踹腿阻截，若力度小，则不但不能挡住甲方的冲击，反而会因踹腿而反作用于自己，造成自己倒地。如何加大攻击方法的力度呢？除了运动员必须具备力量素质外，还要提高全身发力的协调性，在现有素质的条件下发挥出更大的能量。任何一个动作的发力，都是通过腰的作用点而贯至四梢（两手和两脚）的，没有高度的协调性，很难使动作发力完整。例如右冲拳或右贯拳，先是通过后脚的蹬地和前脚的制动，然后使力传至腰，又通过腰传至臂，最后达于手。一个动作只靠局部力量是有限的，必须全身协调一致，同时配合呼气，闭气蓄劲，以气催力，达到意、气、力三者合一，使力量更加完整。

（三）力点准

进攻技术的力点（受力点），是构成技术方法的重要特征，必须准确无误。力点不准，不但是方法错误，而且极易造成损伤。如鞭腿要求绷脚面，力点在脚背弓处或小腿胫骨下端，若把力点放在脚背的趾端，则大大地减轻了动作的力度，有时还会踢伤脚趾。造成力点不准的原因，一是动作外形上的错误，如该绷脚的却放松，该勾脚的却绷脚，该旋转的没有旋转；二是腕、踝等关节部位在用力的一瞬间紧张不够，梢节松弛；三是动作运行路线的错误，如鞭腿做成斜上撩踢，力点落在了脚弓内侧；四是距离判断错误，如勾腿时离对手较远，着力点落在了脚的拇指上。因此，平时的训练必须一丝不苟地抓好动作规格，多打移动靶和固定靶，体会动作的准确性，才能在实战中提高判断和运用的能力。

（四）预兆小

所谓预兆，是指做动作前预先暴露了进攻意图。动作有预兆，这是散打运动员普遍容易出现的错误，也是致命的错误。在实力相当的比赛中，由于动作有预兆，对手一旦抓住了规律，进攻不但不能实现，反而会给对手创造反击的良机，导致比赛的失败。动作预兆有多种表现形式，如动作前有的习惯眨眼、皱眉、咧嘴，有的身体先往下松再击打，有的手、脚明显先后引再出击，有的打拳先动步，有的起腿前先明显地倒换重心、上体后仰等。克服动作预兆，首先要求练习者在思想上高度重视，每学一种方法都要严格要求；其次是练习的初级阶段最好在教师或同伴的指导与监督下进行，有条件的可面对镜子练习，使动作正确进而巩固定型。

（五）方法巧

散打比赛靠力量取胜固然重要，但以巧取胜则艺高一筹。方法的巧妙，必须与攻击对手的时机、掌握对手重心、控制动作的力度以及采用灵活多变的战术等有机地结合起来，才能收到最佳的效果。例如，甲方以垫步左踹腿进攻乙方，乙方若趁甲方垫步重心向上时，迅速用左蹬腿阻击其腹部以上部位，甲方则必因受击而后倒。再如，甲方以左贯拳打乙方头部右侧，乙方左闪身以左冲拳直线反击甲方的头部，很有可能将其击倒，或者在甲方重心落在左脚的瞬间使用右勾腿反击，也能产生较好的效果。

六、摔法的技术特征及要求

散打中的摔法分贴身抱摔和接招摔两种，贴身抱摔包括夹颈、抱腰、抱腿的各种贴身摔法，接招摔包括接住对方进攻的各种拳法和腿法之后运用夹臂和抱腿的摔法。散打中的摔法很多，不同的方法有不同的技术要领。但由于受散打竞赛规则和护具的限制，散打中的摔法应该朝着快和巧的方向发展，如何使散打中的摔法运用得更加快速和巧妙，概括起来有以下技术要求：

（一）借势

借势，是指在运用各种摔法时，借助对手重心不稳或将要失去平衡的姿势，稍加力量将其摔倒。如甲方连续使用拳法追击，乙方在步步退守的情况下突然下蹲后倒，使用"蹬枝"方法将甲方摔下擂台。此招就是借助了对手连续打拳而突然击空，重心前倾的不利姿势，使"蹬枝"的方法既省力，效果又好。再如，甲方以右鞭腿攻击，乙方在抄抱其腿的刹那间，快速上步切掌将其击倒，或者在接腿的瞬间用摇涮的方法将其摔倒，这两招也是借助了对手鞭腿时身体向斜后侧倾的姿势。借势，关键是掌握好时机。一般来说，在动作发力的瞬间一旦击空，身体就会处于失衡状态，如果能在此时顺其失衡的同侧方位稍加外力，效果极佳。还有，在对手动作发力的同时，如果顺其发力的方向稍加外力，也会收到事半功倍的效果。

（二）掀底

掀底，是指采用摔法（尤其是接腿摔法）时，为破坏对方的支撑而采用掀、拉、摇、托等方法，将对方摔倒。例如，甲方被乙方抱住右腿后，乙方尽量向上或向左右掀托其右腿，甲方必然会因左腿（底部）失去支撑能力而被摔倒。值得注意的是，对于下肢柔韧性较差的运动员，产生掀底效果较快，而对柔韧性较好的运动员来说，必须以掀至对方摔倒为止，不见效果不脱手。

（三）别根

别根，是指通过自己的身体的某一部位别绊对方支撑重心的根部（脚踝处），达到摔倒对方的目的。如接腿别腿、抱腿搂腿、折腰搂腿、接腿勾踢、接腿挂腿等摔法，正是运用了别根的要领，使摔法更加省力和巧妙。

（四）靠身

靠身，是指通过身体向前挤靠的办法将对方摔倒。如抱腿搂腿摔法，除了运用抱腿和搂腿的技法外，必须配合身体向前挤靠对方，效果才会更好。

散打中的摔法，除少数一些远距离摔法（如接腿摇涮）外，绝大多数是主动进身抱摔和接腿、接拳的摔法。在每一种摔法中，尽管有其独特的关键性技术，如接腿勾踢摔主要是勾腿（即别根）、接腿上托摔主要是掀底、抱腿前顶主要是靠身等，但是如果把借势、掀底、别根、靠身四种技巧结合运用，突出了散打摔法中的"快"字特点，那么肯定效果更好。

第三节　散打技法运用的原则

技法是散打的主体。技法，顾名思义，就是散打的技术方法，它既是散打对抗经验总结的物化形式，又是操作技巧的运用过程。只有掌握好散打技法的运用法则，才能充分发挥其应有的功能。

一、技法中的实用性原则

散打中的任何技法都是以能够"击中"或"防住"为目的来构建和运用的，因此，应该根据实用性原则的五个要素来实施。

（一）隐蔽

主要是指使用技法的意图不能轻易暴露，动作的预兆要小，甚至没有。

（二）突然

就是运用动作时的初速度要快，带有突发性，从而带动动作运行过程中的加速度，最终表现为由速度而产生的力的效应。

（三）简捷

指的是能在对抗中表现为形成最佳的选择点，包括角度、方向和由此产生的路线与动作结构等。

（四）顺达

表现为整个技法动作过程中的劲力充沛，动作协调、流畅顺达。

（五）奏效

在以上四点的基础上，运用中需随时随地抓住时机，表现出较高的成功率。

二、符合力学作用的原理

（一）作用力与反作用力

技法的最后完成是表现在动作着力点的力度上，这其中主要的是动作支撑点上的反作用力在起着重要作用。反作用力还表现为一种制动力，比如冲拳时的后腿支撑点的有力蹬地，使重心迅速前移，随之出拳，这是反作用力的推动作用。出拳后的肢体肌肉即出现了爆发式的收缩，使在支撑反作用力和重力的合力作用下，人体重心向合力方向移动，加上肩、胯、腿的协调配合，打出有力的一击，这就是制动力的作用。

（二）力与加速度

技法在静止到运动的瞬间起动，必须是在力的作用上克服人体自身的静力惯性才能发生。技法在开始动作时，人体起动要产生加速的力，动力的大小与产生的加速度成正比，即质量一定时，动力愈大产生的加速度也就愈大。

（三）力与杠杆作用

在摔的技法中应充分应用杠杆和力偶的作用。具体操作时，就是固定支点，有意加长力臂或加大力偶臂，用较为省力的方法使对方的重心移动或转动其基底范围，使其失去平衡而倒地。防守的技法则是应用延长接触时间，或者改变对手的间距、动作路线的角度来减少或消除冲力。

（四）用力的稳定与平衡

技法运用在动态中总体上是处于稳定平衡与不稳定平衡的交替状态中，这期间支撑面、稳定角、平衡角及稳定系数对其身体稳定性的影响和判定，以及肌力工作的要求、调整身体平衡的方法，无不涉及力学原理。因此可见，技法本身的完成是一个复杂整体的用力系统，它既有身体不同部分间的用力分配，又有不同用力性质的配合，是一个系统的工程。

三、全面发展身体的原则

技法运用对身体素质的要求是一个综合指标反映，而不是以某项素质的最大能力为标志。技法的具体要求就是在不同情况下，巧妙而合理地利用所具备的各项身体素质，充分表现出最佳应用价值，即达到较高成功率的目的。技法中的身体素质运用主要表现在以下几个方面：

（一）力量方面

主要强调速度性力量。它是肌肉做快速动作时用力的能力。如果没有速度力量，再实用的技法也只能是一种运动形式，而不能表现出技法的效果和能力。

（二）速度方面

主要突出在反应速度和动作速度上。在技法应用时，对对抗中出现的各种信息反应和判断的快慢，以及抓住时机做出相应的动作是取胜的关键因素。

（三）耐力方面

耐力即人们对克服疲劳的能力。如果耐力强，一定时间内完成技法的质量就会保持不变；反之，则影响技法的应用与发挥，贻误战机并因此而被动。

（四）灵敏方面

灵敏是条件反射活动的一种形式，表现在动作中则反映为完成技法时必须具有的协调能力，并同时反映为一种应变能力。

（五）柔韧方面

由于技法的动作结构都有其一定的活动幅度，因此，要求运用技法时人体各关节、韧带、肌腱等应有良好的伸展能力。同时，对柔韧的要求往往大于力量的要求，这是因为除了技法动作幅度之外，它可直接影响到肌肉的爆发力和速度力量。

四、符合竞技对抗性原则

竞技对抗性原则表明，按一定规律构成的有机整体的功能，并不取决于某个单独要素，而是存在于相互联系、相互作用和相互制约的完整系统之中。散打技法的整体性要求大致表现在四个方面：

（一）攻防兼顾，相生相克

为在对抗中取胜，积极地抑制对方就成为第一要素，这势必就会出现与之相应的反抑制的手段和过程。为有效地进行抑制和反抑制，必须在进攻的同时考虑到防守的可能性和可行性，防守的同时要注入反攻的因素，这就是攻防兼顾的原则。

（二）技法的最佳表现值

技法的运用不是孤立的，任何一种技法的单体结构都是该动作运动链中的各个环节或全身各部位相互配合的结果。整体的配合与协调愈好，技法完成的质量就愈高。如果在这一运动链中的某一点出现不协调，就会影响到速度、力度运用效果的质量与节奏。此外，技法间的组合也应表现出长短结合、上下一体、攻防有效的合理性。

（三）积极主动

散打比赛的过程，实质上是一个控制与反控制的过程，谁控制了谁，谁就占有主动权。因此，要积极主动制定各项战术方法，全面了解对方情况，避实就虚，先夺其长，掌握主动权，使其不能发挥特长。

（四）受规则的制约

技法的构成与运用应有规范性要求，技法须依规则确定的内容来构建，运用时要充分考虑到规则的限制性。

主要参考文献：

1. 《中国散手》编写组.中国散手.北京：人民体育出版社，1990
2. 国家体育总局.中国体育教练员岗位培训教材武术（散手）.北京：人民体育出版社，1999

（第十一章作者：李士英　摄影：岳庆利　演示：陈　超、左桂义、李文祥）

第十二章　散打教学

散打教学和其他体育项目教学一样，既有体育的特点又有教学的性质。因此，散打教学必须以教育学和体育理论为指导，遵循运动技能的形成规律和人体机能活动变化的规律。散打教学除具有体育教学的共性特点，即有目的、有计划地向学生传授各种技术技能，使学生通过身体的反复练习，并与思维活动相结合，掌握这些技能外，在教学实践中还逐渐形成了自己的教学特点、适合本项目特点的教学阶段与步骤及独特的教学方法与手段等。

第一节　散打教学的基本特点

一、了解散打教学的基本特点

散打是一项激烈的对抗性运动，只有了解散打教学的基本特点，遵循散打教学的独特规律，才能不断提高教学质量。

（一）以德为本，贯穿始终

武德是从事武术活动的人在社会活动中所应具有的道德品质和行为准则。"未曾学艺先学礼，未曾习武先习德"。散打教学不仅是增进健康、培养一定格斗技能的过程，而且是陶冶情操、培养高尚道德品质的有效手段。教师首先对自己的言行要严格要求，不仅要有高尚的武德和精湛的业务能力，而且在教学中更要善于了解学生的心理活动，有针对性地进行武德教育，不断培养学生良好的道德品质。尤其在当前改革开放和社会主义市场经济条件下，武德教育应紧密结合当前社会主义精神文明建设，赋予它以鲜明的时代特征，寓武德教育于社会规范中，使学生进一步明确学习的目的和意义。通过练武习德不断培养学生尊师重教、讲礼守信、见义勇为等良好的心理素质和高尚的道德情操；教育学生以弘扬民族文化、发扬民族传统体育项目为己任，为提高全民族的素质而努力学习。

（二）动作规范，注重实用

散打技法丰富，在实战中更是变化多端。但是无论多么复杂的动作，都是由最基本的技术动作组成的。散打技术是克敌制胜的有效方法，也是实战经验的总结。因此，在学习散打技术时要注重动作的规范性，严格动作运行路线、技术要领、发劲特点、着力部位等，做到路线明、方法清、力点准、发劲顺，一丝不苟。对错误动作和方法一定要不厌其烦地进行纠正，尤其对于初学者更要严格动作规范，否则一旦形成错误的动力定型就很难纠正。

"对抗搏击"是散打的本质特征。为此，教师在教学过程中必须从对抗性的特点出发，不仅注重动作的外在表现，而且要注重动作的实用性，使学生明确每一个技术动作在实战中的应用价值。在教学中，必须紧紧围绕实战的变化规律和特点进行教学，避免技术练习与实战运用脱节；学生练习时要引导他们仔细体会每一个技术动作在实战中的不同用法，以提高动作的实效性为主要目的。总之，强调实战的运用效果是检验动作规范的唯一依据，也是要求技术规范的最终目标。

（三）循序渐进，区别对待

任何技术动作都是由初练到娴熟，由娴熟到精巧、到运用自如，都有一个逐步适应的过程。学习散打技术同样要遵循运动技能的形成规律，循序渐进地进行学习。学习时要从最基本的拳法、腿法、摔法学起，从单个技术到组合技术，从简到繁，从条件实战到实战，循序渐进，一步一个脚印，切不可操之过急。对于不同的个体，其身体状况、接受能力以及生理和心理特点等不尽相同，因此，在散打教学中既要根据学生的平均水平制定相应的教学计划和目标，又要考虑到个体的差异性，针对不同的对象采用相应的教学方法，区别对待，以充分发挥学生的自身条件，形成自己独特的技术风格。另外，即便是同一学生在学习的不同阶段，在心理等方面也不尽相同。所有这些都要求教师根据教学对象的具体情况区别对待，有针对性地采用教学方法和练习形式。

（四）以点带面，触类旁通

"不怕千招会，最怕一招熟"，这是武术技击中的一句谚语。意思是：学习技术不要只求多，更要求精，要有自己的最熟练、最独特的"一绝"，才能给对手一种威胁，一种震撼。虽然散打的技术内容相当丰富，不同的技术方法在实战中有着不同的表现形式和功能，但在实战搏击中，如培养练习者的进攻、防守及反击的战术意识和应变能力，提高对时机、空间和距离的把握能力，培养克敌制胜的智力和心理品质等方面却是相同的。通过一些简单实用的方法进行练习和实战，不仅可以使练习者提高兴趣、集中注意力、降低心理压力，而且有利于重点技术的熟练和提高，有利于战术意识的形成，进而减少或避免伤害事故。随着教学进度的不断深入，学习者在实战中运用技、战术的能力不断提高以后，再逐渐丰富攻防技术方法，以期达到全面掌握散打中踢、打、摔的技术内容。

"以点带面，触类旁通"的教学特点，其核心是在教学的初级阶段要抓基本、抓重点、抓规律、抓共性，举一反三，一通百通。切勿一开始就面面俱到，贪多求快反而没了核心，没了重点。待学习者基础牢了，深度有了，再从广度和数量上发展。

（五）双人配合，贵在和谐

散打是两人的对抗性项目，双人的配合练习是提高散打技、战术的有效途径，也是重要的练习形式之一。双人配合练习的形式多样，有攻防技术练习、打靶练习、喂招练习、条件实战等等，配合练习要注意根据课的目的任务以及技、战术的具体要求有计划地安排。

尤其值得注意的是，散打是以克敌制胜为主要目标，攻、防矛盾是散打的主要矛盾。因此，如何提高对方在进攻和防守中对技、战术的运用和应变能力是双人配合练习的主要意图。在平时的练习中，一定要教育学生树立"为对方服务"的良好品质，从对方的实际水平出发，无论是动作的速度、力度，还是动作变化的难易程度，都要以对方的最佳适应性为度，否则是难以收到最佳练习效果的。

二、散打教学的注意事项

由于散打是运用踢、打、摔的方法全方位进行攻击的激烈对抗性项目，运动损伤时有发生。因此，尽量减少和杜绝伤害事故是散打教学课中的主要任务之一。教师要经常对学生进行安全教育，要严格课堂常规，要求学生严守课堂纪律。在练习时使学生明确练习的目的和任务、方法和要求。无论是教学的组织还是采用的练习形式和方法，都要落实安全措施，如认真检查场地器材；充分做好准备活动；在双人配合练习时，严格按照老师的要求进行，杜绝"求胜"和"怕吃亏"的心态；在条件实战或实战时，要合理安排配对的对手等等。

第二节 散打教学的阶段和步骤

一、散打教学阶段的划分

教学过程是学生在教师的组织和指导下，通过教学活动掌握知识、技术和技能的过程。由于散打的激烈对抗性，决定了散打教学必须从实战出发，使初学者在反复实践中掌握和提高技能。散打教学可分为三个阶段：

（一）初步建型阶段（泛化阶段）

这一阶段的主要任务是使学生对动作有初步的了解，取得感性认识，粗略地掌握动作。对一项新的技术内容，通过教师的示范、讲解等，先形成一个粗略的概念，并在教师的指导下进行练习，初步形成有关动作的表象。

在这一阶段，学生大脑皮层的联系处于泛化阶段，学生尚未形成完整的动力定型，动作表现紧张不协调，容易出现多余动作等。因此，教师在教学过程中不应过多地强调动作细节，应抓住动作的主要环节和学生在掌握动作中出现的主要问题进行教学。讲解要简练，示范要正确，要从不同部位、不同方向，让学生看清动作的起止路线、动作力点、击打部位等，达到初步掌握动作的目的。

(二) 配合运用阶段（分化阶段）

这一阶段的教学主要是使学生巩固正确的动作，提高动作的协调性和质量，并在教师的指导下，通过二人在有一定条件的限制下进行配合练习，不断提高对技术动作的运用能力，包括对时机、距离、空间的判断能力、应变能力等，逐步培养进攻、防守和反击的实战意识。

在不断的练习过程中，初学者对运动技能的内在规律有了初步的了解，一些不协调和多余的动作也逐渐消除。这时大脑皮层的条件联系由泛化进入了分化阶段，大部分错误动作得到纠正，能比较顺利地、连贯地完成动作，初步建立了正确的动作定型。但定型尚不巩固，遇到新异刺激，多余动作和错误动作可能重新出现。因此，教师在教学中应抓住学生存在的主要问题，反复强调，反复练习。对错误动作的纠正，可采用对照和综合分析的方法，帮助学生体会动作细节，促进分化抑制的进一步发展，使动作日趋准确，并结合技术分析，提高对动作技术的理性认识。

(三) 实战提高阶段（巩固和自动化阶段）

通过进一步的反复练习，已经建立的条件反射不断巩固，建立了良好的动力定型，大脑皮层的兴奋和抑制在时间和空间上更加集中和精确。此时不仅动作准确、熟练，有较好的协调性、连贯性，而且随着运动技能的巩固和发展，暂时联系达到非常巩固的程度后，动作可出现自动化现象。这对于散打技能的提高是非常重要的。赛场是瞬息万变的，动作的自动化可使第二信号系统的活动摆脱第一信号系统的束缚，专注于战略、战术的变化，及时捕捉战机。

这一阶段主要是通过各种条件实战和实战的形式，进一步提高动作的稳定性和自动化程度，提高动作运用的实效性，以培养学生在各种条件下运用动作的应变能力。在教学中教师可根据不同的教学意图和目的，有针对性地采用不同的个体配对实战，如按不同的体重级别、不同的技术状况进行配对，使学生尽快熟练技术并不断提高质量。

值得注意的是，在动力定型达到一定程度后，仍要继续强化练习，使动力定型更加巩固，否则巩固了的动力定型还会消退。在此过程中，教师应对学生提出更高层次的要求，加深理性认识，对动作要精益求精。

在散打教学中，运动技能的形成过程并不是截然分开的，而是逐渐过渡的，各过程的出现和持续时间的长短，受许多因素的影响，既与教学方法、训练水平有关，又与学生学习的积极性和目的性有密切关系。教师要善于在学生掌握动作技能形成的不同阶段，选择并采取有针对性的教法和练习手段，促使运动技能尽早形成。

二、散打教学的步骤

(一) 学会动作

学生首先在教师的指导下初步学会动作，对动作的运行路线、发力顺序、击打力点等有一个感性认识。这时学生的条件反射刚刚建立，尚不巩固，教师在教学中不要过多强调动作细节，要抓住技术的关键，多运用示范讲解等方法帮助学生对技术动作有一个初步体会。

（二）强化体会技术及用力技巧

在初步掌握动作之后，教师要引导学生认真体会动作要领和用力技巧，消除多余动作，帮助学生不断改进动作细节，尽量避免动作的预兆，使动作做得更加协调、完整和准确，并通过反复练习，不断强调攻防意识，强化条件反射。

（三）配合运用

在初步建立正确的动力定型之后，为了达到进一步强化和巩固的目的，必须有针对性地进行两人配合练习。配合练习，要根据不同的教学阶段和目的提出不同的条件限制，从单个技术到组合技术、从单一战术到复合战术的运用，包括用力的大小、速度的快慢等一定要适度，一定要符合对方的能力和水平，循序渐进。任何过高或过低的条件限制都不会达到最佳的教学效果。

（四）条件实战

在对动作有了一定理解和掌握后，可在一定的条件限制下进行两人的实战练习。条件实战，要根据学生的实际情况和练习的目的选择相应的实战内容。在不同的条件下，培养学生对不同的技术、战术的理解和运用能力，培养对距离、时机、空间的精确感觉和把握能力，培养在散打实战中特有的反应能力和应变能力，进而为完全过渡到实战打下良好的基础。

（五）实战

最后的一步是实战，实战是技术学习的最高阶段，也只有通过实战才能真正检验动作的质量和教学效果。实战可以不断锤炼对技术动作的把握程度和运用能力。在实战中，教师要引导学生学会自我分析和提高总结的能力，找出自己的不足，不断提高自己的实战技能。

第三节 散打教学的方法和手段

一、教学方法

（一）示范教学法

示范是学生通过视觉感知，接受技术的最生动具体的方法，在散打教学中尤为重要。它是教师（或指定的学生）以自身完成的动作作为教学的范例，用以指导学生学习的经常采用的方法。通过技术动作的示范，可使学生形象地了解所学动作的结构特征、技术要领和完成技巧等，从而较快地建立动作表象。协调优美的示范还能进一步激发学生学习的兴趣。因此，对示范的要求是：

1. 示范要正确、熟练。教师在做示范时要切实保证动作的质量，做到协调、流畅，从动作的路线、发力到身体的配合等都要准确无误。

2. 示范要有针对性。首先要针对学生的实际情况做示范，其次是根据不同的教学阶段和目的进行示范。

3. 示范方法要多样。根据学生的实际情况和教学的目的要求，灵活选择相应的示范方法，如对于简单的动作和基础较好的学生，可采用完整示范；对于复杂的动作和基础不好的学生，可采用分解示范；为了便于观察，可采用慢动作快示范、快动作慢示范；为了加深对正确与错误动作的认识，可采用两种动作的对比示范等。

4. 示范要有利于学生观察。老师（或指定的学生）的示范应以全体学生都能看得到为原则，灵活选择和运用不同的示范位置和示范面。

5. 示范与讲解、启发学生思维相结合。示范常常结合讲解进行。有的先讲解后示范，或先示范后讲解，或边讲解边示范，它们互为补充，相得益彰。

（二）讲解教学法

讲解是散打教学中运用语言法的一种主要的也是普遍采用的形式。它主要是指教师通过语言向学生说明教学任务、动作名称和作用，完成动作的要领、方法、要求等。通过语言指导学生进行学习，掌握动作技术技能，同时也使学生获得有关的散打知识。

讲解的主要内容有：

1. 动作名称及规格要求，包括运行路线、发力要点及对身体各部位的要求等。
2. 动作的攻防作用、击打力点和部位及在实战中的运用价值等。
3. 动作的易犯错误。
4. 相关的练习方法等。

讲解法的要求是：

1. 讲解要简明扼要，要点突出，逻辑性强。语言要生动形象，富有启发性。
2. 讲解应根据不同的教学步骤有所侧重，做到有目的、有针对性地进行讲解。
3. 讲解与示范要有机地结合，充分发挥学习者的视觉、听觉多种感觉的综合功能。

（三）完整教学法

完整教学法是从动作开始到结束，不分部分和段落，完整而连续地进行教学和练习的方法。完整教学法的优点是能保持动作结构的完整性，易于形成动作技术的整体概念和动作间的联系。其缺点是对难度较大的动作不易较快地掌握好动作中较难的环节和要素。一般来说，较简单的容易掌握的动作和不易分解的动作可多采用完整教学法。另外，对于基础较好的学生采用这种方法较多。运用完整教学法的要求是：

1. 突出教学重点。进行完整教学时，要做到重点突出，科学地把握好动作的快慢与速率。

2. 适度降低动作质量。学生在初学时往往不易高质量地完成动作，这时可适当降低要求，待他们有了一定的基础后再逐渐提高质量要求，以利于学生早日建立对动作的条件反射。

3. 结合分解练习法。对于复杂的动作常常先进行分解练习，待学生对动作的各个要素比较熟练时，再将它们组合在一起进行完整练习。

（四）分解教学法

分解教学法是从掌握完整动作出发，把完整的动作按其技术结构分成几段或按身体的活动部位分成几部分进行的教学和练习，最后达到完整地掌握动作方法的目的。分解教学法适用于动作较复杂而又可分解，但用完整法又不易掌握的动作或动作的某部分需要较细致地学习时采用。对分解教学法的要求是：

1. 划分动作的段落或部分时要易于连接完成。划分动作要遵从人体的运动规律、动作的结构特征，使得动作易于衔接和连贯。

2. 在进行动作划分时，要对学生讲明各个段落或部分的动作要点，以及它们之间的相互关系。

3. 尽快与完整法结合使用。在散打教学中不宜将动作分解得过于破碎或较长时间地进行分解练习，当学生通过分解练习初步掌握动作后，就应尽快向完整动作过渡，否则不利于动作的连贯性。分解教学常与完整教学有机地结合起来使用。

（五）模拟教学法

模拟教学法是根据学生的实际情况，有针对性地模拟实战中所表现的技、战术状况及场景气氛等，以不断提高学生对技术在实战中的运用能力，并且不断提高心理的承受能力。其主要内容有模拟主动进攻的技术、战术，模拟防守的技术、战术，模拟防守反击的技术、战术，模拟各种不同类型打法的具体的技术、战术，模拟比赛的场景气氛等。模拟教学的要求是：

1. 模拟要有针对性。模拟时要根据教学的目地和动作的要求，有针对性地进行练习。

2. 模拟要逼真。

（六）预防和纠正错误动作法

预防和纠正错误动作法是教师为了防止和纠正学生在练习中出现的错误而采用的方法。在散打教学中，错误动作的出现是不可避免的。但是，一旦让错误的动作形成动力定型就可能要付出更多的精力去纠正。因此，及时对动作错误进行预防和纠正是至关重要的。

预防和纠正错误，应首先分析产生错误的原因，然后根据错误的主要原因，选用合适的方法予以预防和纠正。一般来说，在散打教学中产生错误的原因主要有：

1. 对技术的正确概念尚未清楚。

2. 身体素质较差，协调性不好。

3. 学生的心理承受力差。

4. 组织教法不当。

5. 其他原因如学生在疲劳的情况下进行练习、环境的干扰等都可能导致动作错误的发生。要根据错误产生的原因，分别采用相适应的方法进行纠正：

1. 提高动作的示范与讲解的质量，使学生较准确地建立正确的动作概念，明确完成动作的顺序、要领和要求，明确动作的关键，建立清晰的动作表象。要善于利用各种诱导性练习、转移性练习和启发性的语言来预防和纠正错误的动作。

2. 根据学生的实际情况，可适当降低对动作的要求，进行一些专项素质练习，选择辅助性的练习手段进行过渡性练习等。

3. 进行对抗性练习或难度较大的练习时，学生可能会因有惧怕心理而产生紧张情绪，为此教师要积极进行诱导，降低对抗的节奏和难度，采用各种辅助练习等消除学生的惧怕心理。

4. 根据动作技能的形成规律，认真钻研教材教法，合理安排教学过程，同时全面细致地了解学生，并根据错误的性质有针对性地采用切合实际的教法。

5. 合理地安排负荷，避免疲劳的发生。排除环境的干扰，采用暗示、转移等方法集中学生的注意力，提高学生的自控能力，克服不良因素的影响。

预防和纠正错误动作法的要求是：

1. 首先抓住主要矛盾，纠正主要错误动作。

2. 纠正错误动作要讲明其中的道理，循循善诱。

3. 一旦形成正确的动作表象后要及时进行强化训练，以便巩固动力定型。

二、练习形式

学生在初步学会动作之后，技术的运用尚不够熟练，这就需要在教师的指导下进行反复练习，以逐渐形成正确的动力定型和技能的自动化。在散打教学中通常采用的组织练习形式有单人练习、双人练习、分组练习、集体练习。

（一）单人练习

单人练习是由学生独立进行练习的方法。单人练习时学生可仔细体会技术动作的发力要领、动作路线等，并可根据自身的实际情况有目的地进行练习。在进行单人练习时教师要注意观察，并进行个别辅导。

单人练习的优点：能充分地培养和发挥个人的思维能力，积极调动主观能动性；个人能自主地调节运动节奏和负荷强度；有利于个性化的发展。

（二）双人练习

双人练习是散打教学中最重要的练习形式之一，也是教学中经常采用的方法。采用双人练习要在教师的指导下结合课的目的、任务有针对性地安排。双人练习要求双方都能积极有效地配合，取长补短，互相帮助，不断提高技、战术水平。

双人练习的优点：在形式上更加符合散打实战的特点，包括对时间、距离、空间的判断能力等，有利于运动技能的快速形成，有利于互相帮助、互相学习，有利于各自技、战术特点的形成。

（三）分组练习

分组练习是根据实际情况将学生分成若干组进行练习。分组练习可依靠学生中的骨干或由组内的学生轮换指挥进行练习。分组练习应鼓励学生在组内对技术动作进行研究分析，互教互学，各组间也可互相学习交流，充分发挥学生的主观能动性。在进行分组练习时，教师要注意统揽全局，抓住共性，分别辅导，督促各组按质按量完成任务。

分组练习的优点：能充分发挥技术骨干当好"助理教师"的作用，对技术较差的学生进行具体的帮助和指导；充分培养小组长（可轮流担任）的组织、指挥能力；有利于培养团队精神和互帮互助的良好学风。

（四）集体练习

集体练习是在教师（或指定的学生）领做或以口令提示下的集体统一练习。领做也是示范的一种形式，要注意示范面和示范位置的合理选择。口令指挥要短促、洪亮，节奏要处理得当，口令之间也可穿插简单扼要的讲解提示。对于错误动作要及时提醒和纠正。

集体练习的优点：便于教师整体观察，了解全貌，抓重点，抓规律，有利于形成正确的动力定型；在进行集体练习时有利于教师根据教学目的灵活掌握练习次数、频率和总运动量。另外，集体练习还有助于培养学生的集体主义精神。

三、练习方法

（一）空击练习

空击练习是不设置任何辅助条件而徒手进行的练习，是熟练掌握技术动作的重要训练手段之一。它可有效地巩固个人技术动作的动力定型，不断加强条件反射意识，提高动作速度。空击的形式多样，可单人练、双人练、分组或集体练习。

根据练习目的的不同，空击练习应有所侧重。在进行基本技术练习时，应注意动作的规范性，仔细体会动作的发力技巧、路线轨迹、击打目标等技术要领。在进行连击及战术训练时要强调用意识指挥动作，强化攻防的目的性。空击要循序渐进，从单个技术动作的空击到组合技术的空击，进而进行随机组合的空击；从原地空击到结合步法空击等。

在进行空击练习时，要注意充分做好各关节肌肉的热身活动，以避免损伤。同时，教师要在一旁认真观察，及时纠正学生练习中出现的错误。有条件的最好面对镜子练习（有人称之为"影子"练习法），以便自己检查动作的规范性。

（二）击点练习

击点练习是根据帮助者的信号及时做出动作反应的练习方法。一般来说以单击为主，可击中目标，也可保持一定距离。常用的信号有手势、口令、靶位等。由于信号的突然性和不规律性，击点练习可有效地提高练习者的单个动作速度和反应速度，提高对各种信号的判断力。同时还可有效地培养练习者对距离、时空的把握能力。

击点练习要求给信号者根据对方的实际能力灵活掌握信号的速度和变化频率，要保证信号的突然性和真实性，不要使练习者有所察觉。信号要清晰，靶位要准确，以免模糊不清而造成判断失误。给什么信号做什么动作是事先规定好的，练习者要严格执行，要反应及时，动作准确，不贻误"战机"。击点练习因要求快速做出反应，所以最好是在体力较充沛的情况下进行，动作和信号不宜太复杂，这样才能保证动作质量。

（三）攻防练习

攻防练习一般是二人一组，按照攻防的运动规律有针对性地进行练习。开始可规定只做单招的进攻与防守，逐渐过渡到连招的、随机性的进攻与防守，最后达到灵活运用、随意组合。

攻防练习可有效地提高练习者攻防技术动作的规范性，较快地建立正确的本体感觉，培养攻防意识。由于攻防练习是按照一攻一防（不做反击动作）有限制地进行，所以对消除和预防初学者的害怕心理有利，因而在教学的起步阶段采用较多。应该强调的是，尽管是攻防练习，但也应要求练习者在做出防守动作之后必须强调反击意识（不完整地表现反击动作），以利于尽快建立防守与反击的条件反射。

（四）递招练习

递招练习是由教师或同伴根据不同的教学目的，以各种攻防方法为信号，要求练习者做出相应的（练习前就已规定的）攻防动作的一种方法。递招练习的最大特点是可使练习者在完全没有心理压力的情况下完成击打动作。因此，在教学的初级阶段或周期性的阶段任务中用于提高练习者的反应速度、动作速度和熟练各种攻防方法。

递招练习，可分为接触身体和不接触身体两种形式。接触身体的练习，递招一方如有条件可穿戴些安全保护器材，练习者适当控制动作的力度，避免击伤对方；不接触身体的练习，双方相隔的距离也不应太远，避免与实战脱离，可能的话，递招一方应配合做些闪躲性防守，使练习者既能充分发挥出动作速度和力度，又不至于触及身体，避免被击中而受伤。

（五）打靶练习

打靶练习是由教师或同伴根据各种不同的战术意图，借助手靶、脚靶等辅助器材，帮助练习者提高技术和战术质量的一种方法。

打靶练习是散打教学中常用的练习方法之一，也称"活动靶"，练习内容和形式灵活多变。如对于初学者，为了巩固技术动作、尽快形成正确的条件反射、提高击打力度时可采用单一的打靶形式,如打拳靶、打腿靶等。无论何种打靶,都必须穿插运用击打距离、方位、节奏的变化,以提高练习者在动态中完成击打动作的应变能力。

为了提高练习者的主动进攻能力,可采用打靶加递招的方法。打靶的目的是为了提高主动进攻时对信号的反应速度和动作速度,递招的目的是强化进攻者由主动进攻能即刻转入防守或反击的能力。为了提高练习者防守反击的能力,也可采用递招加打靶的方法。递招的目的是先给练习者一个主动进攻动作(信号),让他做出防守动作(或意识)后再快速反击(击靶)。因此,要求递招、打靶要快速、逼真、及时,防守反击要恰当、快速、准确。

打靶练习是在突然和变化中完成进攻、防守及反击动作。因此,可以培养学生在动态中运用技术的能力,不断发展战术意识,提高对击打时机、距离的把握能力,发展本专项所需的特有素质。

(六)隔空练习

隔空练习是两人在身体不接触的情况下,一方针对另一方的动作及时做出与之相应的动作的练习方法。此法能有效地提高练习者快速反应的能力和动作速度,提高攻防意识,同时又可消除练习者的惧怕心理,提高练习兴趣。

隔空练习需要特别注意的是:主动练习的一方动作要逼真、规范,要处理好方法、节奏和距离的变化;被动配合的一方要精力集中,反应及时,动作迅速、规范;双方的距离应以不能触及对方为度,恰到好处;双方要相互关照,配合和谐。

(七)加难练习

加难练习是在原来正常要求的基础上加大完成质量、练习密度、动作强度、心理负荷等方面难度的练习方法。如为了提高动作质量,练习时可增加一定的负重、缩短休息时间、增加完成次数等;为了提高摔法的成功率,根据实际情况可有目的地安排一个体重较大的对手配合练习;为了提高攻防技术的成功率或培养心理品质,可安排一个能力较强的对手配对练习或实战;为了提高实战耐力,可安排几个人轮流对抗一个人的"车轮战",或增加实战局数、延长实战时间等。

加难练习可使练习者更加有效地提高技、战术水平,建立巩固的条件反射,加大对神经系统的刺激强度,提高专项素质,培养顽强的意志品质和作风。但需要注意的是,增加难度时必须根据学生的实际能力和水平,循序渐进,不能盲目冒进。否则,效果会适得其反,甚至会造成不应有的教学事故或伤害。

(八)变易(降低难度)练习

与加难练习相反,变易练习是在原来正常要求的基础上降低了对完成质量、练习密度、动作强度、心理负荷等方面难度的练习方法。

变易练习法在技术教学的初级阶段和运动技能初步建立时采用较多。有时对那些已经初步掌握了动作,但自信心不强的学生采用变易练习法也很有必要。它不仅可以尽快地建立条件反射,巩固动力定型,而且可以增强练习者的兴趣和信心。如某学生刚掌握了转身摆腿的进攻方法，但在实战中无法击中对手，在安排配对时，选择的对手条件可适当差一些，如步伐不太灵活、反应速度较慢，或体重级别较轻等。

（九）假设练习

假设练习即"假想敌"练习，要求练习者在练习时有意识地针对某一场景、某一对手、某一招法或战术进行思维、表象的一种练习方法。"练时无敌似有敌"，无论在空击、打靶、打沙包时都要积极地思维，假想对手就在面前，从感觉信号→运用方法→击打目标都要以意识引导动作。

假设练习可通过对完成动作的思维、想象和体验活动来作用于心理、生理，并使完成动作的过程和概念得到熟练与加强，促使神经系统的条件反射过程加快，久而久之就达到了自动化程度。另外，假设练习没有危险，可消除学生学习的惧怕心理，减少运动损伤的发生。

假设练习，要求学生对技、战术的概念清楚，意识准确，动作到位，时机和节奏的调节符合实战特征。同时要引导学生在安静、放松的状态下进行练习，尽量排除环境干扰和意识干扰，以期达到最佳的练习效果。

（十）模拟练习

模拟练习是模仿实战中某一技术和战术运用特征、某一运动员的打法特点、某一实战场景的氛围等进行有针对性的练习。这种练习在培养战术意识、提高心理承受能力以及在实战中的应变能力等方面都有很好的练习效果。

模拟练习，关键在模拟，模拟要逼真、形象，动作要准确、到位。而练习者必须根据具体情况迅速做出相应的打法，在把握时机、感觉距离、判断空间以及动作的速度和力度上都要从难、从严、从实战出发，保证练习质量。

（十一）假实战

假实战是两人配合，在动作的力度和速度都有所控制的情况下进行的近似实战的练习。

假实战练习比较接近实战，它对培养学生在实战中灵活运用技术、增强战术意识、提高把握距离和时机的能力等都有一定作用。特别是进行热身练习时，容易提高练习者的兴奋性，较快地进入竞技状态。

然而，假实战毕竟还是假的，特别是练习者需要控制动作的速度和力度，如长期如此，势必会导致对动作的力度和速度形成惯性控制。因此，在教学的提高阶段用于热身时可适当使用。

（十二）打沙包

这是利用沙包作为击打目标的一种练习方法。打沙包是散打教学，尤其是训练中经常采用的练习手段之一。它对增大动作的打击力度、提高连续进攻的频率和专项耐力、培养在近距离实战时运用组合技术攻击的能力等都有着非常显著的效果。

打沙包要注意根据练习目的，并结合实战需要进行安排。练习的内容可分为专一性的、限制性的、综合性的多种规定，练习者除注意动作方法的准确性和合理的发力顺序外，还要根据实战的特点调整好击打的距离、频率、节奏和强度。

（十三）条件实战

这是在有一定条件限制的情况下进行的实战对抗练习，如拳法实战，腿法实战，拳腿实战，腿摔实战，主、被动实战等。

条件实战是为了提高学生某一特定的技、战术的运用能力而采用的一种练习方法，有很强的针对性，也是实战的初级阶段和在训练的调整期常用的一种方法。此法可使练习者在较低或没有心理压力的状态下进行实战，以便更能集中精力、专一提高某一个或几个技、战术，快速形成特定的条件反射。

条件实战对双方练习者的技、战术都有严格的规定，练习时务必严格按照规定进行，注意互相理解，互相帮助，互相切磋。

（十四）实战

实战是两人按照一定的规则进行的对抗练习，它是检验和提高技术、战术的重要方法，也是总结、积累实战经验的有效措施。

实战练习可参照当前通用的散打竞赛规则，也可根据具体情况附加一些新的要求。实战练习时如有裁判员裁决，更能增加实战的激烈程度和技、战术运用的有效性。因为实战练习是实实在在的比赛，既要要求练习者百倍地投入精力，从每一个动作的攻防、每一个战术的运用都全力以赴，力争打好每一次比赛，又要排除斤斤计较胜负的心态的干扰，敢于大胆地使用技术和战术，从成功与失败中不断总结经验。如对手实力强，自己可有意地提高自己的长处，发展优势；如对手实力较弱，自己则有意地提高较差的技术，使自己的弱项得到改善。

需要特别指出的是，实战练习需要身体的直接对抗，难免会发生击伤、撞伤、摔伤等伤害事故，每一名练习者都要承受一定的心理压力，尤其是初级阶段的练习者心理压力更大。因此，安排实战练习要适时、适度，绝不能过早、过频，以免产生心理障碍或伤害事故。

第四节　散打教学课的任务与结构

一、教学课的任务

教学课的任务是由本课程的教学进度所决定的。课的任务的提出，要符合体育教学的一般规律和散打技能形成的特点，要针对学生的基础和能力，切实可行。如果任务要求过高，学生容易失去信心，甚至形成空话；任务要求过低，则不能激发学生的积极性，达不到应有的教学效果。

二、教学课的结构

教学课的结构是指组成一堂课的几个部分，以及各个部分的教学内容、组织教法、时间与量的安排等。根据人体机能活动变化的规律，一堂散打教学课一般可分为准备、基本、结束三部分（也有把准备部分细分为开始和准备两部分的），各个部分都有各自的主要任务、内容、组织教法与形式。

（一）准备部分

准备部分的开始一般是点名、检查学生的出勤情况、宣布本课的教学任务和要求等。

准备活动的内容可分为一般性准备活动和专门性准备活动。一般性准备活动通常是走跑练习、徒手体操（或武术操）以及活动量较小的一般性游戏练习，使全身各主要肌肉群、关节、韧带等部位都得到充分活动；专门性准备活动主要采用与基本部分的内容相类似的练习，或者安排一些散打中起基础性作用的基本功、基本动作进行练习，使身体各肌肉群、关节、韧带、器官以及各主要系统的机能做好充分准备。

准备活动的组织方法，一般采用集体练习的形式，亦可分排、分组或个人分散进行。队列、队形可根据具体情况灵活变化。活动的内容应由静到动，由小到大，由简单到复杂，由局部到全部，使身体有一个逐渐适应的过程。准备活动的时间一般占全课的20%~30%。

（二）基本部分

基本部分是整个教学课的重点，也是能否完成教学任务的关键。安排的时间一般占60%~70%。

基本部分的内容首先要考虑安排的顺序问题。一般来说，重点的教学和复习内容应安排在身体充分活动以后，身体机能正处于最佳状态时进行。学生此时的精力集中，体力充沛，能确保达到最佳的教学效果。为了保证练习的数量和运动负荷，采用的练习形式是至关重要的。如集体练习，可以增加练习次数；分排练习，既可保证适宜的运动负荷，又能互相观摩学习。基本部分的组织教法，要以充分发挥教师的主导作用为主，注重调动学生的积极性，注重培养学生的组织能力、分析问题和解决问题的能力，做到教学相长、取长补短。

（三）结束部分

结束部分是有组织地结束教学活动，使学生逐渐地恢复到相对安静状态的过程。

结束部分的内容应根据本课的性质选择一些逐步降低运动负荷的练习，如徒手的放松练习、比较缓和的活动性游戏、一些恢复性的整理练习等。教师要进行总结和讲评本课的教学任务完成情况以及学生遵守课堂纪律的情况等。有时也可布置课外作业以及预告下次课的内容等。

三、教案示例

课的名称：散打教学课

第 × 周　第 × 次课　教师：　年　月　日

课的任务：1. 复习巩固散打的基本拳法，重点要求组合拳法的连贯性和击打节奏
2. 学习并初步掌握前侧踹腿的基本技术
3. 发扬顽强拼搏的精神，培养互助互爱的良好作风

课的部分	课的内容及分量	时间	教学组织与方法
准备部分	一、课前组织 （一）整队集合，检查人数和服装，师生互相问好 （二）宣布本节课的任务，并安排见习生的见习内容	2分钟	一、队形 ××××××× ××××××× △
	二、游戏：改换目标 游戏规则 　1. 让学生围成一个圆圈，选一人为追者，另一人为逃者 　2. 追者追逃者，追到则互相交换 　3. 逃者可在圆圈上任何人前站立，这时其身后的人或身后的最后一个人就成为逃者 　4. 根据学生的实际人数，圆圈上可前后站立二人或三人，并选择两对学生进行游戏	8分钟	二、 （一）队形 （圆圈队形图示） （二）练习要求 集中注意力，判断要快，并迅速做出反应，30秒钟之内要换人
	三、关节的一般性活动 （一）头部环绕运动（2×8） （二）肩胸运动 　1. 扩胸运动（2×8） 　2. 振臂运动（2×8） （三）膝髋关节活动 　1. 膝关节绕环运动（2×8） 　2. 弓步压腿（2×8） 　3. 仆步压腿（2×8） 　4. 前俯腰压腿（2×8） 　5. 原地交叉步练习（2×8） （四）腰部练习 　1. 涮腰练习（2×8） 　2. 转腰练习（2×8） 　3. 前俯后仰（2×8） （五）踝腕关节活动（2×8）	5分钟	三、组织形式及教法 （一）队形 由两列横队变四列横队 ××××××× ××××××× ××××××× ××××××× △ （二）教学方法 镜面示范法：教师统一口令并领做

续表

准备部分	**四、专项准备活动** （一）步法练习 1. 练习散打的基本步法 2. 要求根据信号做步法的快速移动练习 （二）基本腿法练习 1. 正踢腿（二组，下同） 2. 侧踢腿 3. 里合腿 4. 外摆腿	10分钟	**四、组织形式** （一）组织形式（集体练习为主） ××××××× ××××××× ××××××× ××××××× △ （二）组织形式（二路纵队行进间练习） ××××× ------------▶ ××××× ------------▶ △
基本部分	**一、复习提高散打的基本拳法** 围绕冲、贯、抄基本拳法的空击练习，以组合拳法为主 要求：必须结合步法，注重动作规范和发力要点 总量：150拳左右 **二、学习前侧踹腿的基本动作（以正架预备势为例）** （一）学习前侧踹腿分解动作 1. 屈膝上提 要点：左腿迅速屈膝提起，同时小腿微向外、向上翻起，膝微内扣，大小腿尽量折叠 2. 踹击 要点：腿部由屈到伸迅速向左侧快速直线踹出，伸髋挺膝，力达脚底 3. 回收 要点：屈膝，小腿迅速回收落地，即刻恢复预备姿势 （二）学习侧踹腿完整动作 1. 完整进行侧踹腿练习 （1）原地模仿完整技术的练习，速度可由慢到快，亦可扶着肋木练习 （2）结合步法的完整技术动作练习 2. 慢速练习时要认真体会发力顺序，动作要连贯，发力要顺达 总量：30～40次	10分钟 20分钟	**一、组织形式及教法** 组织形式 面对镜子进行统一的个人练习 教学方法 1. 及时发现练习中存在的个性问题及时纠正 2. 寻找优秀者进行示范，有目的地讲解 **二、组织形式及教法** （一） 组织形式 ××××××× ××××××× △ 教学方法 1. 讲解法：讲解动作路线、动作要领及发力顺序等 2. 示范法：采用慢速和正常速度的示范 3. 分解教学法：将侧踹腿动作分为屈膝上提、踹击和回收三个阶段 （二） 组织形式 ××××××× ××××××× △ 教学方法 1. 讲解法：讲解动作的节奏和发力要点等 2. 示范法：采用慢速和正常速度的示范 3. 完整教学法：完整地进行侧踹腿教学 4. 预防和纠正错误法：对于学生易出现的错误提前进行讲解，出现后及时纠正

续表

基本部分	三、打靶练习 　　二人一组，结合冲、贯、抄拳法进行打靶练习 　　要点 　　（1）注重动作的连贯性 　　（2）体会发力要点 　　（3）处理好击打的节奏 总量：3分钟×2组（组间休息调整1分钟） 四、拳法条件实战 条件限制 　　1. 一方主动进攻，另一方防守反击 　　2. 双方都可以用各种拳法，包括单击或组合，但要灵活运用 　　3. 进攻一方要处理好进攻节奏，只要对方有反击，就可以再次进攻 总量：毛打3分钟×2组（组间休息调整1分钟）	10分钟 15分钟	三、组织形式及教法 组织形式：两人一组集体进行练习 教法 　　1. 抓共性，统一进行讲解和纠正 　　2. 抓个性，单独予以纠正 　　3. 抓能力培养，有目的地找出演练者，让学生发现问题并予以纠正 四、组织形式及教法 组织形式：两人配对，全班分成一、二组轮流交替上场练习 教法 　　1. 一、二组之间负责互相观摩交流并予以帮助 　　2. 进行两组之后，同学之间进行讲评 　　3. 实战结束时教师作重点讲评
结束部分	一、放松练习 　（一）放松手段 　　1. 揉捏按摩上肢 　　2. 甩臂 　　3. 仰卧抖腿 　　4. 仰卧放松 　（二）练习时要求思想放松，排除杂念 二、小结讲评 　（一）任务完成情况 　（二）练习中存在的问题和要求 　（三）布置课后任务	8分钟 2分钟	一、组织形式 　　1. 二人一组进行揉捏和甩臂练习 　　2. 分散进行仰卧抖腿和仰卧放松练习 二、队形 　　××××××× 　　××××××× 　　　　△

主要参考文献：

1. 《中国散手》编写组. 中国散手. 北京：人民体育出版社，1990
2. 中国国家体育总局. 中国体育教练员岗位培训教材武术（散手）. 北京：人民体育出版社，1999

（第十二章作者：朱瑞琪、李俊峰）

第十三章 散打训练

散打训练是以散打教练员和运动员为主体，在各方面人员的积极参与下，为提高散打运动员的竞技能力和运动成绩而专门组织的一种准备性的教育过程。散打训练的全过程包括提高和保持散打运动员运动成绩的一切因素和措施的总和。因此，散打训练不仅是指提高运动员竞技能力的身体训练、技术训练、战术训练、心理训练、智能训练，而且还应包括散打运动员的选材、训练过程的调控和对运动员的管理等一切与提高和保持运动成绩有关的全过程。随着现代竞技体育的不断发展，对运动训练的要求也越来越高，散打训练不仅是教练员和运动员之间的有序活动，而且还应有散打训练全过程的有关各方面人员的参与，其中包括管理人员、科研人员、领队、队医和后勤保障人员等。散打训练的最终目的是把经过科学选材选出的具有优越的、先天性的可塑之材，通过长期系统的科学训练，不断提高其竞技运动水平，在重大比赛中获得优异成绩。

第一节 散打运动员科学选材

散打运动员科学选材，是根据散打项目的特点和要求，用现代科学的手段和方法，通过客观指标的测试、全面评价和预测，把先天条件优越、适合从事散打运动的人才选拔出来进行系统的培养，并不断监测其发展趋势的一个过程。其实质内容是测试备选对象的现实状况，预测备选对象的发展潜力。

体育科学是一门边缘学科，它是以自然科学、生物科学、社会科学等诸多学科为理论基础的，因此，现代散打的选材方法也应体现出多元化的特点。依据选材基本因素，可将散打运动员的选材分为遗传选材、年龄选材和竞技能力选材。其中，竞技能力包括形态、机能、素质、技术、战术、心理和智力等方面，因此，散打运动员的选材也主要集中在遗传、年龄、形态、机能、素质、技能、心理能力和智能等方面。

一、遗传选材

遗传选材是依据人类遗传学中关于遗传与变异的观点提出来的。其中许多理论已得到运动实践的证实。这里介绍一下遗传度选材法和皮纹选材法。

（一）遗传度选材法

遗传度是指遗传和环境对某一性状表现所起的作用的相对比重。凡性状以遗传因素为主的，其遗传度就高；以环境为主的，遗传度就低。因此，在散打运动员选材时，一定要选择遗传度高且又是影响散打项目主要因素的性状。例如，选材时可以选择具有胸廓发达、神经系统灵活、乳酸脱氢酶活性高、血清睾酮含量高、无氧耐力素质好等性状的指标。因为实践证明这些指标不仅与散打运动员的运动水平有直接的关系，而且其遗传度很高，以后改变的可能性较小。

（二）皮纹选材法

皮纹，一般指人体手指、手掌和足底皮纹表层出现的特殊纹线图形。皮纹具有稳定性，在胚胎发育过程中，一旦形成，基本终身不变。皮纹选材法就是根据皮肤纹式与组成竞技能力各性状之间的关系，并运用这些特征和规律对备选对象的状况进行辅助测评，从而正确选拔优秀运动员的方法。

试验研究表明，我国优秀运动员的皮纹优势主要表现在四个方面：1. atd角明显小；2. 指纹结构复杂，双箕斗明显多；3. 掌褶正常，屈肌线短的较少，通贯手不多；4. 大鱼际真实花纹明显少。以上性状可以作为散打运动员选材的参考依据。

二、年龄选材

年龄选材是通过对人体生长发育的年龄特征、发育程度的鉴别以及散打项目的适宜选材年龄确定选材。其关键是了解人体生长发育和运动素质发展的年龄特征以及对发育程度的鉴别方法。其发育程度的鉴别常用日历年龄与生物年龄的关系，根据青春发育高潮期起始时间和持续时间的长短来判断。常用骨龄法、齿龄法以及"第二性征"法来鉴别发育程度。

三、形态选材

形态选材是指通过定量化研究散打运动员的外部特征进行评定选材。它适于训练早期的运动员，因为身体形态可以为运动能力、身体素质、运动技术和身体机能等方面的情况提供有价值的信息。对散打项目来说，形态选材时主要测量内容为体格测量、身体成分测量和体形测量，具体测试的形态学指标主要包括：1. 量度指标——体重，2. 长度指标——身高、坐高、上肢长、下肢长，3. 宽度指标——肩宽、骨盆宽，4. 围度指标——胸围、上臂紧张围、上臂放松围、大腿围、小腿围，5. 皮褶指标——上臂部皮褶厚度、肩胛部皮褶厚度、髂部皮褶厚度等。这些指标可以换算成形态指数、体脂百分比和体形，以此来评价散打运动员的身体形态特征。

研究资料表明，我国优秀武术散打运动员身体形态特点是：上下肢比例匀称，胸围、上臂围和大、小腿围度大，身体充实度高；总体上趋向于外胚性中胚叶型，平均体形分值为1.90～5.05～2.48，骨骼肌肉发达，四肢较粗壮。这是身体形态选材时应注意的总体特征。

具体来讲，我国在国际性比赛中占有优势的中小级别优秀散打运动员的身体形态特点为：48～52公斤级的运动员，体形属于中胚性外胚层型，骨骼肌肉欠发达，躯干相对单薄，四肢较细；56～75公斤级运动员，体形属于外胚性中胚层型，随着级别的增大，四肢越来越粗壮，中胚叶占优势。在选拔运动员时应根据具体情况来观察和测量。

在同一体重级别中进行选材时，要注意不同等级运动员的身体形态特征，从中选取具有更适于散打项目发展特征的运动员。研究报告表明，武英级运动员与一级运动员相比，胸廓较发达、骨盆较宽、体格较粗壮。因此，在选拔时，应选择躯干部较发达、体格较粗壮的运动员从事散打项目。

此外，去脂体重（又称瘦体重）也是身体形态选材的重要指标之一。因为在优秀运动员中，去脂体重与运动成绩呈正相关，训练水平越高，去脂体重越大，而且去脂体重的遗传度很高（男子87%、女子78%），在选材中要特别重视。

四、机能选材

机能选材是指通过对散打运动员机能的生理、生化指标测评选拔优秀运动员。生理、生化测评的指标很多，应根据散打项目的特点有针对性地选择指标。

（一）生理指标测评法

1. 心血管系统机能测评法

主要使用国内外通用的定量负荷实验法，如心功指数法、哈佛台阶实验法、联合机能实验法等。选材时要选拔那些机能动员快、机能反应相对低而稳定，且测试结束后机能恢复快的运动员。

2. 呼吸系统机能测评法

选材时评价呼吸系统功能的方法主要有肺活量测定法、五次肺活量测定法、最大摄氧量测定法及氧债测定法等。

（二）生化指标测评法

生化指标的测试，主要包括血乳酸测试和血睾酮测试。血乳酸作为生化测评指标的原因在于散打比赛强度大，以无氧供能为主，而血乳酸是体育运动领域中已经广泛运用的无氧供能能力评定指标，能较准确地反映选拔对象的无氧供能水平。同时，血睾酮对散打运动员选材有重要作用。许多研究资料表明，血睾酮与运动能力密切相关，因为它对提高力量、速度、耐力素质有明显作用。血睾酮高的运动员运动能力强。有测试结果显示，在血睾酮含量方面，技能类项目高于体能类项目，格斗类项目高于其他技能类项目，散打项目又高于其他格斗项目。因此，在散打运动员选材中，要注意那些血睾酮水平高的被选对象。

五、素质选材

身体素质是指人体在运动过程中所表现出来的速度、力量、耐力等的能力。素质选材就是通过对散打运动员身体素质的测评决定取舍。素质选材是散打运动员早期选材的重点。选材中,教练员要全面了解和考察运动员,决定运动员竞技能力的各个因素的发展状况。但是,在早期选材中,候选者还未经过专项训练,不具备散打专项技能,这时候进行身体素质选材就很自然地成了重点。

身体素质选材时的测评指标要根据散打项目特点来确定。研究资料表明,对散打运动员专项运动水平起主要作用的4类身体素质因素依次为:速度耐力因子、速度因子、力量灵敏因子、柔韧因子,散打运动员的身体素质选材,应考虑这一因素,在选取具体测试的身体素质指标时,应有所侧重。

六、技能选材

散打技能是散打运动员合理、有效地运用技、战术的能力。技能选材是运用科学诊断和经验判断,对备选散打运动员的技术和战术进行分析与评价选择优秀运动员。技能选材主要应用于中级选材。

(一)技术测评法

技术测评法主要是对散打运动员的技术质量、技术容量、技术效果进行测评。主要方法有观察法、仪器测量法及统计法。初级选材的测评内容为单个技术演练、配合技术演练、打拳靶、打脚靶、打沙袋等,主要评价其技术的合理性和正确性。中、高级选材则需在实战或比赛的情况下进行,主要评价其技术的实效性、稳定性和成功率。

(二)战术测评法

战术测评法主要对散打运动员的战术意识、战术数量、战术质量及战术效果等方面进行测评。主要方法有观察法和统计法。由于散打是格斗项目,战术的运用主要是根据对手的变化来决定的。因此,战术测评一定要在散打实战和比赛中进行。具体操作时,可以选择实战、车轮战及比赛等形式。评价的要点应集中在战术运用的针对性、可变性及有效性等方面。

七、心理选材

心理选材是指运用现代心理学的理论,从心理素质方面选拔优秀散打运动员后备人才的方法。研究表明,运动员的心理品质在许多方面显现着遗传的性状,运动员的气质、反应、个性都在很大程度上受先天性因素的影响,后天即使能改善也很少。因此,散打运动员心理素质选材应在初选中就给予重视。

心理选材的内容包括运动员心理能力和个性心理特征两个方面。

（一）运动员心理能力测评

运动员心理能力测评主要集中在认识能力，包括感觉、知觉、想象、思维及记忆等方面。研究资料表明，反映优秀散打运动员专项心理能力的测评指标有：视—动连续简单反应时、四肢选择反应时、时空判断、空间长度判断、综合反应、操作思维和距离感等。这些内容在选材时应重点测试。一般采用心理测试量表和测试工具进行测评。

（二）运动员个性心理特征测评

运动员个性心理特征主要包括性格、气质、神经类型、兴趣、能力、意志品质等方面。其特征常用个性测试量表及运动员专项测试量表来测评。常用的测试指标为神经类型和个性。有研究表明，优秀散打运动员神经类型大多属于灵活型或稳定型。个性特征的表现为：在个性的意志特征上，一般都好强、固执、独立、积极、支配性和主动性较强、冒险而少顾忌，在个性的情绪特征上表现为轻松兴奋、自信心强、情绪稳定而成熟等。选材时应予注意。

八、智能选材

散打是一项斗智、较技的项目，因此，智能选材对培养优秀散打运动员有重要的意义。有研究认为，运动员选材时，智商（IQ）下限定为95左右为宜。优秀散打运动员的智能模式特征可以表述为：智商中上，善于理解与实现教练员的意图，具备独立分析对手特点与作出相应对策的思维能力。智能选材时，一般使用韦克斯勒智力成人量表（中国修订）进行测试。

九、特征选材

特征选材是指根据特殊需要，选择具有特殊优势特征的运动员从事散打运动。例如，在挑选小级别运动员时，应将具有小个头的遗传特征或早熟型的苗子作为选拔对象。又如，在同一级别选材时，应注意选择左撇子运动员，因为这些运动员一般都习惯于右势为主的打法，而一般运动员则不习惯他们，在比赛中具有一定的优势。进行特殊特征选材时，一定要注意这些特殊特征与综合能力相比对项目的贡献程度，只能作为辅助参考，不能作为主要选材因素。

十、专项综合能力选材

专项综合能力选材法主要通过实战法进行，因为在激烈的散打对抗中，运动员的综合能力可以得到真实的发挥。比如：从运动员控制局势的能力，可以判断其心理稳定性；从运动员的动态进攻中，可以判断其动作速度、协调能力和神经系统的灵活性；从运动员对不同对手的打法，可以判断其战术应变能力；从运动员在三局中的表现，可以判断其体能水平等等。散打专项综合能力选材，主要适用于中、高级别运动员的选材，并有重要的实践意义。

（作者：赵光圣、郭玉成）

第二节　散打运动员的体能训练

散打运动员的体能，是指运动员机体的运动能力。这种运动能力是支撑运动员在比赛中发挥技能作用的物质系统。没有物质作基础，没有体能来支撑，运动员的技能就无法形成。体能这个物质系统是由运动员的身体形态、身体机能、运动素质三个部分组成，每一个部分都有各自相对独立的作用，相互之间又有着密切的联系，彼此制约，相互促进，每一部分都影响体能的整体水平。

在运动实践中，身体形态、身体机能的好坏，最终通过运动素质表现出来。运动素质是指人体活动时所表现出来的各种基本运动能力，通常包括力量、耐力、速度、柔韧和灵敏等。因此，散打运动员的体能训练以发展各种运动素质为基本内容。

既然体能支撑着技能的发展，直接为专项技能服务，最终通过专项技能表现出来，那么，散打运动员的体能训练，就必须了解运动员体能需求的专项特点。因为，不同的运动项目，不同的技能表现形式，对体能需求有较大的差异。只有了解专项的体能需求特点，才能克服训练的盲目性，才能有的放矢地安排训练内容，采用符合专项实际的训练方法与手段。

竞赛规则是技能发展的向导。散打竞赛规则规定，运动员在实战对抗的过程中，可以使用拳法、腿法、摔法、腾空和地躺打法；头部、躯干、下肢都是可以攻击的得分部位；比赛以击中、摔倒对方得分的多少为主要胜负标志。运动员在比赛过程中，拳打脚踢加摔法，站立腾空加倒地，进攻防守加反击，头部、躯干、下肢都可击。散打在保证安全的前提下，为表现和发挥人体的格斗技能提供了极限空间。因此，散打运动员的体能要求特别高，其主要特点表现在全面性方面。

所谓全面性，就是体能训练能够涉及的多种运动素质，散打专项对这些因素都有较高的要求。一般来讲，一个运动项目的体能训练都是以运动员身体的某一个部位的某一个运动素质为主线进行延伸。例如，人体直接对抗的运动项目，拳击以上肢的动作速度和力量为主，摔跤以躯干的力量和力量耐力为主，跆拳道以下肢动作的速度和力量为主。因此，拳击、摔跤、跆拳道这三个运动项目运动员的体能要求，散打运动员都要具备，而且同时在竞技场上综合地反映出来。

除此之外，不同的运动项目，不同训练水平的运动员，都会客观地反映出不同的机能指标。其指标既可以反映本项目的运动特点，又可指导本项目体能训练的提高和深入。散打运动员是拳击、摔跤、跆拳道等同类运动项目的综合体,运动员机能的生理生化指标兼有他们的共同特征。在使用单个动作或者快速的组合动作时,运动员要表现出爆发力,就需要有较好的 ATP – CP 代谢能力;每局在净打 2 分钟持续激烈地对抗时,运动员需要具有最大的乳酸代谢能力;在有限的时间内要保证发出动作的数量和质量,运动员需要较好的乳酸耐受能力;运动员在寻找战机伺机进攻,动作与动作之间短暂的间歇期,为给下一次进攻积蓄能量需要较好的有氧代谢能力。因此,散打运动员体能训练涉及因素的全面性是显而易见的。速度、力量、耐力、柔韧、灵敏素质在训练过程中不能偏向某一个因素而忽视另一个因素,应该充分认识和考虑各种因素进行综合平衡,此长促彼长,彼此互相促进,采用适合的训练手段使它们同步增长,这是散打科学训练必须把握的一个重要环节。

一、力量训练

散打运动员的力量是指人体神经肌肉系统在工作时克服或对抗阻力的能力。散打是以击中、摔倒对方得分的多少来判定胜负,击中、摔倒对方均需要力量,具体表现在上肢拳法的打击力量、下肢腿法的打击力量、肢体做功于摔法的力量、承受击打的抗击力量四个方面。使用抱、扛、摔动作较劲时需要最大力量;使用拳法、腿法时需要快速力量;互相激烈持久的对攻过程中,力量不能减弱,动作不能变形,需要有较好的力量耐力;被对方击中时,需要有承受打击的抗击力量。

散打训练和比赛,需要各种力量素质成分有较高水平的综合表现,而不要过分单一地发展其中某个力量素质成分。否则会影响和制约其他力量素质成分的发展。散打不同的专项动作对力量有不同的需求,散打运动员的力量训练要避免单一的力量训练方法。

(一) 最大力量的训练

1. 通过改善神经调节机制,提高中枢神经系统支配肌肉工作的能力,动员更多的运动单位参加工作,改善肌肉协调能力来发展最大力量。

这种训练途径能够有效地提高最大力量却不增加肌肉体积。散打比赛按运动员的体重分级进行,增大力量而不增加体重尤为重要,训练时可以采用以下几种方法:

(1) 肌肉做功张弛适度的训练。俗话说:"一张一弛,文武之道。"运动员在发出动作之后回收的过程中,或者动作与动作之间的间歇期,使肌肉尽量保持合理的放松,克服紧张僵硬状况,有利于肌肉迅速补充能量物质,有利于神经调节机制得到缓冲,为下个动作出击积蓄力量,有利于减缓对抗肌对主动肌、协同肌的负面影响,从而使动作能够发出最大力量。

(2) 肌肉做功刺激强度的训练。在训练过程中,除了学习动作、改进技术、模拟战术之外,不管是空击还是打靶、打沙包等,都要求运动员用最快的速度和最大的力量完成每一个动作,保证神经系统的兴奋性,保证参与工作肌肉的刺激强度,从而提高训练质量,保证运动员最大力量的增长。

(3) 肌肉做功方式的训练。完成每个动作要克服局部肌肉参与工作的弊端，充分调动大肌肉群做功。例如蹬腿，大腿要尽量屈膝回收并推动小腿向前，而不是小腿带动大腿向前，不然不利于充分调动全身能够调动的主动肌、协同肌参与做功。例如冲拳，如果单纯地使用上肢肌群做功，力量再大也是有限的。拳谚云："起于根，顺于腰，达于梢。"就是要下肢、躯干、上肢的主动肌、协同肌全部参与做功。散打运动员要善于学习和掌握武术套路动作"内劲"的发力方式和技巧，以促使动作能够发出最大力量。

(4) 肌肉做功增长距离的训练。散打动作产生力量的大小与肌肉做功的距离有关。同样的肌肉质量，做功距离短则力量小，做功距离长则力量大。拳法、腿法动作在不产生预兆的前提下，为了发挥动作力量，应该随时调整好击打距离。调整距离主要依靠步法的调节或动作本身姿势状态调节，以保证动作发出最大力量所需肌肉做功的距离。

(5) 动作击打力点准确的训练。散打动作可以分为起点、运行、止点三个部分。动作在不同的运行过程中，击打的作用力有较大的差异，动作起点力量小；随着动作向前运行，力量迅速增大；接近止点达到最高值；动作回收的瞬间力量为"零"。因此，平时训练中要力争做到动作所要击打的部位与动作力量最高值的力点要恰到好处，以此来保证发挥动作的击打力量。

(6) 以气催力增大力量的训练。运动员在对峙寻找机会的过程中，气要下沉，尽量采用腹式呼吸方法。在使用拳法、腿法击打时不能憋气，而要采用呼气，使呼气和出击动作协调一致，以气催力能够起到增加动作速度、增加动作力量的作用，而且对保持体力也有较好的作用。

2. 通过增加肌肉的生理横断面来提高最大力量

(1) 最大力量训练必备的几个要素

①肌肉工作的方式：散打运动员发展最大力量，应以克制性和退让性的动力性工作方式为主，辅之等长收缩的静力性工作方式。静力性练习是发展最大力量的有效手段之一，特别对抱摔有一定的使用价值，但在高水平运动员的训练时，静力性练习的量宜控制在最大力量练习总量的10%以下。

②阻力的大小：克服阻力的大小是最大力量训练的重要要素之一，阻力的大小取决于练习的任务。在改善肌肉协调和肌间协调，不要求增大肌肉体积的最大力量训练时，负重量的变动范围很大，克制性力量练习可在最大力量能力的50%～60%至90%～100%范围内变化，退让性力量练习可在70%～80%至120%～130%范围内变动。改善肌肉协调应采用极限负荷和次极限负荷，肌间协调的改善应选极限重量的50%～60%。极限重量或次极限重量对改善肌间协调作用不大。

选择增大肌肉体积来发展最大力量时，采用的练习强度约为极限重量的75%～90%，这种负荷重量可以使每组力量练习的肌肉工作强度与每组重复次数达到最佳组合。

对于高水平运动员，静力性力量练习的重量只有达到极限重量的70%以上才会产生较好的训练效果，达到极限重量的90%～100%才可能获得最佳训练效果。

③练习动作的速度：无论采用哪种方法发展最大力量，都必须保持较慢的动作速

度。动作速度过快会使练习效果向发展速度力量的方向转移。另外，在进行向心力量练习时，如果动作速率太快，力量的最大发挥或接近最大的发挥只能出现在动作的开始阶段，而肌肉工作的其他阶段因器械的惯性作用却不能获得应有的负荷。采用改善神经调节机制途径发展最大力量，中等动作速度的练习效果最佳，每个动作的速度为 1.5～2.5 秒钟。为了防止因慢速的最大力量练习而引起肌肉协调的劣变，导致快肌快速收缩能力的降低，要把慢速的最大力量练习与速度练习结合起来。

④完成每组练习的时间：改善肌肉协调的最大力量练习，通常每组练习的重复次数为 2～6 次，完成一组练习的时间约需 3～15 秒钟；改善肌间协调的最大力量练习，每组重复次数可达 15～20 次，每组所需时间约为 23～50 秒钟；若以增大肌肉体积提高最大力量时，则每组练习的重复次数为 6～12 次的效果最好，一组练习需 18～60 秒钟。

⑤组间休息的时间：无论任何情况，都必须保证运动员无氧非乳酸能源和机体工作能力的基本恢复。发展最大力量的组间间歇的时间较长，一般为 2～6 分钟。

⑥练习的组数：发展最大力量的练习组数往往是根据发展最大力量的方法和练习的性质而定，它具有变动范围较大的特点。一般而言，改进肌内协调和肌间协调的最大力量练习，其重复的练习组数为 2～6 组；增大肌肉体积的最大力量练习，其练习的组数为 3～10 组。

(2) 发展最大力量的常用方法

①重复法：特点是负荷重量的大小随肌肉力量的增大而逐渐增加。

负荷特征：负荷强度为 75%～90%，每组重复次数为 3～6 次，组数为 6～8 组，每组间歇时间为 3 分钟。此法适用于训练的各个时期和阶段，有利于改进用力的协调性，能迅速而有效地提高肌肉力量。

②强度法：特点是采用最大负荷安排。练习时逐渐达到用力极限，然后继续用中上强度的负荷量，直到机体对刺激产生劣性反应为止。

负荷特征：负荷强度为 85%～100%，每组重复次数为 1～3 次，组数为 6～10 组，每组间歇时间为 3 分钟。此法特别适合高水平散打运动员运用，它有利于最大力量和相对力量的提高，却不增大肌肉的体积，不增加体重。但采用这种方法需要较好的体力和心理准备，还须有丰富的营养和良好的恢复手段作保证。

③阶梯式训练法：特点是突出极限强度，几乎每周、每天和每个练习都要求接近、达到甚至超过本人当天最高水平。经过一段时间训练，当运动员能够在原最大力量能力的重量上成功完成两次时，就可以增加新的重量。以此类推，使力量水平逐级提高。每级阶梯的训练时间为 2 周。如果运动员不能承受新的负荷，则退回到原来的阶梯训练 2～3 天后，再继续增量。

负荷特征：以 90% 强度练习 3 组，每组重复 2 次，每组间歇 3 分钟；以 97.5% 强度练习 2 组，每组重复 2 次，间歇 3 分钟；以 100% 强度练习 2 组，每组重复 1 次，间歇 3 分钟；以 100% 以上强度练习 1～2 组，每组次数 1 次，间歇 3 分钟。

④极限法：特点是进行极限数量的动作重复，直到实在练习不动为止。

负荷特征：负荷强度为 50%～75%，每组重复 10～12 次，组数为 3～5 组，每组间歇 3~5 分钟。此方法对机体施加了全面、深刻的结构性（肌纤维增粗）和机能性（心血管系统）的影响，是一种能得到肌肉内协调和肌纤维体积双重训练效应的方法。

⑤静力法：特点是用较大重量的负荷并以递增重量的方式进行练习。

负荷特征：负荷强度为 90% 以上，每组持续 3~6 秒钟，组数为4组，每组间歇 3~4 分钟。

（二）速度力量的训练

1. 速度力量训练的方法原理

速度力量是力量和速度有机结合的一种特殊力量素质，它具有速度和力量的综合特征。

决定速度力量发展水平的主要因素是肌内协调、肌间协调和运动单位的快速收缩能力。肌肉的体积在速度力量中的作用要根据运动的特点而定。散打比赛中运动员使用摔法，要求在克服较大阻力的情况下表现出高度发展的速度力量。此时，肌肉的体积具有较大的作用。运动员在比赛中使用拳法和腿法，需要多次发挥出速度力量。此时，起主要作用的不是肌肉体积而是肌内和肌间协调以及肌纤维的快速收缩能力。肌内和肌间协调能力提高，技术动作也就更加符合力学特征和时空特征，肌肉也表现出良好的速度力量能力。

2. 速度力量训练必备的要素

（1）肌肉工作的方式：发展速度力量主要采用动力性的工作方式，包括克制性的、退让性的等动和超长的工作方式。

（2）阻力的大小：阻力可以在较大的范围内波动，视练习的性质和目的而定。对于提高摔法运用的速度力量，则可用最大力量能力的 30%~50%。总之，重点发展爆发力时，阻力的量要大一些，而提高起动力量时，阻力则要小些。

（3）练习动作的速度：如果训练的主要目的提高爆发力，可采用次极限速度；如果训练目的是提高出拳、出腿的速度力量，可采用极限速度。若采用等动练习法，则力求在 15°/秒以上的角速度条件下完成动作。

（4）完成单个练习的时间：每个练习的持续时间应该保证在不降低动作速度和不出现疲劳状态的情况下完成动作，通常每组练习的重复次数可在一次到五六次之间波动。每组练习中工作的持续时间大约在 3~4 秒钟至 10~15 秒钟之间。具体持续时间的长短取决于练习的性质、阻力的大小、训练的水平和练习的结构等。

（5）组间间歇：组间休息必须保证机体工作能力的恢复和非乳酸能氧债的清除。局部肌群投入工作的短时性（3~4 秒钟）练习之间的间歇时间可以在 30~40 秒钟内；全身性肌肉工作或单个练习的时间较长，间歇时间可在 3 分钟以内，个别情况可达 3~5 分钟。

如果间歇时间较短，通常采用消极性休息，也可辅以自我按摩。如果组间休息时间较长，则应安排静力性牵拉的低强度活动，保证在下一个练习之前使肌肉的工作状态调节至最佳恢复状态，为下一个练习的进行创造合适的条件。

(6) 一次课练习的组数：练习的组数应根据练习的性质和阻力的大小来确定。普托拉诺夫总结当今优秀运动员发展速度力量的训练实践后认为，一次课的练习组数在 2~6 组内波动。原联邦德国比勒和他的小组则认为，当负荷强度为 30%~50% 的等张练习时，练习的组数为 5 组。

3. 发展以速度为主的速度力量训练方法

(1) 采用极限重量的 60%~80%，以基本动作的三分之一的幅度举起重物，然后迅速放下，再立即以极限速度举起。每组次数 3~5 次，完成 3~4 组，组间间歇 4~5 分钟。

(2) 采用极限重量的 30%~50%，以极限速度重复 7 次，完成 5 组，组间间歇 3~5 分钟。

(3) 采用等同比赛的阻力负荷，进行持续时间为 6 秒钟的等长练习，间歇 2 分钟，重复 2~3 次。再以极限重量的 40%~50% 的负荷，并以极限速度练习 4~6 次，重复 2 组，组间间歇 3~4 秒钟。全套动作重复 2 次，中间间歇 4~6 分钟。

(4) 各种快速跳跃，每组 10~15 次，完成 3~5 组，组间休息 5~8 分钟。

以上各套练习，可根据散打的技术动作设计出多种组合，以发展运动员的速度力量和爆发力。

（三）力量耐力的训练

1. 力量耐力训练的方法原理

散打运动员的力量耐力，反映的是一种在规定时间内反复完成比赛动作所要求的高水平的肌肉收缩能力。散打运动员力量耐力的发展，取决于比赛条件下的运动强度和持续时间，决定散打运动员力量耐力水平的主要因素是最大力量水平和能量供应系统的强度、容量、灵活性、节省化以及肌肉抗疲劳的能力。

选择发展力量耐力的练习时，必须创造与散打比赛活动特点相适应的条件，采用的练习在内外结构上应与比赛活动近似，并力求体现出明显的力量特征。例如，多次重复的拳、腿法练习，应力求表现高水平的起动力量和爆发力；多次重复地摔布人或摔法练习，应尽可能发挥最大力量和爆发力，提高运动员对反复完成比赛活动的相应力量性工作的适应能力。根据散打项目的特点，发展力量耐力的方法应优先采用向、离心和等长练习方法。

2. 力量耐力训练的方法学要素

(1) 负荷强度：散打运动员在比赛中多次重复拳法、腿法、摔法技术动作和防摔动作，所需的力量耐力较全面，既有最大力量耐力，又有速度力量耐力，还有静力性力量耐力。因此，负荷的重量可以在较大的范围内变动。在专项力量耐力练习中，提高拳法和腿法动作的力量耐力练习，阻力略超出比赛活动阻力的 5%~10%；提高摔法动作的力量耐力的阻力，则可等于比赛性活动的阻力或超过此阻力的 10%~30%。在一般性力量耐力训练中，发展最大力量耐力，可采用 60%~80% 的负荷重量；发展速度力量耐力，可采用 40%~60% 的负荷重量；发展与对手抗衡防摔的静力性力量耐力，可采用 70%~100% 的重量或阻力。

(2) 练习的持续时间：根据练习的供能性质、动作的速度和负重量的大小，每个动力性练习的时间有较大的波动。提高出拳、出腿力量耐力的练习时间可为 30～60 秒钟；抱揉、抱摔、摔布人等发展最大力量耐力的练习时间，可在 30 秒钟～2 分钟的范围内波动。总之，一组练习的次数和完成练习的时间，均应使运动员的机体出现较大的疲劳。

（3）练习的间歇时间：练习与练习之间间歇时间的长短，取决于练习的性质、负重的大小、练习时间的长短和投入工作的肌肉的数量。若练习的时间较短，需通过数组练习才能达到极限疲劳，练习的间歇应在身体未完全恢复的状况下进行。例如，发展出拳、出腿动作的肌肉耐力的力量训练，练习持续时间常为 30～60 秒钟，间歇时间短于练习时间 5～10 秒钟。练习的持续时间较长，并希望每次练习都达到较满意的训练效果，间歇的时间应长到足以使机体恢复至训练的初始水平或接近初始水平。例如，发展最大力量耐力的抱抛练习，组间休息可为 3～4 分钟。

（4）练习的速率：在提高一般性肌肉耐力能力的负重练习时，完成动作的速率要适中，过分追求动作速率会导致动作功率的降低。在发展专项肌肉耐力能力的练习时，动作的速率应尽可能与比赛活动的速率一致。

（5）练习重复数量和组数：发展最大力量耐力的重复总次数可达 60～100 次，练习 3～5 组；发展速度力量耐力的重复总次数可达 100～200 次，练习 3～6 组。

3. 发展力量耐力的训练方法

（1）循环力量训练练习法：运用各种力量训练方法学的参数，选择若干练习手段，组成各练习"站"，并以循环方式进行练习。循环练习可设计为发展最大力量、速度力量、力量耐力或综合力量的各种训练方案，整个循环应使身体的各部位和各肌群都得到锻炼。散打力量耐力的循环练习通常采用 4～8 个练习，每组循环重复 3～4 次，总持续时间 20～30 分钟。

（2）采用 40%～60% 负荷强度，每组完成 10～20 次，进行 3～5 组，组间间歇 3～90 秒钟。

（3）采用 25%～40% 的负荷强度，以快速的动作节奏完成练习，每组重复 30 次以上，完成 4～6 组，组间间歇 30～60 秒钟。

（4）重复训练法：采用低强度负荷的专项手段，如持哑铃的拳法练习、轻负荷的腿法练习、步法练习和单支撑连续高抬腿等，每组重复 20～40 次，间歇 60～90 秒钟，完成 3～5 组。

二、速度训练

散打运动员的速度是指运动员快速完成动作的能力。"快打慢"是散打运动的一个客观规律，因此，运动员的速度能力在散打比赛实战中起着至关最重要的作用。不管是散打专项运动员所需要的智能、技能甚至于体能，在某种意义上来讲，都是以速度为中心，以不同的速度形式表现出来。速度能力决定着散打技、战术运用和发挥的成效。

(一) 速度的表现形式和特点

散打比赛对抗激烈,攻防转换迅速,动作变化快而准确,且攻中有防,防中蕴攻,因此,速度的表现具有多变性和复杂性。速度在散打中的表现形式可分为反应速度、动作速度、动作频率和位移速度。

1. 反应速度

散打运动员的反应速度包括简单反应速度和复杂反应速度。简单反应速度是运动员对特定动作或信号做出反应的快慢,复杂反应速度是对对手动作的变化做出相应动作的反应快慢能力。散打运动员在场上比赛的反应速度主要是复杂反应速度,且是瞬间选择性反应,要么对来自对手的动作做出闪避、退让或进攻,要么中止已经开始了的进攻或防守转入其他的动作方式。此反应过程包括对移动目标的预料性反应和快速选择最适宜的相应动作的反应。

2. 动作速度

动作速度是指运动员身体完成单个动作的时间长短,即散打运动员出拳或出腿的动作速度。散打比赛对运动员的动作速度能力要求很高,"迅雷不及掩耳"的先发制人和后发制人的防守反击,都需要很好的单个动作速度能力。

3. 动作频率

动作频率是指单位时间内完成动作数量的能力。散打运动员的动作频率不同于周期性项目的单一动作重复,它的表现往往是多个不同动作的组合,如各种拳法的组合,腿法组合,拳法与腿法的组合,拳法、腿法与摔法的组合等,要求以最短时间完成一套动作组合,发挥最大动作频率。

4. 位移速度

位移速度指单位时间内身体移动距离长短的能力或身体通过一定距离所需时间长短的能力。散打运动员在场上每次位移的距离不长,仅 1~2 米,但要求快捷,保证在远距离时能够"进得去",占据有利的攻击位置,或在相持状态能够迅速地"撤出来",摆脱对手的攻击或追击,身体是多方位的移动。

(二) 速度训练的方法学要素

1. 练习强度

练习强度的选择和安排必须使运动员机体产生适应性的变化,这种变化就是提高速度能力。练习强度合理,有助于速度能力的适应性变化。博姆帕认为,为了有效地提高速度能力,练习强度应在次最大强度和最大强度之间。普拉托诺夫进一步认为,运动员以最大速度能力的 90%~100% 完成较短时间的运动,有利于提高速度能力。低于这种速度,会大幅度降低训练效果。

必须注意,进行大强度直至极限强度的速度性练习时,应选择运动员已经熟练掌握的动作,且具备良好的技术,使他们的注意力集中在完成动作的速度上。否则,他们的注意力会首先集中到技术动作上,对速度性练习产生破坏性的干扰。

2. 练习的持续时间和练习量

反应速度练习和配对反应练习的持续时间不必作出硬性的规定，只要运动员处于适宜的兴奋状态，练习就可继续进行。对于动作速度和动作频率的训练，练习持续时间在 5~20 秒钟内，是理论上保持最大速度能力的最佳练习持续时间。训练实践中，做 30~60 秒钟的拳、腿法速度性组合练习，运动员也能保持极限强度和次极限强度工作的状态。

练习量的控制以保持最大速度能力为准则。当疲劳出现，不能继续保持最大速度时，应停止练习或转向其他内容的练习。

3. 组间休息

通常，高强度多次重复的拳法、腿法练习和其他练习，以组成组合练习的方式进行，在每组练习之间安排充分的休息，确保运动员得到最佳的恢复。根据练习的强度和练习的目的，散打速度性成组练习之间的休息时间一般为 2~3 分钟，休息时间过长会导致中枢神经系统兴奋性的降低。

（三）速度训练方法

1. 重复反应法

运动员通过视觉或听觉，完成规定的单一性应答动作。例如：报号击靶位，运动员根据教练员报号的位置，分别击打不同的靶位。又如"亮靶击打"，教练员事先规定好出靶的位置和靶面以及运动员相应击打的动作，反复亮靶引起运动员对刺激的反应。重复反应法主要用于提高运动员的简单反应时。

2. 视动反应法

在散打比赛中，运动员主要靠视觉判断对手的进攻方向和攻击动作的运行路线，随之果断确定适宜的攻防动作，快速运用各种技法防护自身或反击对手。视动反应法主要用于提高这一反应过程的观察对手动作变化的反应能力和选择反应能力。视动反应法可以分步骤进行。

步骤1：通过配对练习，观察队友出拳、出腿的方法；判断对方发出动作的方向、路线、高度和击打位置，提高对"潜伏信息"的判断能力，即"预料能力"。

步骤2：在步骤1的基础上，对队友发出的某一技术动作做出一至两个常规的反应动作或简单的反击动作。

步骤3：随着运动员对某一技术动作的常规反应动作的掌握和熟练，不断增加新的反应动作练习，使运动员掌握对某一攻击动作进行正确防守和反击的各种攻防技能，提高运动员在复杂、瞬息变化的比赛中选择反应的能力，准确地选择有效的行动对策。

3. 重复训练法

重复训练法是提高散打运动员动作速度和动作频率的基本方法，它通常固定一定的练习时间和难度，多次重复一定的技术动作。重复法不只是用于提高速度能力，也用于改善运动技能和技术动作，技术动作经过多次的重复练习，才能形成动力定型。

速度性练习的效果，很大程度上取决于运动员完成动作的强度和最大限度动员机体机能的能力。因此，运用重复法进行速度训练时，应充分动员和调动运动员的练习积极性，将练习的注意力集中到以最快速度完成技术动作方面，并力求超过自身的最大速度能力。

4. 变速训练

变速训练法是一种有节奏地变换速度练习强度的训练方法。过多采用极限强度的重复练习，有可能导致"速度障碍"的出现。此时，如果仍采用相同的训练方法和训练强度，很难使速度能力进一步提高。有节奏地变换速度训练的强度，如不同速度条件下的拳法、腿法练习，会给运动员一种新的速度感觉，引起生理和心理上的新变化，中枢神经系统和神经肌肉协调将重新适应新的要求。变速训练法既可打破极限强度训练单一化，又利于运动员更轻松省力地完成技术动作，是有计划地提高速度能力和预防"速度障碍"的有效训练方法。

5. 预先激发运动能力

这种方法是在速度练习之前或速度训练之间，采用特定的练习激发运动员的机体机能能力，在后效应作用下提高速度训练的效果。

(1) 预先爆发性用力刺激：在散打专项速度训练之前，先完成1～2组上肢或下肢爆发性用力的练习，通过充分调动机体进入良好工作状态提高速度性练习的工作效率。

(2) 递减阻力训练：速度练习前，运动员进行由重到轻的负重训练。由于阻力的降低，对于提高动作的速度有着良好的训练实效。例如，首先采用加重负荷（重拳套、护腿、沙袋等）进行空击，然后使用标准负荷进行空击，最后没有负荷进行空击。

(3) 声响节奏导引训练：教练员通过掌声或节奏器鸣响发出速率指令，运动员以尽可能快的速度跟上信号的节奏，完成拳法、腿法或拳、腿法组合动作，努力适应和建立更快的速度节奏。

三、耐力训练

散打运动员的耐力，是指人体在长时间负荷下抵抗神经、肌肉疲劳以及疲劳后迅速恢复的能力。耐力素质对散打运动的影响十分显著。散打比赛要求运动员具备一场三局、坚持到比赛终结的充沛体力，保证技、战术的运用和发挥。耐力素质的训练，除对肌肉耐力和心血管机能的提高具有高度影响外，还决定着肌肉疲劳后恢复的快慢。耐力素质越好，疲劳后迅速恢复的能力越强，这是散打比赛对运动员保持高强度运动能力不变的特殊要求。

（一）耐力素质的训练成分

散打运动员耐力素质的训练包含有氧耐力和无氧耐力以及体力训练。

有氧耐力是机体在有氧供能状态下持续工作的能力。高水平的有氧耐力有助于散打运动员承受大运动量负荷的训练，在训练中有效地抵抗疲劳，尤其是有益于训练和比赛中间及结束后的快速恢复。恢复得快，运动员再运动或比赛的能力就强，这对散打运动员具有重要的训练意义。

无氧耐力是机体在无氧供能状态下持续工作的能力，它取决于肌肉保持机能活动水平不变的持续运动能力。无氧耐力训练能有效地提高非乳酸能和乳酸代谢系统的供能能力，提高机体对酸性物质的耐受能力。前者保证了散打技术动作重复高强度运动的工作强度，后者则保证了技术动作不变形。

体力有别于无氧耐力和有氧耐力。无氧耐力和有氧耐力都是以一定的强度持续工作的能力，体力则是在断续、反复的高变强度运动中，保持工作强度不变的运动能力。体力主要取决于心脏的最高机能水平和心脏对高变强度运动的适应能力。散打运动员在进行短时、高强度运动时的运动强度，主要取决于肌肉的机能水平，肌肉在高强度的拳、腿、摔法工作后必须尽快恢复，且恢复至相当水平，才能保持再次高强度运动时的强度不变。而肌肉的恢复主要取决于心脏在最高机能活动水平，且心脏对高变强度运动的适应能力越强，越能使心脏在重复高变强度的运动中，保持最高机能活动水平不变，保证高强度的拳法、腿法、摔法重复更多的次数。

(二) 耐力素质训练的方法学要素

1. 训练强度

发展有氧耐力的训练强度一般不超过最大速度能力的70%，运动心率可以控制在140~165次/分之间，运动心率低于130次/分的负荷刺激，不能有效地发展有氧耐力。发展无氧耐力的强度，通常以运动员以最大能力的90%~95%的强度为主，也可采用以次最大强度至最大强度的各种负荷强度，发展体力的训练强度同发展无氧耐力。

2. 持续时间

有氧耐力训练的持续时间变化范围较大，视训练阶段、训练水平和专项需要程度来安排，原则上不少于20~25分钟。高强度、高密度和短间歇的无氧耐力训练，练习的持续时间约为10~30秒钟，次最大强度的持续性无氧练习的持续时间为1~3分钟。发展体力的周期性练习的持续时间约为8~12分钟，而发展体力的专项练习的持续时间则为3~5分钟。

3. 间歇时间

有氧耐力训练的休息间歇时间不宜过长，过长会引起后续训练机能能力的降低。可用心率控制间歇时间，当心率下降到120次/分时，开始下次练习。大强度的无氧练习，在每组练习之间应安排较长的休息时间（3~5分钟），以保证经训练堆积的乳酸得以氧化，使运动员在基本恢复时开始下一次练习。体力训练则应缩短间歇时间，使机体建立起具有散打运动特征的适应机制。

(三) 耐力素质训练方法

1. 提高有氧能力的训练方法

（1）长时持续训练方法：持续练习的时间较长，散打训练一般安排为20~30分钟，负荷强度的运动心率指标约为每分钟150次。用于提高心脏保持机能活动水平不变的持续活动能力，发展运动员有氧代谢系统的供能能力，是发展一般耐力的最有效的运动形式。

（2）短时持续训练方法：持续时间约为 5~10 分钟，负荷强度的运动心率指标控制在每分钟 160 次左右，完成 2~3 组，组间间歇时间充分，用于发展有氧强度状态下的供能能力。例如以原地跳跃配合全身各部位运用动作的有氧健身操和跳绳，不仅能有效地提高有氧运动的强度，而且能提高运动员的节奏感、协调性和步法的灵活性。

（3）有氧间歇训练方法：主要用于发展运动员有氧代谢系统的工作能力。练习的负荷时间约为 6~10 分钟，负荷强度的运动心率指标为 170 次/分左右，组数较少，间歇充分，例如间歇跑 1000~1500 米。

2. 提高无氧能力的方法

（1）极强性间歇跑：例如 60~100 米的间歇跑、100~400 米的间歇跑，负荷时间通常在 10~60 秒钟内，负荷强度的心率指标可达到 180 次/分。这种方法主要用于提高非乳酸能和乳酸能系统混合供能能力和提高速度耐力。

（2）强化性间歇训练方法：负荷时间通常在 60~120 秒钟，负荷强度控制在心率指标 170~180 次/分，练习数组，间歇时间不充分，待心率降至每分钟 130 次左右，即可进行下一组（次）的练习，例如拳法、腿法和拳、腿法组合击打沙包的练习。这种方法主要用于发展乳酸能系统的供能能力和提高在无氧供能状态下技术动作的稳定性和实效性。

3. 提高体力的方法

（1）12 分钟跑：是提高心脏最高机能水平的有效练习，要求在 12 分钟内达到 2800~3000 米距离，随着训练水平的提高，逐步增加距离。

（2）变换强度跑：主要用于提高心脏对高变强度运动的适应能力。应用中可采用快跑 20~40 米，接着进入 40~60 米的慢跑，如此重复 6~10 次，完成 2~3 组，组间充分休息或不充分恢复。

（3）比赛特征的模拟练习：模拟散打每局比赛的时间特征、运动强度变化特征和运动形式特征，设计空击或击打、摔的组合练习，以提高机体对散打比赛供能机制和运动强度等特定条件的适应。一般练习 3~5 分钟，重复 3~4 组，间歇 1~3 分钟。

（4）高强度、高密度、多重复、短间歇的专项对抗练习：散打比赛中，技、战术动作的运用和发挥的速度很快，每次攻击持续时间短，但爆发力强，攻防转换很快。"没有对抗性的训练，是不成功的训练"。只有在训练强度、训练时限接近或等同，甚至超过专项的练习和对抗性练习中，才能最大限度地动员机体的生理和心理能量。越是激烈的对抗练习，越能发展散打比赛所需的体力，达到提高运动员体力储备的训练目的。但这种练习的频率不宜太快（以保证机体的充分恢复），并注意采取必要的防护措施。

散打运动员的耐力训练是一项复杂的任务，散打比赛既要求运动员有很高的有氧能力，也要求高水平的无氧能力，因此，必须采用多种训练方法，全面提高机体的耐力水平。在全年的训练安排上，要分阶段、系统和有侧重地进行各种耐力训练，以保证获得最佳的训练效果。

四、柔韧训练

散打运动员的柔韧，是指身体各关节的活动幅度和肌肉、韧带的伸展能力。散打对运动员柔韧素质有很高的要求，肩、肘、腕、腰、髋、腿、踝关节的柔韧性的训练不足，会造成肌肉、韧带僵硬，动作幅度小，这不仅直接影响散打技能的提高，而且阻碍着力量、速度、协调能力的发展，还易使运动员在训练中发生损伤。显然，柔韧素质在散打训练中具有重要意义。

（一）柔韧训练的方法学要素

1. 强度

柔韧训练的强度，表现在运动员拉伸肌肉、韧带时用力的程度和负重量的大小。对于前者，散打训练实践中常以运动员的自我感觉为练习强度控制的量度，当肌肉感到胀痛时可稍加用力的力度或保持用力的程度，当肌肉感到酸时可减少用力的程度，当肌肉感觉麻时则停止练习。采用负重方式进行柔韧训练时，完成强制性慢动作拉伸的负重量可相对大些，但不能超过拉长肌肉力量所能达到的50%的负重量，在完成快速摆动动作时，其负重量约为1～3公斤。

2. 练习量

练习的重复次数、组数及持续时间，取决于关节的特点、运动员的年龄和性别以及动作的性质和动作的速度。

在一堂训练课中，每组练习一般重复10～12次，摆动动作每组练习的持续时间一般不超过20秒钟，被动训练的静力性拉伸可持续2～3分钟，少年运动员的练习量应比成年运动员少50%～75%。

3. 动作的速度

柔韧训练的拉伸练习，可用缓慢的速度，也可用急骤的速度。慢速的拉伸能有意识地放松对抗肌，很少引起牵张反射，训练效果好；急速的拉伸则体现了散打专项的特点和竞赛特点。散打柔韧训练中，两者应有机地结合，以提高柔韧素质的质量，满足散打比赛对柔韧性的要求。

4. 间歇时间

间歇时间的确定，以保证运动员在完全恢复的条件下进行下一组次的练习为基本原则。

散打运动员的体能训练，确实是一项全面、复杂、精细的系统工程。在实践中要做到有序地进行训练，使各种身体素质互相促进，形成合力，共同为散打专项技能服务，并不是一件容易的事情。因此，散打运动员各种素质训练的目的要明确，关系要清楚，思路要清晰，方法要得当。其指导思想可定为：以速度素质为中心，以力量、柔韧素质为基础，以耐力素质为保证，发展力量、柔韧素质要为提高速度素质服务，体能训练的一切方法手段要以速度素质为龙头，带动促进其他素质同步增长。

（二）柔韧训练基本方法

有动力性拉伸法和静力性拉伸法。动力性拉伸法是有节奏地多次重复同一动作的拉伸练习，使软组织逐渐被拉长；静力拉伸法是通过有节奏的、缓慢的动作将肌肉等软组织拉长，当拉长至一定程度时保持静止不动。

动力拉伸法和静力拉伸法又有主动训练和被动训练两种方式。主动训练是运动员依靠自己的力量完成拉伸练习，如各种负重或不负重的摆动练习、维持最大幅度拉伸的静力练习等。被动训练是运动员在外力（同伴、器械、体重等）帮助下完成拉伸练习，如由同伴的帮助加大压腿的幅度等。柔韧训练中常将动力拉伸与静力拉伸、主动训练与被动训练结合起来进行，使拉伸练习有动有静，动、静结合；有主动有被动，主动、被动结合，提高柔韧训练的质量。

五、抗击力训练

所谓抗击力，是指人体对外界击打的承受能力。散打是一项对抗性很强的体育运动，是身体与身体的直接对抗。它不仅要求运动员有良好的力量、速度、耐力、柔韧、灵敏等素质，而且对运动员抵抗击打的能力同样有很高的要求。较强的抗击打力也是一名优秀散打运动员所必备的基本素质之一。

在激烈的散打对抗中，遭受到对方的击打是在所难免的。如果抗击力较弱，一旦被对手的重拳、重腿击中，或是遭受对方的重摔，就会影响技术动作的运用和发挥，进而从心理上动摇取胜的信心，导致技术失调。更为严重的是，如果没有足够的抗击力，在遭受到对方重击后，就很可能被对方击倒，并由此而失去整个比赛。而较强的身体抵抗击打的能力则能使自己在遭受击打后仍然保持较清醒的头脑，并很快进行自我调整，从而化解对方的攻势，改变不利局面，为最终取得比赛的胜利提供有力的保证。

抗击力训练就是为了提高运动员的抗击打能力而进行的专门训练，是散打运动的一种独特练习形式。通过抗击力训练，不仅能使骨骼变得粗壮、坚硬，有效提高运动员身体的灵活性，为散打技、战术的发挥打下良好的基础，而且对增强自我保护能力，避免和减少运动损伤等都具有重要作用。

抗击力训练的手段有很多，常用的方法有以下几种：

（一）拍打训练

1. 自我拍打

自我拍打可徒手对自己的要害部位和易受击打部位进行，如拍打手臂、腹部、胸部和头部等。自我拍打亦可利用特制的器械对身体部位进行拍打或撞击，如戴手套击打面部、用特制木棒敲打胫骨、手臂磕碰树干、撞击沙袋和木人桩等。

2. 相互拍打

拍打练习也可与同伴一起进行，相互拍打或撞击身体相关部位，如靠臂练习，肩、髋、背的靠撞练习，相互拍击、撞击胸腹部，用拳法或腿法相互踢打身体相关部位等。也可在同伴的帮助下利用特殊器械对身体各部位进行相互拍打，如让同伴戴手套击打面部和胸腹部，用实心球抛击胸腹部，用脚靶拍击腹部、背部和下肢等。

（二）跌法（倒地）训练

在散打训练和比赛中经常会出现倒地的现象，尤其是在摔法的运用中，倒地是在所难免的。为此，运动员必须掌握合理的倒地技术，加强摔跌训练，以增强抗震能力，进而避免伤害事故的发生。

（三）模拟实战训练

为提高运动员的抗击打能力，可在一定条件下进行模拟实战练习。如限定一方防守，另一方用拳法、腿法或摔法等进行针对性或随意性进攻，以提高运动员的抗击力和被击中后的应变能力。

抗击力训练应注意的问题

1. 循序渐进。抗击力训练要合理安排运动量，切实掌握好击打的力度，要由轻到重，不可急于求成，并注意不可轻易进行抗击打力的对抗比赛。

2. 全面击打。进行抗击力训练，要注意身体的全面性，其中包括头部、颈部、四肢、躯干等，尤其注意加强易受伤部位的抗击力练习。

3. 持之以恒。人体机能的改变不是在短时期内可以奏效的，它对训练的适应必须通过有机体自身各个系统、器官、肌肉，乃至每个细胞的变化逐步实现的。另外，机体在负荷作用下所获得的功力，在停止训练后也会较快地消退。因此，提高人体的抗击力必须系统地、不间断地进行。

4. 有针对性。进行抗击力训练要针对个人的不同情况及不同训练阶段的任务采取相应的手段，同时还要注意训练与实战相结合，一切从实战出发，根据技、战术的需要进行有针对性的练习。

5. 注意恢复。进行抗击力训练后可用按摩、沐浴、热敷、心理暗示等手段进行恢复练习，也可以结合合理的营养与药物，以促使有机体尽快得到恢复。

（作者：曾于久、俸晓东、李俊峰）

第三节　散打运动员的技能训练

散打运动员的技能，是指运动员在比赛中运用动作击中、摔倒对方的能力。散打运动员技能水平的高低主要取决于两个方面：一个是掌握基本动作的数量与质量，另一个是实战时运动员在无序动作状态的瞬间发出动作的有效性。运动员掌握基本动作全面，动作质量高，熟练程度好，只是具备了为实战服务的具体方法和手段，并不等同于能在实战中有效地运用。虽然两者之间具有不可分割的联系，但是从训练的角度来分析，前者的主体是运动员自己本体动作的形成与提高，后者的主体是比赛对方动作状态的变化与自己的行动对策。也就是说，掌握散打的基本动作是一回事，掌握了基本动作在实战的客观条件下能不能有效地发挥作用又是一回事。

散打运动员技能训练的任务，就是既要全面掌握好基本动作，又要针对运动员在实战条件下无序动作状态的特征和本质规律，针对动作与动作之间相生相克的对应关系，建立相应的主要靠人体第二信号系统所支配的操作动作的条件反射能力和动作的调节能力。这正是散打运动员在掌握基本动作入门之后，理性地向纵深发展的重要途径。

一、散打技能训练的因素

散打技能属于操作性技能。在比赛中，散打基本动作运用得成功与否，主要依赖于运动员自己大脑指挥系统操作思维的指挥和肢体动作的操作能力，具体到散打运动的实战，主要涉及三个方面的因素：

（一）选择战机

战机，即适宜使用某一动作出击的时机。确切地讲，就是运动员瞬间出现的容易被击中的薄弱环节。散打战机寓于无序运动的瞬间，而且随着动作状态的变化而变化。如果把人体分成头部、躯干、上肢、下肢等若干个局部，可以发现，运动员的任何一个姿势状态都存在着某一个部位有利于进攻或防守，而另一个部位不利于进攻或防守的现象。现象是入门的向导，这种动作客观上存在的虚实利弊状况，就是战机存在的客观规律。

避实就虚是选择战机的基本法则。在进攻或反击的过程中，用同样一个动作进攻对手的不同部位或反击对手的不同动作，其进攻或反击会产生截然不同的两种效果。进攻或反击合理的容易得分，不合理的容易失分，得分和失分虽然是一字之差，但正负相加其比赛结果就会相差甚远。

因此，在瞬息万变的姿势状况中，及时地看准不同姿势状态的薄弱环节，是运动员选择战机、把握战机必须具备的先决条件。散打动作变化繁多，即使同样一个动作，不同运动员的姿势状态也不一样，具体到每一名运动员的每一个动作哪一个部位是薄弱环节，这是技能训练首要解决的问题之一。对散打战机的认识，要从动作的运动学原理、运动生物力学原理和相生相克的击技原理对每一个动作进行分析，从中发现带规律性的问题。在此亦对具体动作进行纲要性的提示，以启迪运动员的注意与研究。

进攻头部的战机：两手远离头部时，上体前俯距离较近时，注意力集中在下肢时。

进攻躯干的战机：出拳进攻时，躯干敞开时，侧身转身时，上体前俯时。

进攻下肢的战机：两手在上时，重心在前腿时，重心较低时，注意力集中在上方时。

进攻全身的战机：步法向前移动时，动作发出回收时，犹豫不决时，身体失衡时。

使用摔法的战机：对方使用拳法、腿法时，向前冲击时，距离贴近时，抓住身体某一部位时。

使对方下台的战机：对方靠近擂台边缘时，自己背对台边对方进攻时。

（二）选择动作

散打战机存在于比赛过程的始终。选择动作即不同的战机出现以后，在拳法、腿法、摔法众多的招法中，针对当时具体情况快速决断采用其中一种相克合理、效果最佳的招法。因为武术散打的任何招法都不是万能的，既然能用于进攻，就必然能被对方反击；比赛双方都可以主动进攻，也都可以防守反击。散打基本动作踢、打、摔，每一个动作之间是一个互为循环、互为作用、互为制约的技术整体，这个技术整体中相生相克而产生出来的无限技巧，正是表现中国武术散打技术风格的精华所在。

提高散打运动员的技能水平，必须从散打技术的整体认识散打招法和招法相互之间相生相克的本质规律，从中找出动作与动作之间相生相克最合理的对应关系。比赛中，每时每刻都要针对对方当时具体动作的具体姿势状态，选择最容易进攻或者反击成功的动作来进攻或者反击对方适当的部位或动作。

例如，当对方的身体重心支撑在前腿时，前腿是容易进攻的薄弱环节。就进攻对方的前腿而言，可采用前腿的鞭腿、踹腿或者后腿的鞭腿、扫腿四个动作。但并不是说采用任何一个动作进攻对方的前腿都能成功。如果此时自己与对方站立的姿势是开势而不是闭势，那么选择用前腿的鞭腿进攻，工作距离短，相生相克的对应关系合理，因此容易击中，反之亦然。

"人无定势，水无常形"。武术散打在实战的无序运动中，运动员什么时候会产生什么样的姿势状态、什么时候用什么样的动作发招，没有固定的程式，要根据对方动作变化的瞬间，针对性地即刻选择相应的方法而克之，即所谓"伺机而行"。"伺机"就是选择战机，而"行"就是选择动作。运动员动作选择得越准，动作与动作之间相克的对应关系越合理，技能水平越高。

（三）选择部位

选择部位，即动作击打对方身体的具体目标。散打比赛中，运动员完成一次进攻或反击动作，从动态方面来进行分析，涉及三个方面的环节：在动作没有发出之前，要寻找和选择适当的战机；战机出现之后，选择适当的进攻或反击动作；动作发出之后最终击打对方身体的某一部位。每一个环节处理得好坏，对击中、摔倒的效果都有直接的关系。战机选择得准确，进攻或反击动作选择得适当，如果进攻或反击的部位选择得不好，不但会前功尽弃，而且容易被对方反击。

进攻或反击选择部位的好坏，主要与运动员对散打基本动作运用时掌握的程度和认识深度有关。例如，当对方与自己侧面站立，身体躯干部位暴露面积较大时，躯干部位是容易击打的薄弱环节，选择鞭腿进攻，如果击打对方的腹部，对方容易用手抱抓进行反击；如果击打对方的背部，对方不容易防守或反击，对自己来讲就容易击中。

又如，当对方与自己正面站立，如果躯干部位暴露面积较大时，选择用踹腿进攻，如果击打对方的腹部，抵达腿之杠杆的高度，加上脚踝、脚背、脚掌正好成了杠杆的柄，对方容易用手抱抓并进行反击；如果此时用踹腿击打对方的胸部，其高度正好处于对方抱抓的死角，他不容易防守，而且易被击中。

除此之外，选择部位还与运动员进攻或反击动作所要达到的目的有关。例如，选择扫腿进攻，必须击打对方重心腿踝关节以下部位；选择动作实施重创战术，必须进攻对方抗击能力薄弱的部位；选择动作反击对方的腿法进攻，抱抓最好选择对方腿法发力之后回收之前力量显示临界点的部位等等。由此可见，选择对方进攻与反击的部位，是提高运动员技能水平而进行技能训练不可忽视的一个环节。

二、散打技能训练的方法

散打的技能训练，包括基本动作的基本技术和基本动作的运用能力两个方面。不管是提高基本动作的质量，还是提高基本动作的运用能力，从训练方法上来讲是不能截然分开的，因为它们本身就是一个不可分割的整体。从基本动作到进行选择战机、选择动作、选择部位等等，都是围绕着一切从实战出发这个整体构架形成的不同环节。它们的不同就在于训练方法的实施过程：技术训练侧重于基本动作的规范，技能训练侧重于实战运用。侧重点不一样，训练内容就会随之改变。技术训练的内容侧重于掌握基本动作的合理性，技能训练的内容侧重于基本动作在实战动态条件下运用的有效性。

散打技能训练所采用的方法应本着从易到难，从分解到完整，从简单到复杂，从单独操作、模拟操作、条件实战到实际对抗这样一个循序渐进的原则进行。在教学训练中一般都采用以下的一些方法：

（一）原地规范动作练习

了解和熟练动作要领之后，根据要领原地反复进行单个动作练习，复杂的动作技术还应分解练习。这时，教练员首先要做好示范动作，反复讲解，并及时发现和纠正运动员学习过程中的错误动作。此时的训练不应要求动作的速度和用力程度，应重点要求体会动作的要领、起止的路线和作用物体的着力点以及发力的动作机制。通过这种反复练习，不断强化运动员的动作意识，才能使之形成正确的动力定型。

（二）结合步法的动作练习

经过原地练习掌握了规范动作后，再结合相应步法进行单个动作的练习。与步法结合要求拳动步动，拳到步到，在摔法中则是"足肘肩随即拧腰，套封别就见效"。结合步法的目的是为能保持在动态中的平衡和提高行进间完成各种攻防动作的能力，训练的重点就是要解决身体各部的协调配合，保证及时、隐蔽、准确地完成各种攻防动作。

(三) 空击练习

空击练习是熟练自如地掌握动作技术的重要训练手段，并能以此加强和改善神经传导通路的信息传递功能，进而提高动作应变能力和反应速度。空击练习可根据掌握技术的程度分为几个步骤或阶段来分别实施：第一，个人单个技术空击。这是针对某一种拳（腿、摔）法或防守结合步法反复练习的方法，以提高某一类技术掌握的水平。第二，个人组合技术空击。把进攻和防守中的某几种方法串起来反复练习，以提高组合技术运用的协调能力。第三，随机组合空击。通过假设的对手，运用随机的组合技术进行想象中的攻防练习，以提高技术运用的能力。

(四) 不接触式的攻防练习

在排除阻抗条件的前提下，两人进行攻防练习，目的是为了提高对方攻防动作的观察判断、选择时机及时做出相应动作反应的能力。不接触式的攻防练习可分为一攻一防式和相互攻防式，还可根据训练要求动作规定或随机的单个或组合的技术练习，但动作的速度要与实战水平近似。

(五) 递招练习

为提高某个单个或组合动作的运用能力，由教练员或助手使用规定的方法反复地向练习者递招，而练习者则根据递招的具体情况做出相应的攻防动作，由此来提高反应速度，建立起稳定的条件反射，直至动作技术的运用进入自动化阶段。模拟练习多用于防守和防守反击技术的训练。

(六) 打靶练习

打靶练习可分为打固定靶和活动靶两种。打固定靶主要是提高动作的力度和耐久性，打活动靶主要是提高反应速度、距离感和准确度。打靶练习根据要求可分为技术靶、战术靶和素质靶：技术靶是通过打靶来体验和规范单个动作或组合技术的练习方法；战术靶是根据假定情况有针对性地找出规定或随机的打法的练习方法，以提高对抗中的战术意识；素质靶则是以提高动作速度、打击力量和专项耐久力为主要目的练习方法，至于在打素质靶时需要解决某项素质的问题，则应根据训练的内容与计划来作出安排。

(七) 条件实战练习

条件实战是指有条件限制的实战。这是初学阶段或根据阶段训练内容以及为提高某些运动员的某种能力而设置的一种常见的训练手段，具有较强的针对性，是进行实战的基础。条件实战大致可分为拳的实战、腿的实战、摔的实战、拳与腿的实战、拳与摔的实战、腿与摔的实战六种，其中还可以根据具体的训练内容和要求进行细化。

（八）实战练习

实战练习是指按照规则的要求，运动员之间的实际对抗。实战练习既能全面检验其他训练方法的训练成果，又能在实战环境下发现运动员在智能、技能、体能、心能（心理能力）方面存在的问题。实战练习从方法上来讲，最符合一切从实战出发的客观条件，运动员能直接感受实战动态变化的真实情况，从而建立符合客观条件的动作条件反射能力。但是过多的实战练习，运动员容易产生运动损伤，容易产生厌战的心理障碍，也不利于改善动作技术。不同的训练方法有不同的作用，要根据训练课的目的、任务、内容，将各种训练方法有机地结合，妥善地安排。

三、散打技能训练的要求

散打技能训练的目的：基本动作要求建立正确规范的动作动力定型，而且在实战条件下，根据双方姿势状态变化的需要，对不同方向、距离、角度、位置使用基本动作进攻和反击时，在保持基本动作规范合理的前提下，对基本动作的动态调节运用要达到娴熟。运动员运用基本动作时，从观察、判断、选择战机、选择动作、选择部位到瞬间完成一系列复杂的操作过程，都要达到准确有效。

在这个操作过程中，对方的动作姿势状态是诱导信号，而自己针对对方的诱导信号所采用相应的方法是一个效应结果。对方的动作在不断地变化中，因此，诱导信号具有不可预测性，在对方的不可预测的诱导信号出现的瞬间，自己完成这种复杂的动态操作过程，主要依赖于人体生理的第二信号系统的动作条件反射能力，这种能力比建立基本动作的正确动力定型的复杂程度和训练难度要大得多。为了有的放矢地提高技能水平，使运动员尽快掌握和形成这种动态条件的反射能力，在训练时必须提出严格的训练要求来规范运动员的行为。

（一）尽量减少错误

运动员在平时训练过程中，出现动作不规范，出现观察、判断、选择战机、选择动作、选择部位等方面的错误是客观存在的。运动员面对散打庞大的技术体系、复杂的操作过程，以及动态对抗的条件反射，不可能不出现错误。正因为如此，散打技能训练决不能对运动员放任自流。散打技能训练的目的就是要减少，甚至于消灭运动员出现的错误，错误越少，运动员进攻或反击的成功率越高，散打技能训练的过程就是一个减少错误的过程。这就和学生学语文写文章一样，在消灭错字病句中进步，在消灭错字病句中提高。因此，在散打技能训练中，尽量减少运动员在实战中出现的错误可以作为一个硬性指标。一旦运动员出现动作规范上的简单错误，教练员应该及时地提醒、纠正，如果出现观察、判断、选择战机、选择动作、选择部位一些较为复杂而且不易纠正的错误，还要及时地进行技术原理上的分析或提示，使运动员知其然还要知其所以然，这样才能提高运动员改正错误的主动性和自觉性。

在训练实践中，动作规范性的错误容易改正，因为运动员在做该动作时可以通过本体感受器来进行自我控制和调整。而需要人体第二信号系统来完成的动作条件反射性的错误，由于受人体本能第一信号系统动作条件反射能力的干扰，建立依靠第二信号系统来完成的动作条件反射特别困难。教练员应该不厌其烦，而且要在训练方法的技巧上加以改善，尽量强化、加深运动员第二信号系统动作条件反射的痕迹，直到对某种诱导信号建立正确效应结果的动作方案达到自动化的程度之后，某一个错误才有可能消失。在实战中减少一个错误就是提高技能水平的一个标志。

（二）尽量不漏动作

依据武术散打相生相克的技击原理，依据运动员在实战中姿势状态存在的运动规律，实际上运动员随时都可以进攻，只要对方进攻随时都可以反击。针对这样的情况，经过多年实战的检验，总结出了"内动打先击，小动打迎击，大动打反击"的具体行动方案。

所谓"内动打先击"，是指运动员伺机进攻时，保持着预备格斗的姿势状态，这种状态从外形上看好像没有什么动作，但是眼睛正在观察、判断、寻找破绽，思维正在考虑如何进攻。动是绝对的，不动是相对的，这时的动主要是内心的活动，所以称其为"内动"。在这样的情况下，最佳行动方案就是针对对方正在注意什么、正在考虑什么，利用注意和思维转移时所需时间的空当，顺其道而行之，或者反其道而行之，以及预备进攻动作的薄弱环节，选择适当的动作，选择适当的部位，毫不犹豫地抢在对方之前发出进攻。

所谓"小动打迎击"，是指运动员伺机进攻时，为了寻找战机、制造战机，必定有步法的移动，或者有上肢、下肢、躯干做一些分散、转移对方注意力或者改变对方预备姿势的动作，为进攻创造条件。这些动作状态的外形动作幅度比较小，所以称其为小动。一般情况下，运动员容易受小动作诱导信号的支配，只顾观察、判断对方的企图，忘记自己不应该受对方的牵制，相反应该针锋相对地采取行动。"小动打迎击"就是针对这类情况提出的，只要对方做步法的移动，做上肢、下肢、躯干的假动作，就不要受他的牵制或干扰，相反利用他动作形成的弱点，在他做动作的同时，迎着他选择适合的动作和部位直接进攻。这样，可以起到出其不意、攻其不备的效果。

所谓"大动打反击"，是指对运动员发出了拳法、腿法或者摔法动作，这类动作姿势状态的外形比较大，所以称其为"大动"。只要对方出现了"大动"，看他使用的是什么样的动作方法，再根据相生相克的原理，针对性地选择相应的动作进行反击。

通过以上对"内动打先击，小动打迎击，大动打反击"的分析，可以得出这样的结论：散打在实战中动作虽然千变万化，但万变不离其宗，必然存在这三类动态现象，我们必须透过现象抓本质。散打在实战中运动员任何时候都是可以进攻或者反击的，可是在比赛过程中，运动员经常出现消极等待，非要等熟悉的或者说有把握的战机出现之后再采取行动，以致浪费了大量的战机。运动员对各种战机视而不见、不采取行动的状况，严重阻碍了散打技能水平的提高。因此，在散打技能训练过程中，提出"尽量不漏动作"的要求，就是针对这一状况，迫使运动员在任何情况下多抓战机，多出动作，多争取得分。运动员在现有的技术条件和身体素质条件下，在训练中不漏动作是多快好省而且有效地提高散打技能水平的关键所在。

（三）尽量不要后退

俗话说："一退三空。"所谓后退，不管是对方用拳法、腿法还是用摔法进攻，只要对方在进攻的瞬间往后退，就能很容易躲过对方的动作，不让对方击中而形成空击。单从防守的角度来讲，退防是一种防守方法。但用辩证的观点看问题，退防的最大缺点就是浪费了一次"大动打反击"得分的机会，对方的动作越大，反击得分越容易，由于只退后防守而不争取直接反击或者连防守带反击，从采用技术的角度来看，与相生相克的选择相应动作的原理是背道而驰的。

后退的实质就是漏动作。技能训练已经提出了尽量不漏动作的要求，为什么还要提出不准后退呢？根据原苏联运动生理学专家巴甫洛夫对人体生理条件反射第一信号系统和第二信号系统的分类，后退躲闪属于第一信号系统人体天生就具有的动作条件反射能力，只要对方发出进攻动作，运动员本能地就会掌握退防技术。散打技能训练要求不准后退的目的，就是要强化消除人体本能容易掌握的只退防不得分的落后技术，强化建立需要人体第二信号系统支配的能够直接得分的复杂动作条件反射能力，较好地体现散打技能的先进性。

散打技能训练要求尽量不要后退是相对的，主要针对能够直接使用进攻或反击动作得分时，不采用进攻或反击动作而采用退防动作。当然，合理的后退防守接反击动作，或者具有战术目的后退不属于不要后退的范畴。

（作者：曾于久）

第四节　散打战术及其训练

一、散打战术概说

散打战术，是根据比赛双方的各种具体情况，为充分发挥自己的特长战胜对手而采取的计策和方法。战术由采用什么样的谋略和相适应的行动方案两个部分所组成，而且以谋略为主。自古以来，兵家均以谋为本，明代刘伯温《百战奇略》中说："用兵之道，以计为首。""不计而进，不谋而战，必为敌败。"我国古代兵书、兵法中不朽的战术思想，已经成为竞技体育对抗性运动项目战术训练构架中的重要组成部分。

散打运动训练的内容可以分为智能、技能、体能、心能（心理能力）训练四个部分，每个部分都有不同的功能：运动员的智能是指挥系统，技能是表现系统，体能是物质系统，心能是调节系统。虽然四者的侧重点不同，所需要完成的任务不同，但是从整体上它们都是为了战胜对手这样一个共同的目标协同起作用，就像一台机器上不同的主要构件一样，具有不可分割的联系。战术属于智能的范畴，散打战术的形成与运用是建立在技能、体能、心能基础之上的，技能是战术的载体，战术思想、战术方案最终通过技能表现出来。

散打战术的作用就在于把运动员已经获得的技能、体能、心能训练成果，在比赛中最优化地进行综合运用，其核心就是"制人而不制于人"，在比赛场上造成对自己有利的态势，牢牢掌握主动权。为了争取主动，一方面对自己要扬长避短，另一方面对对方要抑长制短。在比赛双方旗鼓相当、势均力敌的情况下，正确地使用战术，可以抑制对方技术水平的发挥，可以减少自己的无效行动和体力的消耗，对夺取比赛的胜利可以起到决定性的作用。

二、设计散打战术的原则

（一）按散打动作功能的原理设计战术

战术，是通过运用一定的动作来实现的，不同动作的组成方案，表达了不同的战术意图。因此，按散打的动作功能设计战术方案能合理地、有效地充分发挥动作本身的最大效应，它能使我们从散打动作整体性、有序性、相关性、动态性的系统观点中，正确地制定战术。不能孤立地、片面地只考虑某一个战术环节和某一个战术动作的技术因素，产生单一的战术方案。

散打的动作主要由手法、腿法、摔法组成，其中大部分动作既能进攻，又能防守，或攻中有防，防中寓攻。要充分发挥其功能，就必须认识动作之间上与下、长与短、大与小、进与退、近与远、攻与防的互相矛盾、互相制约、互相转化的规律，按照不同动作的不同作用，制定不同的战术方案。

（二）按攻防兼顾的原理设计战术

比赛中，有些运动员一味地讲究进攻而不顾防守，有的则单纯防守不讲进攻，结果使攻防失调，顾此失彼。因此，要遵循"攻防兼顾"的原则，在瞬息万变的激烈对抗中，保持攻防的合理节奏。

在一个回合的主动进攻成功之后，下一个回合对方主动进攻，就可以防守反击。攻防兼顾不是绝对的或一成不变的，比赛中要根据具体情况灵活应用。一般来讲，面对强手应加强防守，防中有攻，以防守反击为主；对弱手则应积极进攻，攻中有防，以主动进攻为主；水平相当时，要攻防兼顾，做到有序进攻，稳妥防守，抓住战机，猛烈进攻。

（三）按控制与反控制的原理设计战术

散打比赛中，常听到有的运动员说："我浑身是劲，动作还没有用上就输了，真憋气。"产生这种现象的原因，可归结于控制问题。散打比赛的过程，实质上是一个控制与反控制的过程，谁能控制对方，谁就占有主动权。例如，甲擅长踹腿，乙如果不能控制其特长，甲的踹腿也就会越踹越有劲，越踹命中率越高。如果换了丙与甲相对，丙了解甲的特点，只要甲使用踹腿，丙便防守破之，成功几次后，甲在心理上就会慌乱，不但踹腿这一技术专长发挥不出来，其他技术也难以正常地发挥和运用。在制定战术时，就是要根据控制与反控制的原理，全面了解对方的情况，避实就虚，先克其长，掌握主动权，使其不能发挥技术特长。

（四）按灵活多变的原理设计战术

散打的任何战术都不是万能的，比赛中采用固定不变的战术，一旦被对方发现，往往会使自己陷入被动的困境。因此，设计战术时，应多考虑几种战术形式及其互相之间的衔接关系，要最大限度地体现不同的进攻方向和进攻点，既要灵活多变，又要有针对性和实效性。总之，要充分利用散打竞赛规则为运动员提供的活动空间，战术与战术之间相生相克的作用关系，尽量体现散打运动灵与巧的技术风格。

（五）按对方实际状况设计战术

《孙子·谋攻》篇中的"知彼知己，百战不殆"，是我国古代军事家确定作战方案的先决条件。散打比赛和打仗一样，要战胜对方，首先要了解对方。否则，制定的战术就没有针对性。设计战术之前应了解对方的下述情况：

1. 技术状况

对方是善于用拳、善于用腿，还是善于用摔；他的攻击实力是什么，主要得分手段靠什么；对方的技术弱点是什么，是防拳能力差、防腿能力差，还是防摔能力差等等。

2. 攻防类型

一般来讲，运动员的攻防类型有三种：一种是以主动进攻为主的进攻型，一种是以防守反击为主的防守型，另一种是能攻能守的综合型。在制定战术前，要了解对方属于哪一种攻防类型。

3. 动态类型

运动员有不同的动态类型，有的属于力量型，进攻时主要依靠强大的力量威慑对方，削弱对方战斗力，以力取胜；有的属于技术型，主要依靠良好的技术发挥，以得分取胜。对付前者，需要制定以快制力、以巧制力的战术；对付后者，则需要封堵路线、改变距离等，制定连续进攻的战术。

4. 身体素质

运动员的身体素质有着明显的差异，有的力量大，有的体力好，有的反应快，有的速度快，有的则协调性好，对于不同身体素质见长的对手要采用不同的战术。例如，遇到耐力差的，就要采用消耗其体力的战术，连续不断地主动进攻，逼着对方打，不给他喘息的机会，使其体力迅速下降而战胜之。

5. 心理素质

心理素质是一个非常广义的概念，这里主要指运动员的意志及表现在激烈对抗中的心理承受能力和控制能力。有的运动员虽然技术好，但是心理能力差，遇到激烈的拼搏便产生惧怕、恐慌等心理障碍，不能正常地发挥技术而导致失败；有的运动员无所畏惧，敢打敢拼，在不利条件下能"处虚若无"，从容对阵，具有良好的心理承受能力和控制能力。在制定战术时，要全面考虑对方的不同心理素质，有针对性地确立合理的战术方案。

三、散打的战术形式

（一）直攻战术

直攻战术，是指在没有虚晃及假动作的掩护下，使用方法直接进攻。运用直攻战术须具备以下条件：

1. 当对方的反应速度、动作速度、位移速度弱于自己时。
2. 当对方的反击动作不够熟练时。
3. 当对方的体力不足时。
4. 当对方的防守姿势出现空隙时。
5. 当比分落后，而比赛剩余时间不多时。

（二）强攻战术

强攻战术，是指强行突破对方的防守动作后发出的攻击。强攻不是盲目蛮干，而是通过强攻这一战术手段，扬己之长，实现打击对方的目的。运用强攻战术必须具备以下条件：

1. 力量、速度、耐力素质比较好，但技术不如对方时。
2. 身体素质好，技术比较全面，但比赛经验不如对方时。
3. 对方的近战能力比较差时。
4. 对方的耐力比较差时。
5. 对方的心理素质比较差时。
6. 对方防摔能力比较差时。

（三）佯攻战术

佯攻战术，是用虚假动作造成对方的错觉，把对方引入歧途，实现真实进攻。在散打比赛中，佯攻是最为常见的战术形式之一。随着技术水平的普遍提高，特别是对付动作反应快、防范能力强的对手时，直接进攻容易被防守或反击，而采用虚晃、指上打下、指下打上、指左打右、指右打左等假动作，利用步法的移动可以转移、分散对方的注意力，促使其对虚假动作产生某种反应，再乘机攻击其防守的空当部位，定能提高进攻效果。

（四）迂回战术

迂回战术，是指利用步法的移动从侧面进攻。"有力当中上，无力走两旁"。当对方的动作力量大，正面攻击火力强，或者当对方集中注意力进行正面防守时，采用迂回战术，向左右两侧移动步子，既可以避其锋芒，又可以制造战机，"以迂为直，以患为利"。我们知道，直线比弧线短，动作抵达快，但是散打的弧线动作又可以破直线动作。迂回前进，调动对方随之转动，从而破坏其动作习惯以产生空隙，再施进攻即可奏效。因此，在迂回移动的过程中，要注意移动的方向、角度、距离和进攻时机，同时更要注意步法的灵活性和身体位移的突变性。

（五）制长战术

制长战术，是采用相应的方法，制服对方技术特长。每一名运动员都有自己的技术特长，这种技术特长是本人得分取胜所依靠的主要手段。如果能针对对方的擅长制定战术，使其擅长不能正常发挥，从而被迫采用其他的动作，这无疑能起到制彼所长的作用。制长战术大致有以下几种：

1. 克制善于用手法的对手。
2. 克制善于用腿法的对手。在多种腿法中，又要区分擅长哪种腿法。
3. 克制善于用摔法的对手。
4. 克制善于用重拳、重腿的对手。
5. 克制善于主动进攻的对手。
6. 克制善于防守反击的对手。
7. 克制能攻能守的对手。

（六）制短战术

制短战术，是集中力量专门进攻对方的薄弱环节，制其所短。每一名运动员既有自己的长处，也有自己的弱点和短处，例如有的防拳能力差、有的防腿能力差、有的防摔能力差、有的防上能力差、有的防下能力差、有的某种身体素质差、有的基本动作差、有的有习惯性的错误动作等等。采用制短战术，关键在于是否了解和掌握对方的短处和弱点。这可以通过赛前对对方已往比赛情况的回忆，或者借助于对对方同第三者比赛时进行观察，或者通过其他人进行调查，综合各种情况进行分析。除了赛前"侦察"以外，更重要的是在比赛中进行观察，通过几个回合的试探性进攻，对对方的弱点迅速作出判断，及时调整自己的战术手段，攻击对方的弱点。但是也要不断地变换方法，以免对方察觉自己的战术意图。

（七）多点战术

多点战术，是指进攻点和进攻方法立体交叉不断变换，全方位地攻击对方。当对方的技术水平较高时，采取单一方法进攻容易被防范，则应采用上、中、下，正面、侧面，手法、腿法、摔法的多点战术，不断地变化，以最大限度地分散对方的防守注意力，牢牢地掌握主动权。实施多点战术要求运动员技术全面，头脑清楚，并有较好的灵活性和动作转换的协调能力。

(八) 重创战术

重创战术,是用力量打击对方,使其失去战斗力。实施重创战术需要具有一定的身体和技术条件。当自己的攻击力量和技术比对方好但耐力差,或者攻击力量好而技术不如对方,或者在比分落后的情况下,或者由于其他因素不能打持久战时,在规则允许的范围内,寻找、制造机会,用重拳或重腿打击对方,使其身体、心理受到震动、威慑,失去继续比赛的信心和能力。实施重创战术,一是自己的手法、腿法要有较大的功力,二是要准确、果断、迅速、有力地打击对方抗击能力差的部位,但不能违犯竞赛规则和有意伤人。

(九) 突袭战术

突袭战术,是针对对方自然产生的习惯动作,采用相生相克的方法进攻对方。散打比赛时,只要留心观察,就会发现对方无意识地表现出一些习惯动作。例如,有的运动员习惯提膝抬腿,有的习惯身体重心在前腿上。又如,在一个回合的进攻中,裁判员并没有发出"停"的口令,而双方运动员都停止了进攻,自然分开,然后准备下一回合的较量,这是一种典型的动态习惯,如果利用这个习惯,当对方停止动作而裁判员没有喊停时,突然发出进攻,出其不意、攻其无备,打他个措手不及,可达到突然袭击的效果。采用突袭战术,需要不断地观察和捕捉对方的习惯动作,然后采取具体的突袭战术行动方案。平时要加强训练,以便掌握突袭战术所必备的技术和身体素质。

(十) 反击战术

反击战术,是待对方发出进攻动作后,在防守的过程中反击对方。攻守对抗历来讲究"以静待动""后发先至"。主动进攻需改变预备姿势,身体的某一部位必定会产生防守空隙和薄弱环节,如能在防守的同时进行反击,就能避免上述弱点,取得战机的主动。防守者"以静待动",有思想准备,反击容易成功。当遇到性情急躁、缺乏比赛经验、喜欢猛冲猛打的对手时,可以反击战术为主,主动进攻为辅。以主动进攻掩盖自己反击战术的意图,刺激对方,使其更加急躁,为反击战术创造条件。

(十一) 下台战术

下台战术,是利用竞赛规则和擂台等客观条件,采用方法迫使对方掉下擂台的战术手段。下台战术按其形式可分为逼打下台和牵引下台两种:

1. 逼打下台

就是当对方退到警戒线时,用动作封堵对方的两侧,不让他转移到擂台中央,直接把他打下台或使他无法招架而自己跳下台。

2. 牵引下台

牵引下台必须借用对方的冲力,引进落空。这要求运动员具有较好的视觉判断能力和瞬间选择能够顺势借力牵引对方的动作。一般来讲,以擂台上的警戒线为标志,小级别、个子矮的运动员以退到警戒线上使用方法为宜,而大级别、个子高的以退到警戒线内侧为佳。

(十二) 边角战术

边角战术,是利用对方退到擂台边缘怕掉下擂台的不利心理状况进行攻击的战术。比赛中,有目的地将对方逼到擂台的边线或角上,造成对方的心理恐惧而导致动作紊乱,抓住这个机会,在防止被对方牵引下台的前提下,力争多进攻多得分。

(十三) 体力战术

体力战术,是通过合理地分配体力以取得胜利的战术方法。散打比赛,运动员体力消耗较大,采用体力战术,就是在一场三局的比赛中,合理地分配体力,既不"虎头蛇尾",也不能一味保守,在比赛结束后还有使不完的劲儿。每一局中如何分配体力,要根据对方的情况来定。如果对方技术较差,可以保持体力以技术取胜;如果对方技术好,可以采取消耗对方体力的打法取胜;如果双方实力相当,还应有打持久战的准备;如果对方的耐力较差,则应打体力消耗战,连续进攻,不给对方喘息的机会,迫使其体力迅速下降,以此取胜。

(十四) 心理战术

心理战术,是通过一些特定的方式和措施,给对方造成心理上的压力,从而取得比赛胜利的方法。心理战术形式多样,如赛前隐瞒实力,麻痹对方;漏出破绽,造成对方的错觉;激怒对方或松懈对方的斗志等等。比赛中的重创战术、强攻战术、佯攻战术、制长战术、制短战术、边角战术等等,都具有心理战术的因素,其目的就是迫使对方紧张、急躁、恐惧、气馁,从而失去了比赛的信心,导致比赛失败。

四、散打战术训练的任务

(一) 丰富战术知识

战术知识是运动员掌握战术和提高战术能力的基础,战术知识主要包括战术理论和战术经验两个方面:战术理论是指与散打战术相关的各种理论知识,战术经验是指散打战术理论与方法在比赛中运用所获得的体验。通过理论学习和实践体会等各种途径,使运动员尽可能地认识、理解和掌握散打运动的战术规律,其中包括散打战术运用的原则、各种具体战术形式的作用和运用条件等。散打是一个新兴的传统体育项目,在进入竞技体育的轨道之后,战术理论的丰富必须依靠战术体验的积累,从实践上升到理论,再用理论去指导实践的深入。

(二) 培养战术意识

散打战术意识是运动员在比赛中实施战术行动时的思维活动,主要反映在使用战术的自觉性、行动的预见性、判断的准确性、动作的目的性、攻防的主动性、方法的隐蔽性和战术的灵活性诸方面。运动员每一个战术的运用都受战术意识的支配，培养运动员的战术意识就是提高运动员在复杂多变和艰难困苦的擂台格斗中，根据场上的实际情况，快速、准确、有效地实施自己战术行动方案的能力。战术意识的培养需要一个长期的过程，在平时的训练实践中要主动地利用各种机会因势利导，进行战术运用的比较分析，使战术意识厚积而随发。

（三）掌握战术行动

战术行动是运动员实施战术而采取的各种具体的行为方式。丰富战术知识、培养战术意识，最后都要落实到战术行动上，通过战术行动来体现。因此，战术训练的主要任务就是培养运动员熟练掌握各种战术形式。散打的战术形式是为了完成战术意图而由各种动作组成的具体方法。通过多年比赛经验的总结，散打的基本战术形式有十四种之多。对各种战术形式要全面理解和掌握，一些常用的战术形式要重点掌握，最后把各种战术形式融会贯通，使运动员在赛场上能够恰到好处地灵活运用。

五、散打战术训练的方法

（一）假设性训练

设想对方各种不同的打法，"身临其境"，假设性地运用相应的打法形式。如设想对方采用"主动抢攻"，我即可用相应的"反击战术"而破之。这种练习可以一个战术反复练习，也可多种战术结合练习；可以单法练习，也可以配套练习。如先"诱攻反击"，接着"连招快打"；或者先用"主动进攻"，然后"强攻硬取"。总之，可以设想各种情况进行假想空击，也可利用沙包、树干、假人等目标，采用"佯攻巧打"或"闪躲进攻"来击中目标。这种想练结合的方法，主要目的是培养战术意识，掌握各种战术的具体用法。

（二）战例分析训练

具体做法是从比赛录像中选择一些反映战术特点和应用战术较典型的片段，组织运动员观看。典型片段可选择战术运用好的，也可选择战术运用不好的，借助声像的直观印象，启发运动员的综合分析能力，研究本队（或个人）在战术运用中的特点和问题，制定方案，贯彻实施。

（三）战术分解训练

一种战术形式一般要由几个技术动作组成，为了使每个技术动作都掌握得牢靠、扎实，可先分解进行训练，有一定质量后，再进行完整的战术形式训练。例如，练习指上（冲拳）、打下（踹腿）的佯攻战术，第一步先练习冲拳，目的是为了"示形造势"，引起对方的注意与反应；第二步练习踹腿，要求踹腿突发，快速有力；第三步，把上步冲拳与踹腿连起来完整地练习，掌握正确的动作节奏。

（四）模拟训练

是教练员（或同伴）效仿不同战术训练所需的动作或形式，陪同队员练习的一种方法。例如，模拟主动进攻型的对手、模拟防守反击型的对手、模拟重拳重腿的对手、模拟擅长拳法的对手、模拟擅长腿法的对手、模拟擅长摔法的对手，以及模拟比赛中的各种特殊情况等。要求模拟者动作逼真，以提高练习者的适应能力和战术运用能力。模拟训练应逐步加大难度，可由慢到快，虚实结合，由固定到活动，由单一的打法到多种打法，逐渐增加难度，以提高多种战术的综合运用能力。

（五）条件实战

根据战术训练的需要，教练员规定在一定的内容或使用动作或战术的范围内进行对抗战术训练。其方法有限制进攻或防守动作的实战对抗、限制击打力量的实战对抗、限制击打部位的实战对抗，规定使用技术、战术的实战对抗等。不管条件实战如何规定内容，其着眼点都应放在培养练习者的战术意识和战术运用的能力上。条件实战时，教练员应视情况随时可暂停，分析练习者战术运用情况，指出问题，提出新的目标任务。组织方法可固定对手，也可根据需要轮流"坐庄"。

（六）实战比赛

实战比赛的条件和环境应按照竞赛规则的要求，训练和培养运动员运用战术的能力，丰富临场比赛经验，并可根据比赛需要，安排有特定条件的对抗实战。如不同体重级别、不同技术水平的对抗比赛，一场三局中每局轮换一个对手的比赛等。

"既得艺，必试敌"。实战比赛是训练和检验战术运用效果的唯一手段，应及时进行总结，养成研讨的良好习惯，牢固地树立战术观念。

（作者：曾于久、赵光圣）

第五节 散打运动员的心理训练

所谓心理训练，就是指通过各种手段有目的、有意识地培养运动员具有良好的心理品质和个性心理特征，具备从事散打专项所需的优秀心理素质，使运动员在参加散打训练和比赛时能够有效地调节和控制自己的心理状态，为获得最佳训练效果和争取优异成绩的心理准备过程。心理训练的目的在于发展运动员进行训练和参加比赛所需心理品质，使运动员对高强度的散打训练和激烈对抗的散打比赛具有良好的心理准备，形成相对稳定的心理状态。

一、散打运动员心理训练的内容

(一) 一般心理训练

一般心理训练是在日常的训练中培养和发展运动员所必备的基本的心理品质和心理能力的训练过程。一般心理训练在运动训练的全过程都可以安排，主要包括培养运动员从事散打专项所需的兴趣、能力、气质、性格等个性心理特征，发展感知觉、运动表象、形象思维、想象力以及情感和意志品质等心理过程，培养注意品质，包括注意的稳定、注意的集中、注意的转移和注意的分配等。

(二) 赛前心理训练

赛前心理训练是在具体比赛之前的较短时期内针对比赛使运动员掌握自我调节心理状态的方法，最大限度地适应比赛要求，做好参赛的心理准备的专门训练过程。赛前心理训练包括使运动员明确比赛任务，激发良好的比赛动机，建立夺取比赛胜利的信心，消除各种不利于比赛的心理障碍，使运动员学会调节和控制自己情绪，在复杂变化的比赛情况下能够保持积极稳定的心理状态，以确保运动员技术、战术水平的充分发挥。针对一次散打比赛的赛前心理训练可在赛前一个月开始。一次散打比赛中，运动员一般需要在几天之内连续参加多场次的比赛，因此，在一场比赛前后，甚至利用局间休息的时间也可以进行心理调控，其重点是要让运动员保持良好的状态、稳定的情绪。

(三) 赛后心理调节

运动员在经过了高强度激烈对抗的散打比赛后，身心会产生深度的疲劳，这时的心理调节极为重要，同样是心理训练的重要组成部分，最关键的是要让运动员能够正确地对待成功或失败的情绪体验。对于获得优秀成绩的运动员，在充分肯定其比赛中积极的情绪体验的同时，还要注意消除因胜利而掩盖了的比赛中消极的情绪体验，以及由于不能正确地对待比赛胜利而产生的骄傲自满等不良的情绪体验。对比赛的结果进行正确的归因，对于在比赛中尚未获得好成绩的运动员，需要帮助他分析比赛失败的原因，及时消除因一次比赛的失败而产生的消极情绪，多正面积极地鼓励，以激发运动员不畏挫折、积极进取的强烈动机。

二、散打运动员心理训练的方法

(一) 意念训练法

意念训练是通过积极的思维，借助想象或运动表象进行自我心理暗示，以改善运动员个性心理特征和心理过程。例如，在学习技术时想象动作技术过程、动作形态；还可以用一定的"套语"进行自我暗示，以集中注意力；想象比赛中出现了什么情况，自己采用相应的办法应付；想象对手是一个"左撇子"，自己采用什么技、战术同他交手等，以此做好参赛的心理准备。在赛前应用积极的暗示语言进行自我动员和自我鼓励，控制和调节赛前状态，或使自己的身心获得放松等等。意念训练法实质上是一种自我诱导训练的方法。

（二）诱导训练法

诱导训练是通过他人的语言信号或其他途径（如录像、录音等）的外界刺激来引导运动员按照预定的要求去执行的心理训练方法。鼓励、启发、说服、举例，乃至批评等都是常用的诱导方法。教练员还可以应用一些直观的方法，如动作示范、电视、图片等向运动员传递特定的、感兴趣的信息，把运动员的注意力及思维引导到有利于散打训练或比赛的方向上去，并按照预定的要求实施。

（三）模拟训练法

模拟训练是通过在训练中设置与未来比赛时可能出现的各种相似的情况，使运动员在近似比赛的条件下，锻炼和提高对正式比赛心理适应能力的训练方法。散打比赛前经常采用的有模拟同级别对手的技术和战术打法特点、模拟比赛场景和环境、模拟比赛的日程安排及作息制度等等。其关键是要尽量掌握未来比赛的信息，以便使模拟训练时所设置的条件尽可能与正式比赛接近。

三、散打运动员赛前常见心理障碍及其克服的方法

（一）想赢怕输

运动员在赛前对比赛的胜利一方面期望过高，另一方面怕输给对手而产生的矛盾的情绪状态，都会导致赛前过度紧张、精神亢奋、没有食欲、很难入睡、自信心下降等情况。这对运动员身心的消耗极大，使得运动员在比赛前就感到乏力，上擂台比赛时想进攻又怕遭到对手的反击，优柔寡断，过多注意比赛得分，而不是考虑如何发挥自己的技术、战术。

克服想赢怕输重要的一点就是要引导运动员把思想集中在比赛的过程上，多考虑比赛时如何发挥自己的竞技水平，不要考虑比赛的结果。教练员赛前避免过分强调比赛的重要性或对运动员提出过高的要求，让运动员多回忆过去比赛成功时的体验，帮助运动员提高自信心和稳定情绪，正确对待比赛结果。

（二）惧怕对手

有的运动员在赛前不相信自己的实力，对比赛缺乏必胜的信心。这种惧怕的心理会使大脑皮层的控制系统产生紊乱，情绪低落，自信心下降，引起运动员机能失调，消极对待比赛，在擂台上不能发挥出应有的水平。新手或是遇到名气大的对手时经常会出现

这种情况。

克服惧怕对手心理障碍的关键是要帮助运动员树立自信心，正确对待比赛，激发运动员的斗志，把消极的情绪转化为积极的情绪。要帮助运动员分析自己，分析对手，找到有望战胜对手的有效方案。此外，要教育运动员摆正自己位置，平衡自己的心态，放开手脚，尽力打出自己的水平即可，不要过多地考虑是否一定能够战胜对手。

（三）盲目自信

运动员赛前过高地估计自己，而过低估计比赛对手的实力，甚至对比赛的对手不屑一顾，相信自己能够轻易取胜，即俗话说的"轻敌"。运动员产生"轻敌"后，注意力分散，注意强度下降，不重视即将开始的比赛，对比赛不做认真的准备，自以为是。比赛时一旦遇到意想不到的困难和挫折，即心情急躁，或乱拼乱打，或束手无策。预防运动员产生盲目自信的关键，是赛前要教育运动员认真对待每一场比赛，充分估计在未来比赛中可能出现的各种困难和挫折，做好打硬仗的准备，使运动员做到遇强不惧，逢弱不懈，胜不骄，败不馁，始终处于良好的战斗准备状态。

（四）注意分散

运动员在比赛前由于主观和客观的因素，不能把注意力集中在即将开始的比赛方面，即通常所说的"分心"，以致赛前胡思乱想，赛中反应迟钝。

克服注意分散要从平时的训练抓起，在日常的训练中要培养运动员专心致志、认认真真的习惯。可以进行一些专门的注意调节训练，在赛前通过模拟训练提高运动员抗干扰的能力，赛前准备活动时想象如何与对方交手，比赛时通过自我暗示，使注意力集中在比赛上。

（五）兴奋过度

运动员在赛前不能把自己的兴奋水平调节在适宜的程度或时间，兴奋过头或兴奋过早。兴奋过头会使运动员思维能力降低，注意力不能集中，情绪激动，比赛时动作变形；兴奋过早，则赛前无谓地消耗了大量的能量，上了擂台感到四肢发僵，软弱无力，不能正常发挥竞技水平。

预防运动员赛前兴奋过度的关键，是要在平时的训练中通过各种心理训练的方法提高运动员的自我控制与调节能力，使运动员赛前的兴奋适宜、适时。此外，通过赛前适时、适量的准备活动也可以调节运动员的兴奋水平，防止赛前兴奋过度。

（六）消极淡漠

运动员在赛前兴奋过程下降，抑制过程加强，表现为无精打采、意志消沉、情绪低落、体力下降，对比赛缺乏信心，甚至无意参加比赛。

克服运动员消极淡漠的方法是帮助他端正比赛态度，重树比赛动机，和运动员一起分析对自己有利的条件，制定出具体的比赛方案，增强运动员的自信心，鼓舞斗志，激发参赛热情。此外，要防止运动员赛前过度训练。

(作者：赵光圣)

第六节 散打训练过程的监控

运动训练的主要目的在于发展并提高运动员的竞技能力，即实现竞技能力的现实状态向特定目标状态的转移。在运动训练的过程中，因受各种因素的影响，训练过程会出现意想不到的变化。为此，在运动训练的过程中，应该及时地、不断地对运动员竞技机能的实际状态进行监控。监控包括监测和调控两个方面，即一方面对运动员的竞技状态进行监测评定，把握运动员训练状态变化的情况；另一方面在监测的基础上，对运动训练的过程进行有效的调节与控制，保证训练朝着理想的目标方向进行，实现预期的训练目的。训练监控尤其在赛前训练期间更为重要，其内容主要包括对运动员的机能、体能、心理、技能以及运动负荷等方面的监控，散打训练过程的监控也主要集中在这些方面。

一、身体机能监控

身体机能是指人的整体及其组成的各系统、器官所表现的生命活动能力。对运动员的身体机能进行监控的目的是阐明其机能规律、特点及影响因素，以保障运动员在整个训练过程中保持良好的机能状态。身体机能的监控是教练员进行科学训练的根本，因为负荷过大，会导致过度疲劳；而另一方面，如果负荷不足，就不能充分发掘运动员的潜力，从而影响运动员最佳竞技状态的形成。

身体机能监控，要从简便、有效的原则出发选取测试指标，常用测试指标有心率、血压、血色素、尿素氮、血乳酸、尿蛋白、血睾酮、皮质醇等。目前在散打训练监控中已经被证明较为灵敏和有效的测试指标有血色素、尿素氮、血睾酮与皮质醇等，其中血色素与尿素氮指标的应用更加成熟和简便。

用血色素与尿素氮监控散打运动员身体机能的一般性结论：第一，血色素不变，尿素氮升高，疲劳的可能性很大，建议调整；第二，血色素升高，尿素氮降低，运动员机能状态良好，可以按计划训练；第三，血色素升高，尿素氮不变，运动员机能状态正常，可以按计划正常训练；第四，血色素不变，尿素氮降低，运动员训练水平可能有提高或训练总负荷量降低，可以按计划正常训练，并可适当加大训练负荷；第五，血色素升高，尿素氮也升高，训练对机体有刺激，运动员可以适应，机能状态正常，可以按计划正常训练；第六，血色素降低，尿素氮升高，机体有疲劳，建议调整恢复；第七，运动员在较短的时间降过多的体重时，若血色素不变，并保持基本正常水平，但尿素氮显著升高，则说明机体状态一般，需要调整，但如果血色素降低，尿素氮显著增高，则说明机体状态较差，要采取积极的恢复措施，及时进行调理。

血睾酮与运动员的竞技状态有一定的关系,血睾酮与皮质醇结合使用能较好地反映运动员机能状态的变化。进行监控时,要注意综合各项测试指标的结果,从多角度、多因素提供的信息进行分析,才会更加准确可靠。

二、运动负荷监控

散打运动负荷的监控是建立在对散打运动供能特点认识的基础之上的。大量的试验研究表明,散打是属于无氧供能为主的运动项目。因此,对散打训练运动负荷的监控,主要集中在对运动强度的监控上。目前对运动强度监控成熟、简便的指标主要是血乳酸,心率可以作为辅助指标。在散打监控实践中,对运动负荷监控的有效方法是利用比赛负荷监控训练负荷。具体运用时,要选择有代表性的比赛,获取反映每位运动员的比赛强度的数据,并以此为依据,对运动员训练中的运动强度进行监控。

研究资料表明,在运动员机能状态正常的情况下,反映运动强度的指标,在比赛心率与比赛血乳酸之间,以及训练心率与训练血乳酸之间有一定的相关性。从可操作性的角度考虑,在监控运动强度时,应以心率为主,血乳酸为辅,以减少运动员因采血而造成的创伤。

三、身体素质监控

身体素质监控,是检查训练效果的重要手段,在一定意义上讲,又可把它看成是训练工作的一个重要组成部分。通过对身体素质的监控,不仅可以评价运动员身体素质的综合发展水平、发展的均衡程度以及与专项成绩相适应的程度,而且还能揭示身体素质与专项成绩之间的内在联系,进行训练手段的最佳化选择,建立专项运动员身体训练的模型。

试验研究表明,对散打运动员专项运动水平起主要作用的四类身体素质因素按其重要性依次为:速度耐力因子、速度因子、力量灵敏因子、柔韧因子。这表明速度耐力因子对散打运动水平影响最大;其次是速度因子与力量灵敏因子,柔韧因子对专项水平的影响相对较小。因此,散手运动员体能测试时,要首先选取对专项运动水平重要的速度耐力方面的测试项目;其次才应选择速度、力量、灵敏方面的测试项目;柔韧方面的素质不是很重要,可以不作为重点测试。

从不同等级运动员身体素质比较来看,一级与健将级运动员的差距在力量灵敏方面;二级与一级运动员的差距在速度耐力方面;二级与健将级运动员的差距在速度耐力、耐力、力量、灵敏方面,且都具有显著性差异。

可见,进行身体素质监控时,应建立包含两个项目类别的测试模式,即身体素质项目应包含具有速度耐力、耐力素质方面的项目(如3000米跑、1500米跑、1000米跑、800米跑、12分钟跑、9分钟跑、6分钟跑等等)与力量、灵敏方面的项目(如折返跑、立定跳远、10秒钟立卧撑、十字变向跑、1分钟仰卧起坐等等)。监控的标准应根据不同运动水平来确定。根据已有实验结果，结合 2000 年、2001 年全国散打运动员体能测试情况，对运动员进行身体素质监控时，可以选取 3000 米（达标标准 11 分 30 秒）、800 米（达标标准 2 分 30 秒）、9 分钟跑（80 公斤以下级别达标标准 2450 米、80 公斤及以上级别达标标准为 2250 米）中的项目和立定跳远（达标标准 2.55 米）、8 米 × 40 次折返跑抱沙人（达标标准 2 分 15 秒）中的项目来进行。

总之，身体素质的监控和身体训练要注意选取能够对散打运动员的专项运动水平起主要作用的素质项目来进行，为运动员获得良好的专项技能服务。

四、技术监控

技术是指运动员运用自己的身体能力，合理、有效地完成动作的方法。技术监控是指教练员或项目专家依据自身经验或现代科技手段，定期发现、描述与评价运动员的技术，并为运动员实现理想的技术状态提出相应的意见和建议。技术监控的主要任务在于帮助运动员掌握动作关键，提高动作质量，从而达到促进运动水平提高的目的。

散打属于格斗类项目，技术动作的目的是击中或摔倒对手，使自己得分或防止对方得分。在规则允许的范围内，不管动作姿势如何，以能达到目的的技术为最佳。对散打运动员进行技术监控的方法有经验法、实战法以及两者结合的综合法。对初级水平运动员的技术监控，主要使用经验法，通过单个技术演练、组合技术演练、打沙袋、打靶等来监控其技术动作的合理性、正确性、协调性、连贯性，并根据运动员的实际情况，提出修正的意见，使运动员在原有基础上，有新的认识和提高。高水平运动员的技术监控则需在实战的激烈对抗中进行，一般是由教练组或请项目专家进行会诊，通过经验法与实战法的综合运用，诊断运动员技术动作使用的准确性、实效性及成功率，并针对存在的问题提出有效的对策。

五、战术监控

战术是指根据比赛或实战中的各方面情况，充分发挥自己的特长，为战胜对手而采取的计谋和行动。散打属于一对一的格斗项目，其特点是赛前练就的战术，在正式比赛时很大程度上受对手的制约，完成战术难于按预想的程式进行，往往需要根据赛场千变万化的实际情况，随机应变地采取对应战术。散打基本技术有限，但有多种战术变化的形式，战术的运用要在规则允许的范围内，根据对手和自己的实际情况来进行。散打训练过程中战术监控一定要在平时实战或交流赛中实施，要从实战的强对抗中检验战术运用的灵活性、合理性及实用性，并从中发现问题，解决问题。

六、心理监控

心理监控是用心理学的技术与方法对运动员在运动训练、竞赛等活动中的心理与行为进行监测,从而评定运动员的心理状态、心理特点与发展水平,并进行针对性调控,保障运动员在整个训练过程中能够保持良好的心理状态。心理监控能够为教练员提供关于运动员的心理状态信息,提高教练员工作的把握性和预见性,进行针对性心理训练。同时,它有助于对运动员的训练状态、身体状况等方面的监控。心理监控的内容主要包括运动员心理能力的监控、运动员心理状态的监控、运动员社会心理特点的监控、运动员心理障碍的监控等等。心理监控的方法主要有实验法、谈话法及心理测试法等。

(作者:赵光圣)

第七节 散打运动的损伤及其预防

散打运动是一项激烈的直接对抗项目,是以拳、腿直接击打在对方的身上作为得分以战胜对手的手段。与一般的隔网对抗项目或单人表现性运动项目相比,散打运动在比赛与平时练习中的损伤概率更高,所以散打比赛有专门的《武术散打运动员医务监督条例》,严格执行这个《条例》,有效地防止损伤与及时妥善地处理受伤,是保证散打训练与竞赛开展的重要环节。

一、散打运动中常见的损伤

散打运动中常见的损伤可分为以下五种:

(一) 瞬间休克与神志不清

运动员在头部、颈侧、腹部神经丛及两肋下缘部位受重击时,或是被摔倒地时,内脏或头部受到激烈震动,常发生瞬间休克,严重时会出现全身抽搐。有时虽能站立,但会出现动作失调、步态蹒跚、面色苍白、双目失神、肌肉紧张或身体持续摇晃等现象。

(二) 撕裂伤

直接受击打或在快摔过程中两人相撞,皮肤浅层受到摩擦、牵拉、撞击而破损。多发生在眼角、面颊部、鼻部、口唇部。

(三) 软组织损伤

软组织损伤是指损伤后,皮肤无开裂的肌肉表层或深层的损伤。多发生在腿部、臂部、胸部、腹部、睾丸等部位。软组织损伤可分为外表层损伤与深层损伤。外表层损伤一般呈红肿或表现紫色,伤处疼痛;深层损伤则出现剧烈疼痛,发生肌纤维破裂及深部血肿。软组织损伤还包括肌腱拉伤、断裂等。

(四) 关节脱臼

由于外力作用，骨头从关节囊中脱出。多发生在肩关节、肘关节、肩锁关节、指关节。

(五) 骨折

散打中直接的踢打或摔倒时，因倒地不当或受砸压等容易造成骨折。骨折可分为开放性骨折与闭合性骨折。

二、散打运动常见损伤的处理

(一) 瞬间休克的临场处理

1. 脑震荡

运动员头部受到重击或摔倒时头部受到撞击，出现短暂的意识障碍而倒地不起，或勉强站立而不稳。发生此情况时，要先检查运动员的两眼瞳孔，看左右瞳孔是否对称，如发现一大一小，则说明已经脑震荡，须送医院急救。为了不延误时间，可用拇指强刺伤者的人中、十宣、内关、涌泉、足三里、百会等穴位。短时间内保持静卧休息，严密观察。

2. 裆部、睾丸受击

一般情况则采用一人抱住伤者腰部，受伤者自己托住裆部向上跳的方法缓解。如果受伤较重，无法站立，可保持短时间的屈腿卧姿，检查时首先看外部是否出血，再看睾丸是否进入腹腔，如有上述情况则应尽快送医院治疗。

3. 腹部、腹腔神经丛受重击

此情况亦出现暂时性休克，但此时意识清楚，经过短暂的休息观察后，若很快恢复则可继续比赛，如仍有不适感觉则送医院治疗。

4. 颈动脉受重击

由于颈动脉受重击引起的休克，比较危险，急救的方法同 1。

处理常见的休克时，应注意以下几个问题：

1. 体位

将伤者的躯干抬高 10°，下肢抬高 20°，以增加回心血量，改善脑部血流与缺氧状况。

2. 保暖

给伤员盖上棉被等保暖衣物，以免受凉而并发其他病症。

3. 保持呼吸道畅通

气体交换不良，缺氧和二氧化碳堆积，将会使休克恶化。因此，应先清除伤者口腔内的呕吐物、血块，将伤者置于半卧或侧卧位。以保持呼吸道的畅通。对危重伤者应在短时间内鉴定其昏迷程度，观察瞳孔、呼吸、脉搏等情况。如没有脑震荡，则立即进行人工呼吸，使之恢复常态；但如无经验丰富的医生则应转送医院。如伤者已停止呼吸，则应先做人工呼吸，同时肌肉注射尼可刹米；心跳停止时必须马上进行心脏按压，方法是救助者一手掌掌心向下按在伤者的胸骨下 1/3 处，另一手掌重叠在上，肘关节伸直，以身体的起伏，用体重加压，用 1 分钟 40～60 次的速度，将伤者的胸骨向其脊柱的方向推压，也可注射肾上腺素。

4. 控制内外出血

对重型内出血伤者，应急速内服止血药，然后送医院治疗。外伤出血者，应及时采用止血法进行无菌加压包扎止血。长时间地包扎，容易造成血液不通而引起肌肉坏死，扎住一段时间要松开一下。尽可能抬高出血部位，减少搬动，使伤者处于相对安静状态。

（二）撕裂伤处理

一般是创口在 2 厘米以下，且边缘整齐，消毒粘合后无出血迹象时，仍可继续比赛。创口在 2 厘米以上，且边缘不整齐、出血较多的，按《武术散打运动员医务监督条例》停止比赛。作为简单的处理，用生理盐水冲洗伤者患处，用凡士林油布包扎。鼻出血是最常见的撕裂伤，止血办法是用食指、拇指在鼻翼外面相对压迫，伤者用口呼吸，额部用冷毛巾或冰袋冷敷，继续比赛时可将消毒脱脂棉以麻黄素浸润，卷成小团塞进出血的鼻孔内，并在鼻翼外稍加压迫以利止血。韧带、肌腱以及肌肉的撕裂、断裂和挫伤，要及时冷敷伤处，并做加压包扎、固定。

（三）软组织损伤处理

一般先确认是否有其他并发症，若无则在肿胀之前用冷镇喷雾剂或凉水冷却，也可用弹性绷带加压包扎，减缓肿胀。一般 2～3 周可恢复。

（四）关节脱臼处理

1. 肘关节脱臼

简单易行的是牵引屈肘法：让伤者取坐位，助手站在伤者的背后，用手握住伤者伤肢上臂，术者一手握伤者伤肢腕部，另一手拇指抵住其尺骨的鹰嘴，与助手对抗牵引数分钟，然后逐渐使肘关节屈曲，即可复位。复位后，肘关节应适当固定于屈曲 90° 的位置上，并用三角巾悬挂伤肢于胸前。

2. 肩关节脱臼

可采用手牵足蹬法。伤者仰卧，术者坐于患者侧面，双手握住伤肢腕部，并用足底伸入伤侧腋下（左肩用左足，右肩用右足），蹬住其附近的胸膛，徐徐拉伤肢，并同时逐渐向外旋转伤肢，此时肱骨头可从锁骨下、喙突下、盂下离开，自关节囊有破口处滑入关节盂内。

（五）骨折处理

1. 开放性骨折

对这种伤者应先止血，做伤口消毒，用消毒巾包扎，并做临时固定，然后转送医院治疗。不要将凸出创口外的骨端回纳，以免感染。

2. 闭合性骨折

应在最短时间内对伤者进行整复手术。在损伤的短时间内，组织出血和肿胀未达到最高值时容易复位，整复后及时用夹板固定。如果是复杂骨折或畸形明显有碍固定的伤者，可缓缓用力顺势牵拉，适当矫正畸形，再做固定，以利向医院转送。凡伤处未经固定处理，均不可搬动，以免加重损伤或发生休克。

三、散打运动损伤的预防

（一）科学、合理地安排训练

散打运动是一项激烈的对抗运动，它需要运动员有不怕困难的勇气，即使有伤也仍在气势上压住对方是散打运动员的必要心理品质之一。但作为平常的训练则需要科学合理地安排，如运动员在疲劳时，仍进行激烈的对抗练习，是造成损伤的原因之一，水平悬殊或体重悬殊的对手进行激烈对抗也会造成损伤。另外，对青少年运动员，进行不带护头、护胸的练习要慎重，可采用先带护具，再逐步过渡到不带护头、护胸的方式。喂靶时的空击也容易造成膝关节与肩、肘关节的损伤，必须由有经验的队员持靶，才能用较大的力量进行击靶练习。

（二）加强易受伤部位肌肉的力量

腕、踝、膝等关节是人体薄弱环节，加强这些关节周围的肌肉的力量练习，是预防这些关节受伤的有效手段之一，如加强股四头肌的力量，就可以减轻膝关节的负担，减少损伤；加强腰部的力量练习，可防止腰肌劳损及其他情况下腰部的损伤；多做指力练习，可防止指关节挫伤。

（三）杜绝在训练中的嬉戏

散打对抗是激烈的，有较强的不确定性，进行对抗练习时，双方必须认真对待每个细节，即使是队友之间的练习，也仍要有一定紧张度，放松与疏忽是训练中造成损伤的主要原因。

（四）充分地做好准备活动

大幅度的腿法动作常造成大腿内侧肌肉拉伤，过于用力的屈伸性腿法也是造成膝关节受伤的主要原因，所以进行散打练习时，要将肢体的大肌肉群、关节充分活动开，充分地做好准备活动。

（五）加强医务监督

国家体育总局武术运动管理中心制定了《武术散打运动员医务监督条例》，在散打竞赛中，必须严格执行。在平常的训练中，也应该注意医务监督，对运动员的生理、生化指标进行检查，对运动员训练进行控制，对病后、伤后的恢复情况进行检查，合理安排运动员的训练、休息与调整是减少受伤的重要环节。

第十三章主要参考文献：

1. 中国国家体育总局.中国体育教练员岗位培训教材武术（散手）.北京：人民体育出版社，1999
2. 《中国散手》编写组.中国散手.北京：人民体育出版社，1990
3. 田麦久.论运动训练计划.北京：北京体育大学出版社.1999
4. 体育院校成人教育协作组《运动训练学》教材编写组.体育院校函授教材运动训练学.北京：人民体育出版社，1999
5. 全国体育院校教材委员会.体育院校通用教材运动训练学.北京：人民体育出版社，2000
6. 曾凡辉、王路德、邢文华等.运动员科学选材.北京：人民体育出版社，1992
7. 〔日〕黑田　雄.教练用运动医学.东京：大修馆书店，1991

（作者：郑旭旭）

第十四章 散打竞赛的组织与裁判

开展散打竞赛可以切磋和交流技艺、检验教学训练成果、促进散打技术水平的不断提高，同时也可以不断总结经验、完善竞赛制度、开发和培育武术市场。

第一节 散打竞赛的组织

竞赛组织是使竞赛工作顺利进行的保证。散打竞赛组织包括制定竞赛计划、拟定竞赛规程、建立竞赛组织机构、组织裁判队伍等。

一、制定竞赛计划

每年要举行全国性的散打比赛。国家体育总局武术运动管理中心根据国际比赛的安排和国内散打运动发展的需要，每年都会制定年度散打竞赛计划，各级体育部门可以根据这一计划制定出相应的竞赛计划。

各地如果需要在全国性正式比赛计划之外举办各种形式的散打竞赛，则必须提前将完整的竞赛计划和方案上报上一级体育行政主管部门审批或备案。全国性或国际性的各种散打竞赛活动，必须上报国家体育总局武术运动管理中心审批。

二、拟定竞赛规程

竞赛规程是散打竞赛工作的指导性文件。规程内容要周全，用语要明确，文字要简练，便于理解和执行。竞赛的主办单位根据竞赛计划定出竞赛规程，并提前将规程下发至各参赛单位，使他们能够根据规程来研究、调整训练计划，为参加比赛做好充分的物质和精神准备。

散打竞赛规程一般包括竞赛名称、竞赛日期、竞赛地点、参加单位、竞赛项目、参加办法、竞赛办法、录取名次、奖励办法、报名时间及方法、报到时间、裁判组织办法、仲裁委员会的组成以及其他规定等。以上各项，根据竞赛性质和规模的大小等实际情况，可以有所增减。

三、建立竞赛组织机构

竞赛组织机构形式如下：

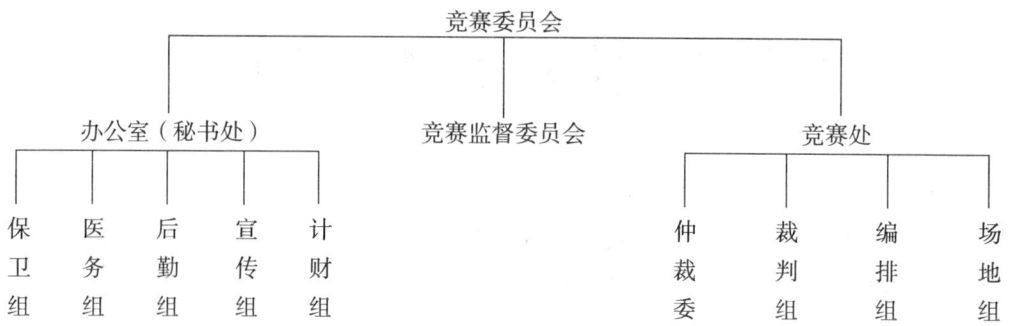

各机构根据下列主要职责范围进行工作，确保比赛顺利进行。

（一）办公室（秘书处）

办公室（秘书处）领导所属各组进行如下工作：

1. 制定和落实大会各项活动日程。
2. 根据组委会要求，安排召开领队会、教练员会、裁判员会议等，组织学习有关竞赛方面的文件。
3. 负责大会竞赛安全保卫工作。
4. 负责大会期间运动员创伤救护工作，并落实救护所需的药品器具、救护车和医院、值班医生等相关措施。
5. 负责参赛人员接送、住宿、饮食、交通、票务等后勤保障工作的落实。
6. 负责竞赛的广告宣传、报道和体育道德风尚奖的评选工作。
7. 负责竞赛奖品、奖状及纪念品的发放。
8. 负责竞赛经费的筹措、计划、财务管理。

（二）竞赛处

竞赛处领导所属各组进行如下工作：

1. 编印大会秩序册和竞赛日程表。
2. 组织裁判员学习竞赛规程和规则，落实和检查裁判员分工安排。
3. 负责安排各参赛队练习场地和时间。
4. 打印竞赛顺序表和比赛成绩，印发成绩册。
5. 落实和检查竞赛场地、器材、护具及其他竞赛设施的准备情况。
6. 检查竞赛裁判用具、电脑、录像设备及人员落实准备情况。
7. 落实和检查运动员更衣室、裁判员休息室、医疗急救室、录像仲裁室准备情况。
8. 遇有特殊情况需要更改比赛场次和时间，负责及时通知各参赛队的领队、教练员、裁判组和有关部门。

四、组织裁判队伍

裁判人员一般由主办单位确定和调派,不足部分和辅助裁判工作可由承办部门选派人员补充。

担任裁判工作的人员除了应有相应的裁判等级外,还应具备以下条件:

(一)具有良好的职业道德,作风正派

作为一名裁判员,必须严格遵守有关部门制定的《裁判员守则》和《武术裁判员管理办法》。要有热爱武术的事业心,关心武术散打运动的发展,并以此为己任,做好裁判工作。在工作中坚持原则,不徇私情;勤奋工作,不为名利;搞好团结。严格遵守赛会纪律,兢兢业业,高质量完成裁判任务。

(二)精通裁判业务,严格执行竞赛规则

裁判员必须以竞赛规则为准绳,每次评判都要有章可循,经得起检验。为此,每一名裁判员都必须认真学习和钻研竞赛规则。在全面掌握规则知识的基础上,台上裁判员要熟记规则中有关犯规和判罚的每一条规定,并能熟练地运用裁判口令与手势,做到判断准确,口令清晰,声音洪亮,手势清楚,动作规范。边裁判员要逐条记忆有关得分的标准,以方法清楚、明显击中为原则,正确评判运动员得分。

(三)经常研究散打技术,关心散打运动的发展

裁判员提高业务水平,还需要经常性地参加武术散打运动实践。裁判员应熟练掌握武术散打技术,从钻研规则入手,探讨武术散打技术、战术的新内容,丰富武术散打理论。

(四)身体健康,精力充沛

武术散打比赛争夺激烈,对抗性强。通常正式的比赛每天安排二至三单元,还要连续比赛五到七天,持续工作时间长。只有身体健康,精神饱满,体力充沛,才能保证在工作中思想集中,头脑清醒,反应敏捷,判定准确。

第二节 散打竞赛的编排

一、编排的步骤

(一)熟悉竞赛规程

竞赛规程是进行编排的基本依据,要熟悉竞赛日程、日期、办法和参赛人数、级别

及有关竞赛规定，以确定编排的基本方案。

（二）审查和统计工作

主要是审查各单位的报名单，如发现与规程不符或不清楚的情况，应及时与有关单位联系，及时解决。在审查的基础上，统计出各队参加比赛的人数（男、女分别统计）和各级别的人数（男、女分别统计），抄写出抽签顺序表和体重称量表。

（三）绘制竞赛日程表

注意非竞赛场次的活动内容及时间不要列入表中，绘制出按竞赛规程所规定的竞赛办法的比赛轮次表，并标明运动员序号以及轮空的位置。

（四）称量体重和抽签

在大会统一安排下称量体重，并详细记录每位参赛运动员的实际体重，把不符合参赛资格的运动员用特别符号记录下来，并在总裁判长监督下进行现场抽签。第一次抽签号码为正式抽签的顺序编号，这样可以更加公正地抽签，确定比赛的对手。

（五）编排对阵轮次表

把各级别的运动员姓名按抽签号码填入各自相对应的对阵轮次表上，并进行复核。当确定无误后，抄写在散打比赛成绩公告栏内，让运动员了解自己的对手和比赛的具体安排。

（六）安排竞赛场次

根据参赛运动员的实际情况和竞赛日程，统筹安排竞赛的各场次出场参赛的对数，确定各级别在什么时间参赛，把编排确定的场数及参赛对数提前张贴，并印发给各参赛队。在竞赛过程中，每一场比赛结束后10分钟内，必须公告下一场参赛运动员对阵表，以免延误比赛。

二、编排的方法

（一）单循环赛

单循环赛，是指所有参加同一级别比赛的运动员都轮流相遇一次，最后根据每名运动员胜负场次的积分多少来决定名次。

1. 轮次和场次的计算

参加循环赛的运动员都比赛一场（包括轮空）则为"一轮"。计算轮次的方法为：

参加比赛的运动员数为偶数时，轮次 = 人数 – 1。如8人参加单循环赛，则轮次为 8 – 1 = 7 轮。

参加比赛的运动员数为奇数时，轮次 = 人数。如7人参加单循环赛，则轮次为7轮。

2. 单循环比赛顺序的编排

用阿拉伯数字等量地将参加比赛的人数分为左右两列。左列由上往下排，右列由下往上排。然后用横线将相对的两个数连接。参赛人数为奇数时，可用"0"占位，与它相对的运动员轮空。从第二轮编排开始，1号位固定不变，其他位数按逆时针方向轮转一个位置，即可排出下一轮的比赛顺序。

如4人参加比赛，则编排方法为

第一轮	第二轮	第三轮
1 – 4	1 – 3	1 – 2
2 – 3	4 – 2	3 – 4

如3人参加比赛，则编排方法为

第一轮	第二轮	第三轮
1 – 0	1 – 3	1 – 2
2 – 3	0 – 2	3 – 0

轮次表编排之后，按参加比赛的人数，制作与人数相等的签号。抽签之后，将各队抽到的签号在轮次表中找到相应的位置，把运动员的名字填上，即可排出竞赛日程表。

（二）单淘汰赛

运动员按照编排的比赛秩序进行比赛，胜者进入下轮比赛，败者被淘汰，整个比赛最后一场的胜者为冠军，负者为亚军，这就是单淘汰赛。

1. 单淘汰赛号码位置数的选择

采用单淘汰赛方法时，应根据参加比赛的人数，选择最接近的较大的2的乘方数（即2自乘若干次的积数）作为号码位置数，即 2^n。

常用的号码位置有：$2^3 = 8$　$2^4 = 16$　$2^5 = 32$

2. 单淘汰轮数和场次的计算

（1）计算轮数：单淘汰赛所选用的号码位置（2的乘方），其指数（自乘的次数）即为轮数，2的n次方就是n轮。

如：8个号码位置 = 2^3，即3轮。

若8人参加比赛，则8个号码位置 = 2^3，比赛轮次为3轮（表14-2-1）。

表　14-2-1

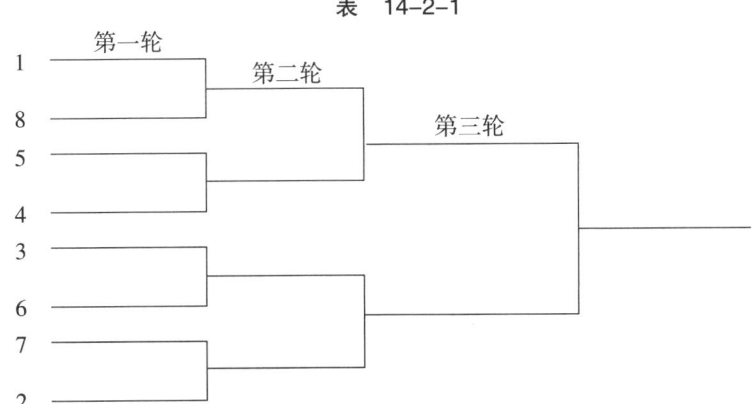

（2）计算场次：在单淘汰赛中，每进行一场比赛就淘汰一名运动员，最后剩下的是冠军，所以实际比赛的场数应为参加比赛的人数减去冠军未被淘汰的一场。

计算公式为：场数 = 人数 – 1

比如：16人参加比赛，最后剩一名冠军，比赛场数为 16 – 1 = 15 场。

（3）附加赛：单淘汰赛确定冠、亚军，其他名次均为并列名次。用附加赛的办法可以排定各个名次。附加赛的方法是每一轮的胜者与胜者、负者与负者之间进行比赛，直到排出所有的名次。运动员进行附加赛的比赛顺序排法如表14-2-2所示。

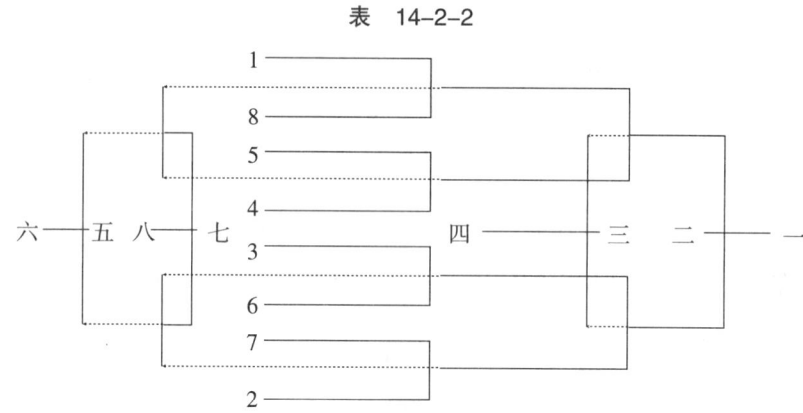

表 14-2-2

（三）双淘汰赛

运动员按编排的比赛秩序进行比赛，失败两场就被淘汰。而负轮最后一名未被淘汰的运动员和正轮未输过的运动员之间进行一场冠亚军决赛。

1. 号码位置数的选择

同单淘汰赛相同，必须符合2的乘方数，即 2^n 的原则。若参加人数不满 2^n 时，则采用增设轮空号码以补足成 2^n 数，或采用抢号办法予以解决，使之从第二轮起符合 2^n 数。

2. 轮数和场次的计算

（1）轮数 = 2 × n

如16人参加比赛，则 $2^4 = 16$，n = 4

轮数 = 2 × n = 2 × 4 = 8 轮

（2）场数 = 2 × 人数 – 3 + 决赛 = 2 × 人数 – 2

若15人参加比赛，则场数 = 2 × 15 – 2 = 28 场。

（3）附加赛：若取前六名则增加1场。

3. 双淘汰赛的编排方法

（1）双淘汰赛是在单淘汰赛的基础上进行编排的。胜者向右排为正轮，负者向左排为负轮。输两场即被淘汰，而正负轮最后一个，进行一场冠、亚军决赛。

（2）凡取5、6名，必须在负方最后第三轮增设附加赛。取7、8名，必须在负方最后第四轮增设附加赛。

（3）在排列负轮表格时，要掌握一个基本规律，即负轮中两名负者比赛最后一场后，其胜者再与正轮中负者比赛一场，最后形成区域范围内正轮和负轮各剩下一名运动员。

（4）负轮的排表可采用交叉和不交叉两种表格，但交叉必须在同一轮次里进行，不得轮次相错交叉。

如8人，则如表14-2-3、4所示。

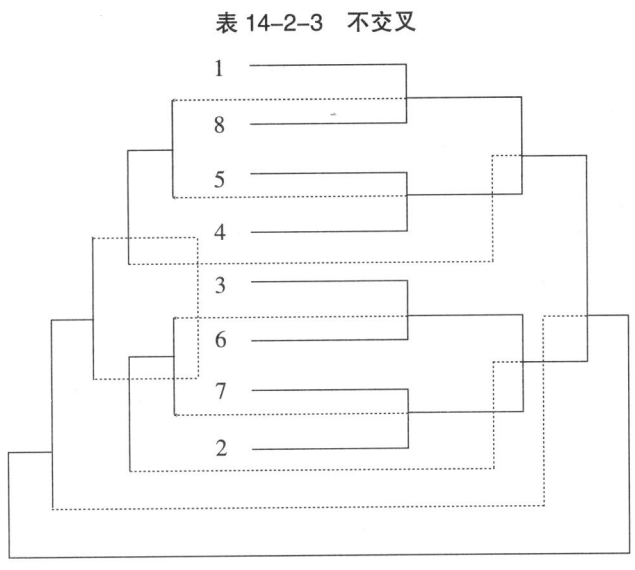

表14-2-3 不交叉

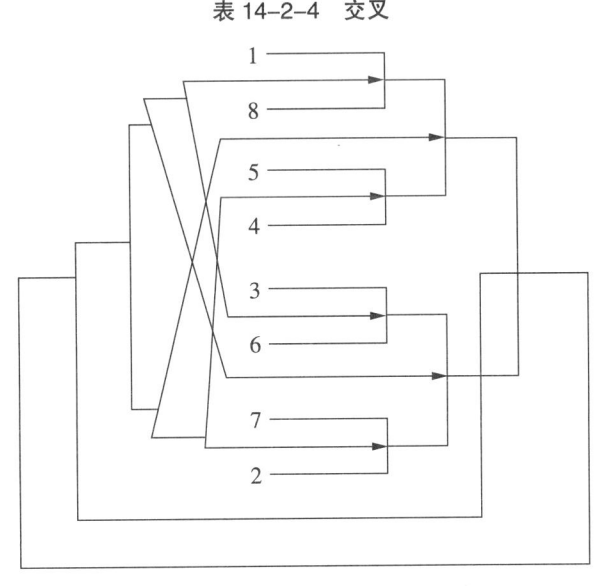

表14-2-4 交叉

（四）种子和轮空

1. 种子

由于参加散打比赛的人较多，一般采用淘汰赛的办法。为了避免强手过早相遇而被淘汰，可以把一些强手确定为种子，把他们合理分开，使他们最后相遇，从而产生较为合理的名次。

（1）确定种子的原则

①根据全国武术散打锦标赛决定（必须是取得名次的运动员）。

②变动级别的运动员不能定为种子（如原级别60公斤级冠军，现升为65公斤级，则不能定为种子）。

③根据各级别种子数目，按种子成绩，由第一名往后排满为止，如前面的种子选手缺席，则可由后向前补充（未取得名次的运动员不能定为种子，也不能补充）。

（2）种子的数目：种子的数目主要是根据各级别参加比赛的人数多少来确定，淘汰赛如果少于8人，应不少于2名种子；如果8~15人，应不少于3名种子；16~31人，应不少于4名种子。

（3）种子的位置

①根据成绩排出种子的顺序。

②按种子的顺序号在轮次表中找到相应号码的位置，即种子的位置。

③单淘汰的种子应均匀地分布在轮次表中若干相等的区内。如设4个种子，则每个种子应进入不同的1/4区。

④第一号种子应在上半区顶部，第二号种子应在下半区底部，第三号和第四号种子应分别在下半区的顶部和上半区的底部，第五号和第六号种子应分别在第二个1/4区的顶部和第三个1/4区的底部。

⑤如表14-2-5和14-2-6所示，按照由小到大的数字顺序，即1、2、3、4为种子的位置号码。如设3个种子，则1、2、3号位置即分别为第一号、第二号和第三号种子的位置。

表 14-2-5

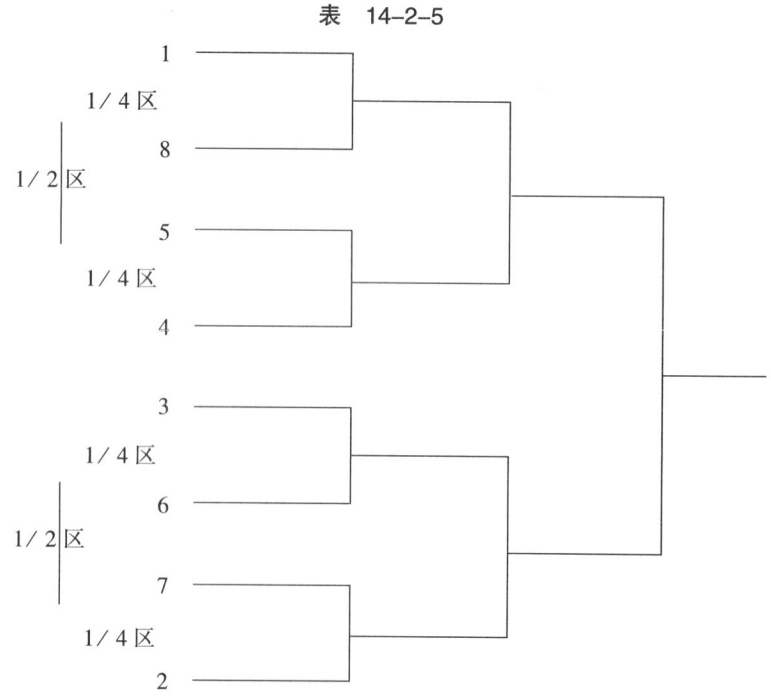

表 14-2-6

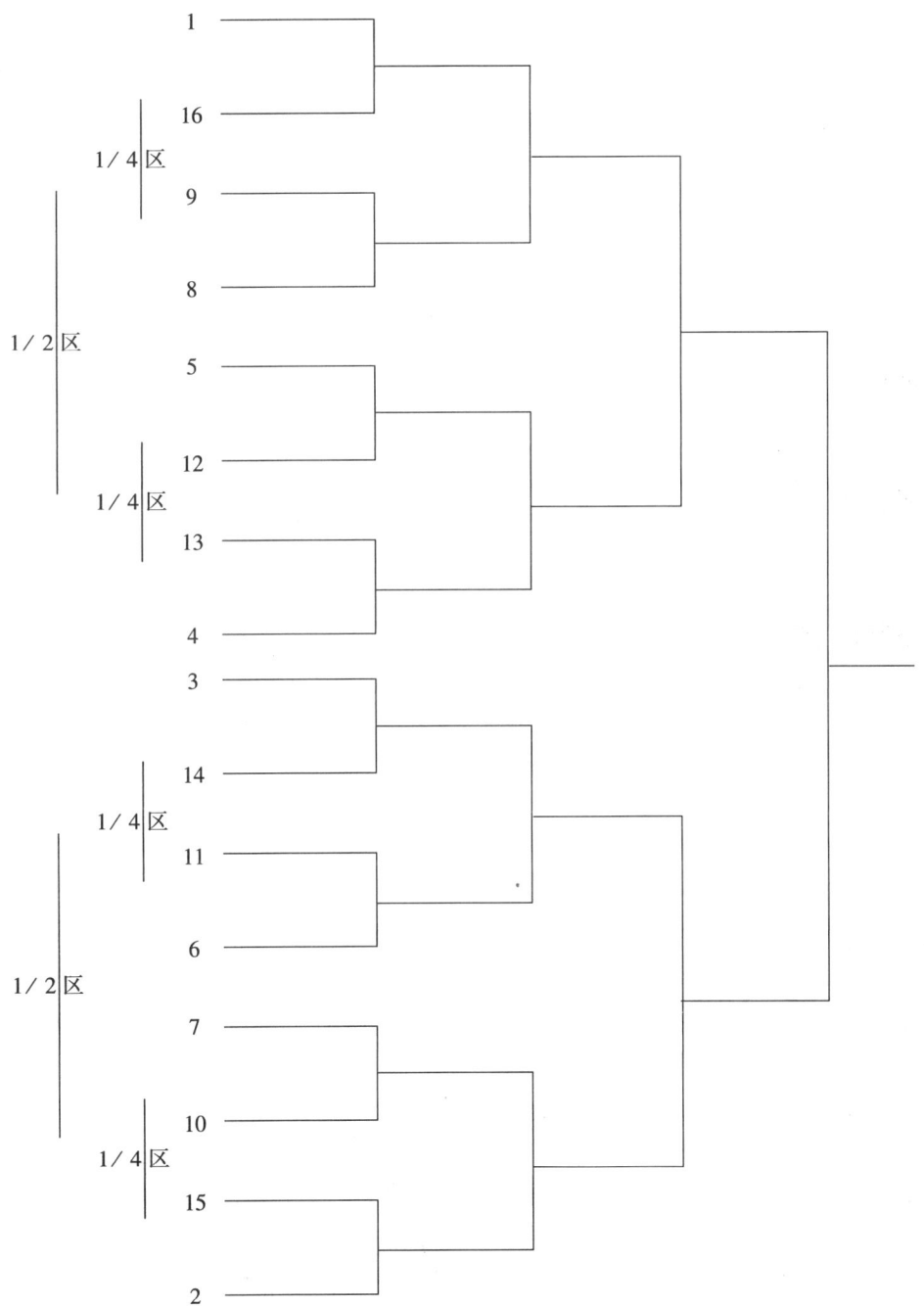

⑥种子选手不参加抽签。

2. 轮空

（1）在比赛中，没有比赛运动员的位置为轮空位置，凡遇到轮空位置的运动员轮空一场。淘汰赛的轮空位置应安排在第一轮比赛中。

轮空数＝号码最大位置数－运动员数

（2）轮空位置应均匀地分布在各个区内，种子运动员优先轮空。淘汰赛的轮空位置号码，即种子号码相对应的号码位置（由大到小顺序排列）。

（3）在参加比赛运动员较少地超过2的乘方数时，若安排轮空则太多，可采用抢号的办法。就是两名运动员在一个号码位置上先进行一场比赛，负者淘汰，胜者进入下一轮比赛。抢号的位置应在小号对应位置，即由大到小排列。

如表14-2-7所示，4号和5号位置即为抢号位置。

表　14-2-7

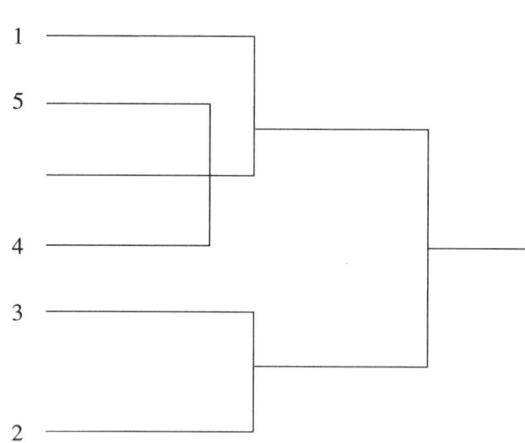

三、编排中的注意事项

散打竞赛的编排是赛前裁判工作中的一个重要环节，每一项细小的工作都必须在赛前完成。编排要做到周密细致、合理有序，既要保证运动员在公平竞争、力求相等的条件下发挥技术水平，又要兼顾整个比赛裁判组的劳逸结合。在条件允许的情况下，要尽可能缩短赛程，使运动员不至于在较长时间内因过度疲劳，影响技术水平的正常发挥。

（一）根据竞赛规程中的有关规定和报名单，计算竞赛实际天数是否与大会的时间吻合，若有出入，应和有关部门取得联系，进行调整。

（二）同一级别、同一轮次的比赛尽量在同一单元进行。

（三）一名运动员，一天最多安排两次比赛（不在同一单元）。

（四）同一单元的比赛由体重轻的级别开始。

（五）一个单元的比赛，一般安排15～22场。

第三节 散打竞赛规则简介

一、竞赛通则简介

（一）竞赛性质与办法

散打竞赛的性质分团体比赛、个人比赛，竞赛办法可采用分级循环赛、单败淘汰赛、双败淘汰赛。

（二）散打比赛的体重级别

分 48 公斤、52 公斤、56 公斤、60 公斤、65 公斤、70 公斤、75 公斤、80 公斤、85 公斤、90 公斤、90 公斤以上级共 11 个级别。

（三）服装护具

散打比赛时，服装护具分为全护型和点护型两种。全护型运动员应戴拳套、护头、护齿、护胸、护裆、护腿，赤脚穿护脚背。运动员必须穿与比赛护具颜色相同的背心和短裤，护裆必须穿在短裤内。比赛护具颜色为红、黑两种。点护型运动员只戴拳套、护齿和护裆。护裆也必须穿在短裤内。

（四）竞赛局数与时间

每场比赛采用三局两胜制。每局净打 2 分钟，局间休息 1 分钟。

（五）场地器材

比赛场地为高 60 厘米、长 800 厘米、宽 800 厘米的木结构的台，台面上铺有软垫，软垫上有帆布盖单。台中心画有直径 100 厘米的阴阳鱼图（图 14-3-1）。台面边缘有 5

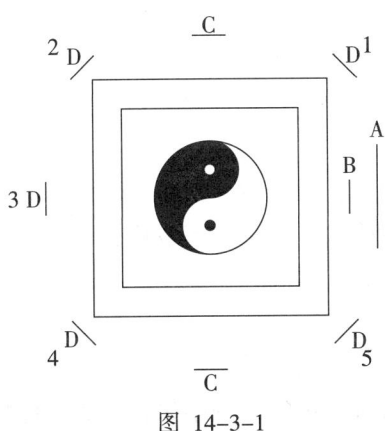

注：A 线为总裁判长、副裁判长、宣告员席，B 线为裁判长、副裁判长、计时、记录员席，C 线为运动员、教练员席，D 线中 1、2、3、4、5 为边裁判员席。

图 14-3-1

厘米宽的红色边线，台面四边向内90厘米处画有10厘米宽的黄色警戒线。台下四周铺有高20~40厘米、宽200厘米的保护软垫。

二、评判方法简介

（一）攻击方法

不准使用头、肘、膝和反关节的动作进攻对方。不许死拉硬推对方下台，不许用迫使对方头部先着地的摔法或有意砸压对方。不许用腿法攻击倒地者的头部。

（二）禁击部位与得分部位

禁击部位有后脑、颈部、裆部。得分部位有头部、躯干、大腿和小腿。

（三）得分标准

得4分：在一局比赛中，一方第一次下台，对方得4分。用转身摆腿击中对方躯干部位而自己站立者得4分。用主动倒地的动作致使对方倒地，而自己即刻站立者得4分。使用勾腿将对方勾倒而自己站立者得4分。

得2分：一方倒地，站立者得2分。用腿法击中对方躯干部位者得2分。被强制读秒一次，对方得2分。受警告一次，对方得2分。

得1分：用手法击中对方得分部位者。用腿法击中对方头部和大腿或小腿（脚除外）者。运动员消极8秒钟，被指定进攻后8秒钟内仍不进攻，对方得1分。主动倒地超过3秒钟不起立，对方得1分。受劝告一次，对方得1分。使用方法双方先后倒地，后倒地者得1分。

不得分：方法不清楚，效果不明显；双方下台或同时倒地；双方互打互踢；使用方法主动倒地，对方不得分；抱缠时击中对方。

（四）犯规与罚则

技术犯规：消极搂抱对方；处于不利状况时举手要求暂停；比赛中，场外进行指导；比赛中，对裁判员有不礼貌的行为或不服从裁判；比赛中大声喊叫；有意拖延比赛时间；上场不戴或吐落护齿；有意松脱护具；运动员不遵守礼节。

侵人犯规：在"开始"的口令前或喊"停"后进攻对方；击中对方禁击部位；用不允许的方法击中对方。

罚则：每出现一次技术犯规，劝告一次；每出现一次侵人犯规，警告一次；受罚失分达6分者，判对方为胜方；运动员故意伤人，取消比赛资格，判对方为胜方。运动员使用违禁药物，局间休息时输氧，取消比赛资格。

（五）胜负的评定

每局胜利：每局比赛结束时，依据边裁判员的评判结果，按胜方色牌多者为胜方的原则判定每局胜负。若出现平局，则按受警告少者为胜方、劝告少者为胜方、体重轻者为胜方的顺序判定每局的胜负。如上述三种情况仍相同，则为平局。一局比赛中，一方受重击被强制读秒2次，另一方为该局胜方；一方2次下台，另一方为该局胜方；2次有效使用4分动作者，为该局胜方。

每场胜利：一场比赛，先胜两局为该场胜方。若比赛中一方犯规，另一方诈伤，经医务监督确诊后，则判犯规一方为该场胜方；若因对方犯规而受伤，不能再比赛者，则为该场胜方，但不能参加以后的比赛。淘汰赛时，一场比赛中，如获胜局数相同，则按下列顺序决胜负：受警告少者为胜方；受劝告少者为胜方；体重轻者为胜方。若三种情况仍相同，则加赛一局，依次类推。循环赛时，一场比赛中，若获胜局数相同，则为平局。

优势胜利：在一场比赛中，3次有效使用4分动作者可判为优势胜利；比赛中，双方实力悬殊，台上裁判员征得裁判长的同意，判技术强者为该场胜方；被重击倒地不起达10秒钟，或虽能站立但知觉失常，判对方为该场胜方；一场比赛中，被重击强制读秒达3次，判对方为该场胜方；比赛中，运动员出现伤病，经医生诊断不能继续比赛者，判对方为该场胜方。

第四节 散打裁判法

一、台上裁判员裁判方法和注意事项

台上裁判员依据规则，用手势和口令指挥运动员进行比赛。比赛是否公正、准确，运动员的技术水平能否正常发挥，与台上裁判员在场上的判定有着密切的关系。通过对运动员比赛时倒地、下台、犯规、消极、强制读秒、得4分，临场治疗以及"2秒"等事宜的处理，使比赛公平、公正、顺利地进行。

（一）对技术性动作的裁判方法

1. 倒地

倒地是指运动员两腿以外的身体任何部位支撑台面（主动倒地除外）。运动员是否倒地，关键看有没有失去平衡而附加支撑的过程，如果只是拳套一擦而过接触台面，则不为倒地。比赛中若出现倒地，台上裁判员必须立即喊"停"，然后一手指向倒地者，同时发出"某方"口令，做倒地手势。倒地在比赛中可分为被拳、腿击倒，被摔倒，自行滑倒三种情况。

2. 倒地在先

倒地在先是指运动员使用方法时依次倒地的一种现象。比赛中，"倒地在先"一般出现在双方运动员搂抱过程中。为了准确判断运动员倒地的先后，台上裁判员应靠近并注视双方运动员，随着运动员倒地的轨迹移动。当出现"倒地在先"时，台上裁判员应

立即喊"停",示意双方运动员站立后,一手指向先倒地者,发出"某方"的口令,做"倒地在先"的手势。

3. 同时倒地

同时倒地是指双方运动员在比赛当中因使用方法而出现同时倒地的现象。判断运动员是否同时倒地,台上裁判员应靠近运动员,并根据运动员倒地时的运动轨迹或倒地的声音进行判断。当出现"同时倒地"时,台上裁判员立即喊"停",做"同时倒地"手势。

4. 消极8秒

消极8秒是指比赛中,一方或双方运动员8秒钟内没有进攻动作,台上裁判员用手势指定进攻后,8秒钟内仍不进攻的现象。比赛中,若一方消极,则台上裁判员指定该方进攻。若双方消极,则任意指定一方进攻。指定进攻后,台上裁判员开始默读时间,同时"单手计秒"(单手计秒:台上裁判员一只手臂握拳自然垂于体侧,拳心向后,由拇指至小指,间隔1秒钟依次张开),明示计时。若8秒钟内仍不进攻,则台上裁判员应立即喊"停",一手指向指定进攻方,发出"某方"的口令,做"消极8秒"手势。裁判员应注意,如果双方消极,那么台上裁判员第一次指定一方进攻后,为公平对待,第二次则应指定另一方进攻。

5. 3秒

所谓"3秒"是指运动员使用主动倒地动作进攻对方,没有将对方击倒,而自己在3秒钟之内没有站立起来的现象。比赛中,当运动员使用主动倒地动作进攻时,台上裁判员不得急于喊"停",应从倒地时起默计时间,到了3秒钟时倒地者还没有站立起来,立即喊"停",一手指向主动倒地者,发出"某方"口令,出示"3秒"手势。

6. 2秒

"2秒"是指双方运动员相互抱缠,没有进攻动作或无效进攻超过2秒钟时的一种状态。这时台上裁判员应喊"停",将双方运动员分开后继续比赛。台上裁判员对"2秒"喊"停"的时机掌握,直接影响到比赛的精彩和激烈程度以及运动员的技术发挥,所以在运动员处于抱缠状态时,台上裁判员首先默计时间,同时观察有无产生效果和分开的可能,如果没有则到2秒钟时立即喊"停",将运动员分开后再继续比赛。如果喊"停"后运动员发力产生效果,则判无效,出示"无效"手势。如果在喊"停"前或同时运动员发力产生了效果,则应判有效,出示相应的手势。

7. "4分"动作

规则规定"4分"动作共有四种,即用转身摆腿击中对方躯干部位而自己站立者、用腾空腿击中对方躯干部位而自己站立者、用主动倒地的动作致使对方倒地而自己即刻站立者、用勾腿将对方勾倒而自己站立者。

运动员在比赛中使用第1或第2种"4分"动作有效时,台上裁判员不要喊停,直接用手指向使用动作者,迅速做"4分"手势;使用第3或第4种"4分"动作有效时,台上裁判员则立即喊"停",直接用手指向使用动作者,同时发出"某方"口令,做"4分"手势。

8. 强制读秒

强制读秒是指运动员受到重击之后，产生强烈的震动、晃动、失衡、倒地、痉挛、疼痛难忍等现象时，台上裁判员采用读秒的方法，使受击者有短暂的恢复时间，从而保证运动员的安全。

强制读秒时，台上裁判员应迅速靠近被读秒的运动员，既能保护受重击的运动员，又能清楚地观察其面部表情。站的位置不要挡住裁判长的视线，让裁判长也能观察到被击运动员的情况。

9. 下台

下台是指运动员身体的任何部位接触了台下的保护垫或场地。一般有以下几种情况：

（1）一方被对方打下擂台，另一方仍在台上，判一方下台。

（2）死拉硬推下台。一方没有采用清楚有效的方法，只是一味抱缠死拉硬推造成对方下台，判为犯规，给予警告。

（3）双方下台。指比赛中双方运动员都掉下擂台。只要一方下了擂台的同时，另一方在擂台上但没有和掉下擂台的运动员完全分离，那么均作为双方下台处理。

（4）下台无效。台上裁判员喊停口令后，再发力造成对方下台的情况判下台无效。

（二）对侵人犯规的裁判方法

犯规包括侵人犯规和技术犯规两种。在比赛当中，侵人犯规的主要表现有：

1. 踢裆

踢裆是较容易出现的一种侵人犯规动作。在比赛中，一旦一方运动员被击中裆部，台上裁判员必须立即喊"停"，同时面对该运动员开始读秒。如读秒过程中该运动员举手示意继续比赛，必须读完8秒，然后一手仰掌指向犯规运动员发出"某方"的口令，另一掌心向内摆至裆前，最后做"警告"手势。如读秒过程中该运动员没有继续比赛的表示，则必须读秒到10秒钟，表示该场比赛结束。做急救的手势示意医务人员将伤员扶到后场检查。根据大会医生的检查结果判定胜负。

对"踢裆"的处理一定要慎重。如发现一方运动员的技术动作有踢裆的可能，台上裁判员应及时提示该运动员注意。同时将自己的站位移至便于观察对方裆部的位置，并注意不要挡住裁判长的视线。若出现踢裆的效果，台上裁判员应根据击中的声音、击中的部位和被击中一方的本能反应进行判断。如果击中部位是背朝着自己，则必须征求最近距离的边裁判员的意见，再给予判罚。如果运动员伪装被击中裆部，则按"强制读秒"处理。

2. 击后脑

击后脑的关键看有没有击中效果。如果一方运动员击中了对方的后脑，台上裁判员应立即喊"停"，一手仰掌指向犯规者，同时发出"某方"口令，做击后脑手势。如果击中后产生相应的效果，例如出现失衡、晃动等现象，则喊"停"后首先读秒，根据读秒的情况进行处理。处理方式和踢裆相同。

3. 头、肘、膝犯规

用头、肘、膝犯规的动作一般少见，一旦出现并产生了效果，台上裁判员应立即喊"停"，然后一手仰掌指向犯规者，同时发出"某方"口令，根据犯规动作分别做出相应的犯规手势，最后做"警告"手势。如果没有产生效果，则即时提示该运动员注意。

4. 采用"死拉硬推"的方法使对方下台

比赛中双方处于搂抱或推拉状态并持续一定时间没有采用踢、打、摔的方法而是靠硬推、硬拉的方法使对方下台，这种现象属侵人犯规。一旦出现，台上裁判员立即喊"停"，一手指向台上运动员发出"某方"口令，做"死拉硬推"手势，再做"警告"手势。

（三）对技术犯规的裁判方法

在比赛当中，技术犯规的主要表现有：

1. 消极搂抱

消极搂抱是指为了达到不让对方进攻或反击的目的而采取抱住对方的一种行为。在比赛中，台上裁判员若发现某运动员有消极搂抱的趋向，可提示该方注意。如先出现明显的消极搂抱，则立即喊"停"，一手指向搂抱者，发出"某方"口令，并做"消极搂抱"手势，然后再做劝告手势。

消极搂抱一般有两种情况：

（1）用方法击中对方后，迅速抱住对方，既不使用任何方法进攻，又不让对方使用方法反击，消极等待台上裁判喊"停"。

（2）因体力不支或不用方法防守对方进攻，一有机会就抱住对方，消极等待台上裁判喊"停"。

2. 大声叫喊和场外指导

比赛进行时，运动员大声叫喊、怪叫或者教练员在场外进行指导，干扰比赛的正常进行时，台上裁判员应立即喊"停"，一手仰掌指向犯规者，同时发出"某方"口令，做"禁止发声"手势，然后做"劝告"手势。

（四）注意事项

1. 台上裁判员首先要精通竞赛规则和裁判法，熟悉散打技术特点。

2. 赛前认真检查自己的着装，不得戴手表、首饰及任何金属和硬件上场，只准备适量的消毒棉纱，以便为运动员做简单的医务处理。

3. 比赛中始终要精神饱满、思想集中、口令清晰、声音洪亮、反应敏捷、判断准确、手势清楚、动作规范。台上裁判员在台上应始终保持一种活动的状态和果断、沉稳的风度。

4. 台上裁判员的站位要尽量避免背朝裁判长，同时兼顾边裁判员（尤其是3号）的观察视线。

5. 比赛进行时，台上裁判员应尽量与运动员保持等腰三角形，并距运动员2~3米的距离，两眼始终注视运动员的动作和活动范围，根据运动员的变化相应调整与运动员之间的距离。

6. 当运动员移至台边或出现被重击、犯规、倒地等情况时，要迅速靠近运动员，根据情况及时喊"停"。

二、边裁判员记分方法和注意事项

（一）记分方法

1. 得分部位

得分部位，是指运动员击中后要根据相应的评分标准给予记分的部位。头部，是指除了后脑以外的面部和头两侧的部位。躯干，是指胸部、腹部、背部、腰部。大腿，是指髋关节以下、膝关节以上，包括臀部在内的部位。小腿，是指膝关节以下、踝关节以上的部位，包括膝关节。

值得注意的是，人体的肩部、上肢、脚跟、脚掌与脚背，既不是禁击部位，也不是得分部位，击中后既不能判犯规，也不能判得分。由于肩部与胸、背连接，腰部与臀部连接，运动员击中在连接部位，很难判定准确。为了方便裁判，统一尺度，按照"方法清楚、击中明显"的原则，靠下不靠上。击中在肩部与胸、背的连接部位不得分，击中在腰部与臀部的连接部位得1分。

2. 击中

击中，是指运动员使用方法，打上对方后产生相应效果的一种表现。运动员在比赛中，只要击中对方，就应该按照有关的判罚标准进行处理。经过多年比赛实践的总结，击中的标准应该确定在最佳状态。

（1）看位移。击中头部、躯干，必须造成对方制动、震动、晃动、后退等位移现象。震动，是指对方攻击力量大，遭受沉重打击而造成的一种现象。晃动，是指前后或者左右来回移动的现象。

（2）听声音。击中臀部以下的部位，不容易造成位移，但会产生清脆或沉闷的击打动作响声。

（3）看防守。被击中者，对于对方的攻击动作没有任何相应的防守动作，或者有防守动作，但击中在先、防守在后，完全没有防住（提膝防守时击中小腿一样得分）。

符合上述三条标准，就是击中。否则，就是方法不清楚，效果不明显。方法不清楚，效果不明显，是指运动员完成动作的质量和动作所产生的效果两方面，都不符合击中的要求。

3. 记分

记分，是指边裁判员根据运动员使用的不同方法，击中的不同得分部位，产生的不同效果。台上裁判员对运动员的不同判罚情况，按照得分标准，及时记录运动员的得分。

同一动作击中对方相同的得分部位而产生的不同效果，按规则中规定的高分记分。如一拳击中对方记1分；一拳击倒对方按倒地记2分；一拳击倒对方后造成强制读秒，应累计倒地和强制读秒的得分；一拳将对方打下擂台按下台处理；一拳将对方击倒而不能继续比赛，按优势胜利处理。

（二）注意事项

1. 边裁判员在评判记分过程中，应将注意力平均分配，注视双方运动员和他们所使用的动作，不得把注意的范围缩小而集中到某一方运动员。

2. 第二局或第三局的评分不应受第一局或第二局比赛成绩的影响。

3. 得4分、倒地、下台、警告、劝告、消极、强制读秒等，必须以台上裁判员的手势为准。如裁判长改判了台上裁判员的判决，则须再根据台上裁判员的改判手势为运动员记分。

4. 根据方法清楚、击中明显的原则，按照得分标准和台上裁判员的裁决，准确地为双方运动员记录得分。如双方得分相等时判积极主动一方为胜方，尽量不举平牌。

说明： 散打竞赛规则及其涉及的竞赛组织编排和裁判法，应以当年的规则为准。

主要参考文献：

中国武术协会. 武术散打竞赛规则. 第2版. 北京：人民体育出版社，1998

（第十四章作者：蔡仲林、赵　斌）

第十五章　太极推手

第一节　太极推手概说

一、传统太极推手

太极推手是武术对抗项目之一。早在明末清初，河南省温县陈家沟陈氏九代陈王廷（1600~1680年），在陈家沟传拳的基础上，依据《易经》阴阳学说、中医经络学说和导引吐纳术的原理创编了太极拳。

陈王廷在创编太极拳的同时，以太极拳引进落空、借力打人和恃巧不恃力的原则，将拿、跌、掷、打融为一体，创编了太极推手这一独特风格的锻炼手段和运动形式。

传统的太极推手是在太极拳套路练习具有一定水平的基础上，两人搭手，互相缠绕，遵循太极拳"沾、粘、连、随"的要求，运用"掤、捋、挤、按、采、挒、肘、靠"八种方法，按照"不丢不顶、无过不及、随屈就伸、运转自如"的原则，凭自身皮肤末梢神经的感觉和身体的知觉，了解对方的劲力大小、速度和动向，选用合理的技击方法，将对方发放出去或使其失去重心。传统的太极推手，是两人互相配合的练习形式，注意体会对方劲力的变化，不顶不抗，以切磋技艺和锻炼身体为主要目的。传统太极推手不受场地限制，比较安全，深受广大群众的欢迎。

传统太极推手也称搭手、打手或挤手。太极推手的理论和技艺经过历代武术家和各式太极拳流派的共同努力，使其得到了不断的改进、充实和发展。

二、太极推手竞技运动的特点

（一）保持了传统性

太极推手竞技运动，是在传统太极推手的基础上发展起来的，在理论和技艺方面都注意吸收传统太极推手中的有益内容，抛弃那些神秘玄虚的东西，在技术上仍保留了"掤、捋、挤、按、采、挒、肘、靠"八种方法。

(二) 突出了竞技性

太极推手比赛是按竞技体育的要求和规定的比赛规则，以比赛胜负为主要目的，所以太极推手比赛人们称它为较技、较力、斗智、斗勇的对抗项目，比赛的胜负，是运动员技击技巧、身体素质、心理素质和比赛经验的综合能力的反映。

(三) 注重了科学性

太极推手是一项较激烈的对抗运动项目。科学地制定的竞赛规则，指导着技术的发展方向。1994年的比赛规则，对服装款式、场地大小、性别分组、年龄分组、竞赛的礼仪、裁判方法及评分标准等都有了明确的规定，使比赛更为科学、合理、公正，向竞技性的现代体育项目迈出了可喜的一步。

三、太极推手竞技运动的发展

由于太极拳独特的技法，以及它具有的健身、修身和观赏的功能而越来越受到人们的喜欢，成为武术运动中流传最为广泛的项目之一。1970年以来，国家体委为了继承和发展中华武术的技击属性，决定开展武术对抗性项目的研究整理工作，太极推手就列入了计划之中，在上海、北京、黑龙江等地进行了研究和试验。1979年国家体委武术处邀请了三十多位太极拳专家，研究制定了第一部《太极推手竞赛暂行规则》。1979～1980年分别在广西南宁和山西太原的全国武术观摩交流大会上进行了太极推手表演。1981年在沈阳的全国武术观摩交流大会上进行了太极推手竞技表演赛。1982年在北京召开了修订太极推手竞赛规则会议，同年11月在北京举行了首届全国武术对抗项目（散手、太极推手）表演赛。自1982年开始，每年举行一次全国性的对抗项目比赛，均有太极推手项目。1989年起将太极推手合到"全国太极拳、剑、推手比赛"中，使太极推手比赛的办法不断得到改进，更趋于合理化。在1994年的比赛规程中，又有了新的变化，将原来的"全国太极拳、剑、推手比赛"改为"全国武术太极拳锦标赛"，太极推手比赛设了八个级别，以后又增加了女子项目。

竞技太极推手运动是一个新生的体育竞赛项目，它的发展还要有一个逐步完善的过程，需要综合治理。为了使太极推手尽快发展，1990年4月在北京组织了一次由太极拳专家、教练员和运动员参加的规则研讨会，再次对太极推手比赛规则进行了修改，增加了技术得分，从而使太极推手的技巧性得到了发展，保持了它的传统特色。为了提高教学训练和竞赛水平，1992年4月在山东济南、1993年9月在杭州，分别举行了两次"全国太极推手观摩交流大会"，专门邀请了太极拳专家、教练员和运动员参加，共商开展太极推手大计。在此基础上，1994年6月首次颁布了《武术太极推手竞赛规则》，同年在北京举办了裁判员培训班，使裁判员的业务水平得到了提高。

经过二十多年的探讨和改进，终于使竞技太极推手运动趋于成熟，参赛的人数逐年增多。国家体育总局武术运动管理中心从1994年决定将太极推手竞技运动列为全国武术锦标赛项目，标志着太极推手比赛进入了一个新的发展时期。

第二节 基本功与基本技术

一、手 法

(一) 单按掌

1. 预备势：两脚并拢，身体自然站立，肩臂松垂，两手轻贴两腿外侧，头颈正直。两眼平视（图15-2-1）。

2. 左脚慢慢提起，向左平行开步，两脚相距与肩同宽，左脚落实。两手内旋前平举，与肩同高同宽，掌心向下，掌指斜向前下方。目视前方（图15-2-2）。

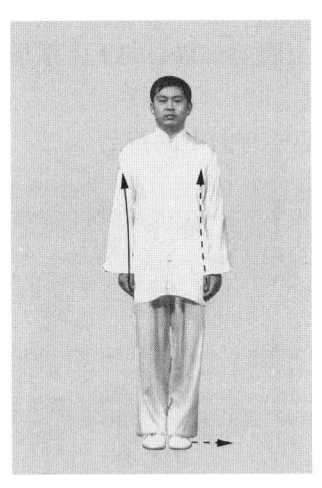
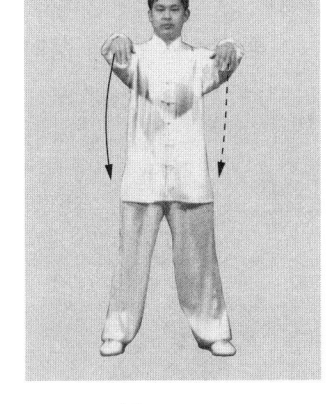

图 15-2-1　　　　　图 15-2-2

3. 两腿屈膝下蹲，同时两臂屈肘，两手下按至两胯侧，两掌心向下，掌指向前。眼法不变（图15-2-3）。

4. 右手屈臂抬起向上至右侧肩前，掌心向前，掌指向上。接着再向胸前平推，塌腕立掌，掌心向前，掌指向上（图15-2-4）。

5. 右手向下落至右胯侧，还原成按势；同时左臂屈肘，手向上抬起至左肩前，接着向胸前推按，塌腕立掌，掌心向前，掌指向上（图15-2-5）。

图 15-2-3　　　　图 15-2-4　　　　图 15-2-5

要点：单按掌时要立身中正，头向上虚虚顶起，胸微含，气沉丹田，向前推按时力达掌心。

（二）双按掌

1. 两腿屈膝下蹲。同时两臂屈肘下沉，两手向内置于胸前，掌心向前，掌指向上（图15-2-6）。

2. 步型不变。两手向胸前推出，与肩同高，塌腕立掌，掌心向前，掌指向上（图15-2-7）。

3. 步型不变。两手向下捋至腹前，掌心向下，掌指向上。此势可反复练习（图15-2-8）。

要点：两手向下落时，掌心要有向下的捋劲。

图 15-2-6

图 15-2-7

图 15-2-8

（三）搂　掌

1. 预备势与单按掌要求相同，从马步双按开始（图15-2-9）。

2. 步型不变，身体稍右转。左手逆缠，经腹前向右斜前方45°伸出，掌心斜向前，掌指斜向右前方（图15-2-10）。

3. 接上势不停，步型不变，身体向左转。左手顺

图 15-2-9

图 15-2-10

缠，向前、向左搂转至左侧前方，掌心向下，掌指斜向左前方（图15-2-11）。

4. 身体向右转正，左手向内收转还原至左胯侧，成马步双按势（图15-2-12）。

5. 步型不变，身体稍左转。右手逆缠，经腹前向左斜前方45°伸出，掌心斜向前，掌指斜向左前方（图15-2-13）。

6. 步型不变，身体向右转。右手顺缠，向前、向右搂转至右侧前方，掌心向下，掌指斜向右前方（图15-2-14）。

7. 身体向右转正，右手向内收转还原至右胯侧，成马步双按势（图15-2-15）。

图 15-2-11

图 15-2-12

图 15-2-13

图 15-2-14

图 15-2-15

要点： 在搂掌时，要身随手转，手动必旋，做到松肩沉肘，圆裆开胯。

（四）云　掌

1. 预备势与单按掌要求相同，从马步双按开始（图15-2-16）。

2. 步型不变，身体稍左转。右手顺缠，经腹前向左斜前方45°伸出，掌心向上，掌指斜向左前方（图15-2-17）。

3. 身体右转。右手以虎口领劲，向前、向右平云至右侧斜前方，掌型不变，掌指斜向右侧斜前方（图15-2-18）。

4. 身体向左转正。同时右手逆缠，向内收转还原至右胯侧，成马步双按势（图15-2-19）。

5. 步型不变，身体稍右转。左手顺缠，经腹前向右斜前方45°伸出，掌心向上，掌指斜向右前方（图15-2-20）。

6. 身体左转。左手以虎口领劲，向前、向左平云至左侧斜前方，掌型不变，掌指斜向左侧斜前方（图15-2-21）。

7. 身体向右转正。同时左手逆缠，向内收转还原至左胯侧，成马步双按势（图15-2-22）。

要点：云掌时，要身随手转，手动必旋。云掌时要虎口为着力点。

图 15-2-16

图 15-2-17

图 15-2-18

图 15-2-19

图 15-2-20

图 15-2-21

图 15-2-22

(五）采勾手

1. 预备势与单按掌要求相同，从马步双按开始（图 15-2-23）。

2. 步型不变，身体稍左转。右手顺缠，抬起向左前上方转出，与肩同高，掌心向上，掌指斜向左前上方（图 15-2-24）。

3. 步型不变，身体向回转正。右手屈肘、屈腕向右耳侧引采，成刁勾手，勾尖斜向内（图 15-2-25）。

4. 身体不变。右手逆缠，向下按至右胯前，还原成马步双按势（图 15-2-26）。

5. 步型不变，身体稍右转。左手顺缠，抬起向右前上方转出，与肩同高，掌心向上，掌指斜向右前上方（图 15-2-27）。

6. 步型不变，身体向回转正。左手屈肘、屈腕向左耳侧引采，成刁勾手，勾尖斜向内（图 15-2-28）。

7. 身体不变。左手逆缠，向下按至左胯前，还原成马步双按势（图 15-2-29）。

图 15-2-23

图 15-2-24

图 15-2-25

图 15-2-26

图 15-2-27

图 15-2-28

图 15-2-29

要点： 做采刁手时，要注意，先屈指，再屈腕向上采。

（六）挂　掌

1. 预备势与单按掌要求相同，从马步双按开始（图15-2-30）。

2. 步型不变，身体不变。右手逆缠，向内、向上屈肘转至右肩前，掌心斜向右，掌指向上（图15-2-31）。

图 15-2-30

图 15-2-31

3. 接上势动作不停。右手顺缠，继续向右、向下画弧转至腹前，掌心斜向上，掌指斜向左（图15-2-32）。

4. 接上势动作不停。右手变逆缠，向右按至右胯侧，还原成马步双按势（图15-2-33）。

5. 步型不变，身体不变，左手逆缠，向内、向上屈肘至左肩前，掌心斜向左，掌指向上（图15-2-34）。

图 15-2-32

图 15-2-33

6. 接上势动作不停。左手顺缠，继续向左、向下画弧转至腹前，掌心斜向上，掌指斜向右（图15-2-35）。

7. 接上势动作不停。左手变逆缠，向左按至左胯侧，还原成马步双按势（图15-2-36）。

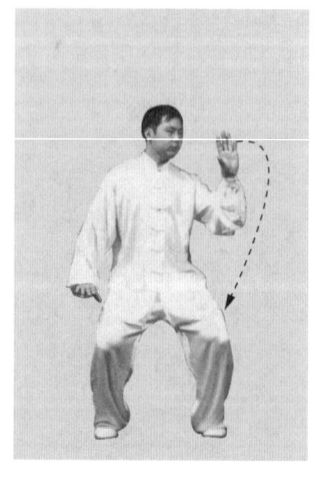
图 15-2-34

图 15-2-35

图 15-2-36

要点：挂掌时，上臂不动，以手带臂旋转。

二、步法练习

（一）进步练习

1. 预备势：两脚并拢，身体自然站立，肩臂松垂，两手轻贴两腿外侧，头颈正直，下颌微内收，舒胸展背，敛臀收腹，呼吸自然。两眼平视（图15-2-37）。

2. 左脚尖稍外摆。两手外旋，沿身体两侧向上举至额前上方，掌心相对，掌指向上。目视前方（图15-2-38）。

3. 两腿屈膝下蹲，随之右脚跟提起，同时两臂屈肘，两掌向内、向下按至腹前，掌心向下，掌指向前（图15-2-39）。

4. 右脚提起向前上步，脚跟先着地，随之前脚掌落地踏实屈膝前弓。同时两掌向前上方按出，臂微屈，肘下垂，两掌与胸同高，塌腕立掌，掌心向前，掌指向上，成弓步双按势（图15-2-40）。

5. 两手不动。左脚提起，向前跟进半步，落在右脚的左后侧，随之踏实，重心移至左腿；接着提起右脚向前上步，成弓步双按势（图15-2-41、42）。

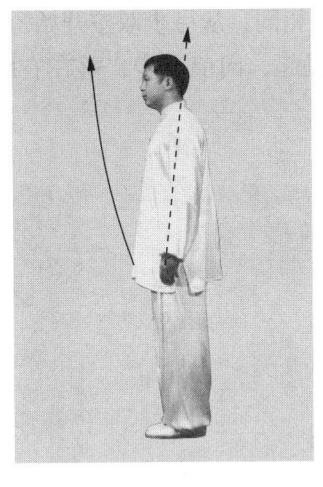
图 15-2-37

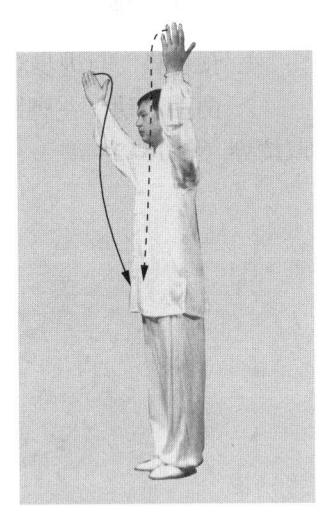
图 15-2-38

图 15-2-39

图 15-2-40

图 15-2-41

图 15-2-42

（二）上步练习

1. 预备势：与进步双按势相同，从弓步双按开始（图 15-2-43）。
2. 两手不动。左脚蹬地提起，向前上步，落在右脚的左前方，成左脚在前的弓步双按势（图 15-2-44）。

图 15-2-43

图 15-2-44

（三）撤步练习

1. 预备势：与进步双按势相同，从弓步双按开始（图 15-2-45）。
2. 两手不动。右脚提起，向后退步，落在左脚的右前侧；随之提起左脚向后退步，还原成弓步双按势（图 15-2-46、47）。

图 15-2-45

图 15-2-46

图 15-2-47

（四）退步练习

1. 预备势：与进步双按势相同，从弓步双按开始（图15-2-48）。

2. 两手不动。右脚蹬地提起，向后撤步，落在左脚的右后方，成左弓步双按势（图15-2-49）。

（五）横移步练习

1. 预备势：两脚并拢，身体自然站立，肩臂松垂，两手轻贴两腿外侧，头颈正直，下颌微内收，舒胸展背，敛臀收腹，呼吸自然。两眼平视。身法不变，左脚慢慢提起，向左平行开步，两脚相距与肩同宽，落实左脚。两手内旋，前平举，与肩同高同宽，掌心向下，掌指斜向前下方。目视前方（图15-2-50）。

2. 两腿屈膝下蹲成马步。同时两臂屈肘向下收转至两肋侧，两手向内收转至胸前，成立掌，掌心向前，掌指向上（图15-2-51）。

3. 提起左脚，向右落在右脚的内侧；接着提起右脚，向右横开一步，成马步双按势（图15-2-52、53）。

要点：横移步就是向左或向右行步。在行步时要注意上体保持中正。

图 15-2-48

图 15-2-49

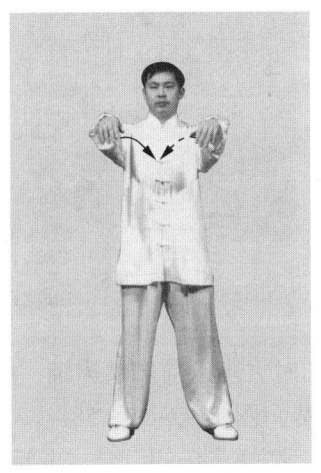
图 15-2-50

图 15-2-51

图 15-2-52

图 15-2-53

（六）绕步练习

1. 预备势：与进步双按势相同，从弓步双按开始（图 15-2-54）。

2. 左脚蹬地提起，向前上方，落在右脚的左前侧，随之屈膝前弓成左弓步双按势。两掌不变，身法不变（图 15-2-55）。

3. 紧接着，身体稍右转。右脚提起，经左腿后侧向左叉步，前脚掌着地，脚跟提起（图 15-2-56）。

图 15-2-54　　　　　　　　图 15-2-55　　　　　　　　图 15-2-56

4. 身体继续右转180°。同时右脚以前脚掌为轴，脚跟向内扣转落地踏实，左脚尖跷起向内扣转，成右弓步双按势（图 15-2-57、58）。

要点：绕步是上步、叉步、扣摆步法的组合，主要练习步法的灵活转换，在旋转时身体要保持立转，保持中正。

图 15-2-57　　　　　　　　图 15-2-58

三、推手静力桩

(一) 混圆桩

1. 预备势：两脚并拢，身体直立，头正顶悬，下颌微收，两臂自然向下松垂，手指自然伸展，指尖轻贴大腿外侧，松腰敛臀，两腿微屈，两脚趾微微抓地，呼吸自然平和，精神集中，意守丹田。两眼平视前方（图 15-2-59）。

2. 身体保持中正不变。随之左脚慢慢提起，向左平行开步，与肩同宽。接着两手内旋，前平举，与肩同高同宽，掌心向下，掌指斜向前下方，松肩沉肘。两眼平视（图 15-2-60）。

3. 身法不变。两腿屈膝下蹲成马步。同时两臂屈肘，两手下按至胸前，掌心向下，掌指向前（图 15-2-61）。

4. 步法不变，身体不变。两手外旋向上掤抱至胸前，掌心向内，掌指相对，两手指相距 10 厘米左右，两臂成弧形，如怀抱一球在胸前（图 15-2-62）。

要点：混圆桩一是练气，调整呼吸，使呼吸自然畅通；二是练力，练习下盘的支撑力。在开始练习时，可以蹲得高一点儿，时间短一点儿，随着功夫的长进可以逐渐延长时间，加大下蹲的幅度。

图 15-2-59

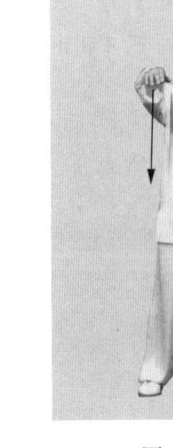

图 15-2-60

(二) 弓步技击桩

预备势：与进步双按势相同，从弓步双按开始，右脚提起向前上步，脚跟先着地，随之前脚掌落地踏实屈膝前弓。同时两掌向前上方按出，臂微屈，肘下垂，两掌与胸同高，塌腕立掌，掌心向前，掌指向上，成弓步

图 15-2-61

图 15-2-62

双按势（图15-2-63）。

要点：弓步桩时重心落于两腿之间，身体保持中正，头上顶，肩松沉，臀收敛。后腿屈膝，呼吸自然。可以左右互换练习。

（三）三才桩

三才桩，源于形意拳的三体式。三才的意思是天、地、人合一。

1. 预备势：与进步的预备势相同。两腿屈膝下蹲，随之右脚跟提起。同时两臂屈肘，两掌向下按至胸前，左手在右手的内上方，两掌心均向下，掌指向前（图15-2-64）。

图 15-2-63

2. 右脚提起，向前上步，落地踏实，屈膝前弓；左腿屈膝。同时右手向前上方按出，坐腕立掌，臂微屈，肘下垂，掌心斜向前下方，掌指斜向前上方；左手向下采按至腹前，贴在腹部，掌心向下，掌指斜向前上方（图15-2-65、66）。

要点：练习三才桩时要注意头上顶，舌顶住上腭，手向前推。

图 15-2-64

图 15-2-65

图 15-2-66

四、动力桩

（一）马步动力桩

1. 预备势：与马步单按掌相同。两臂屈肘，两手顺缠向内，两腕交叉相抱于胸前，左手在内，右手在外，掌心向内，掌指斜向上（图15-2-67）。

2. 步型不变，身体不变。两手内旋，向左右两侧推出，臂微屈，坐腕立掌，松肩沉肘，两掌心斜向前，掌指斜向上（图15-2-68）。

3. 身体保持中正不变。右脚蹬地，使力上传至胯后催动上体左移，重心移至左腿（右腿成为虚腿，左腿成为实腿，即左实右虚），同时左脚蹬地，使力上传至胯后催动上体右移，随之虚实开始转换，接着身体重心再移至右腿。如此左右反复练习（图15-2-69、70）。

要点：马步动力桩是借助上体的重量练习下盘功夫的一种动力桩功，上体左右移动时，重心压至一腿，成为实腿，注意松胯松膝，这样可以化掉来劲，借下沉缓冲之力将身体重心送至另一侧。

（二）弓步动力桩

1. 预备势：与进步双按势相同，从成弓步双按开始（图15-2-71）。

2. 身法不变。左腿屈膝，身体重心移至左腿，左腿受压后迅速蹬地发力，使力通过膝胯上传，将上体重心再移至右腿，随之弓膝塌劲，如此反复练习（图15-2-72、73）。

图 15-2-67

图 15-2-68

图 15-2-69

图 15-2-70

图 15-2-71

图 15-2-72

图 15-2-73

要点：弓步动力桩是练习下盘的前后支撑力，也是练习前后腰、裆、胯、膝劲力的协调配合。

五、双人练习

（一）平圆单推手

1. 预备势：甲乙相对站立，两脚并拢，身体自然站立，肩臂松垂，两手轻贴两腿外侧，头颈正直，下颌微内收，舒胸展背，敛臀收腹，呼吸自然，两眼平视对方。接着甲乙两手握拳前平举，以拳面接触为准（图 15-2-74，白衣人为甲、黑衣人为乙）。

2. 甲乙两拳变掌，下落还原，身体中正自然，用意念调整身体姿势，把身体调整到最佳状态，然后意念落于丹田，称之为意守丹田（图 15-2-75）。

3. 甲乙身体稍左转，以左脚跟为轴脚尖外摆45°。接着两手外旋，向侧上举至头上方，掌心相对，掌指向上（图 15-2-76）。

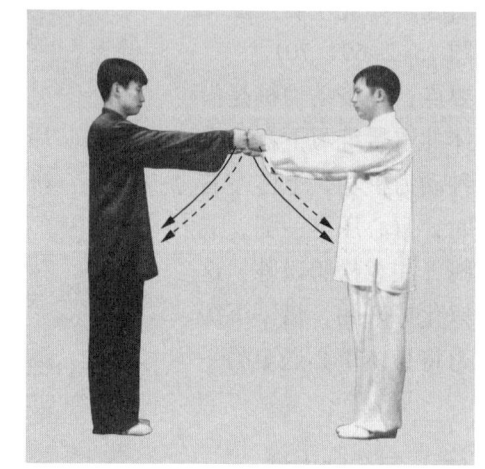

图 15-2-74

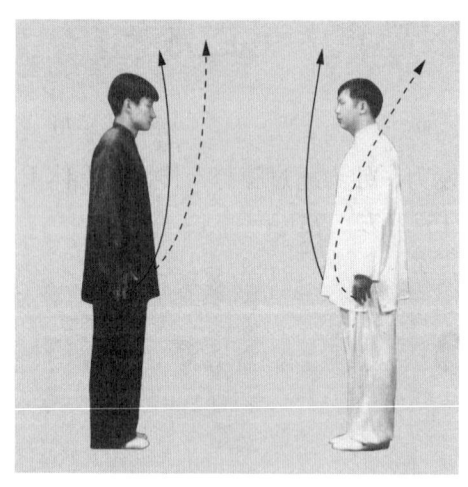

图 15-2-75

图 15-2-76

4. 甲乙身法不变。两手向内，经面、胸前向下按至腹前，掌心向下，掌指向前。同时两腿屈膝下蹲，身体保持中正不变。目视对方（图 15-2-77）。

5. 甲乙双方提起右脚向前上步，脚跟先着地，脚尖翘起，甲乙两脚内侧相对。同时右手逆缠前伸，双方两手交叉相搭，手背相贴，通称"搭手"（图 15-2-78）。

6. 甲乙右脚尖落地踏实。甲右手逆缠，向右捋乙右腕；乙顺势变掤。甲随之变按

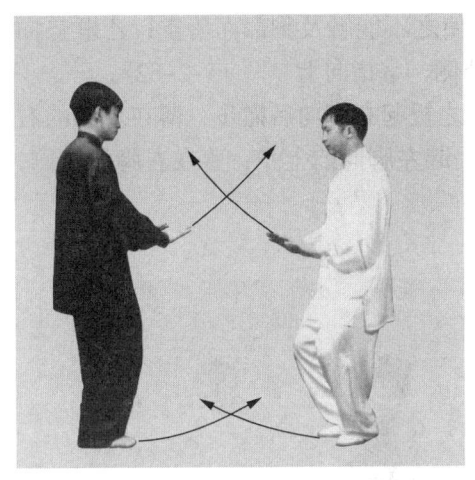

图 15-2-77

劲,向乙左胸前推按,掌心按乙腕外侧,同时右腿屈膝前弓;接着乙承甲之按劲,屈肘退掤至胸前,掌心向内,掌指向左(图15-2-79)。

7. 乙身体右转,右手逆缠,向右引将甲右手,使之不能触及胸部而落空;甲右手随乙势,变顺缠向前挤掤,身体随之稍左转,掌心向内,掌指向前(图15-2-80)。

8. 乙右手用按劲,向甲胸前平推,同时右腿向前屈膝前弓,成右弓步单按势;甲顺乙势,为化其按劲,左腿屈膝后坐,重心移至左腿,成右前虚步,同时右臂屈肘向回退掤至胸前,掌型不变(图15-2-81)。

图 15-2-78

图 15-2-79

图 15-2-80

图 15-2-81

9. 甲身体右转，右手逆缠，向右将乙右腕，使之不能触及胸部而落空；乙顺势向前挤掤，甲随之变成虚步按势，掌心按于乙右腕外侧，掌指向上（图15-2-82）。

10. 甲右手屈指握乙腕，向下采按至腹前，随之提起右脚向后撤步，落在左脚的右侧，成马步。同时乙右手随甲势向下落于腹前，提起左脚向前上步，落在右脚的左侧，成马步（图15-2-83）。

图 15-2-82　　　　　　　　　　　图 15-2-83

11. 甲右脚尖外摆，重心移于右腿，随之提起左脚向前上步，落在乙左脚内侧，左手逆缠向前上方抬起。同时乙重心移至左腿，提起右脚向后撤步，落在左脚的右后侧，左手逆缠，向前掤接甲左手，两手背相贴，交叉相搭。甲左手逆缠，向乙胸前推按。乙左手顺缠，变掤势（图15-2-84）。

12. 乙身体左转，左手逆缠，向左引将甲左手，使之不能触及胸部而落空。甲左手随乙势变顺缠，向前挤掤，身体随之稍右转，掌心向内，掌指向前（图15-2-85）。

图 15-2-84　　　　　　　　　　　图 15-2-85

13. 乙左手用按劲，向甲胸前平推，同时左腿向前屈膝前弓，成左弓步单按势。甲顺乙势，为化其按劲，右腿屈膝后坐，重心移至右腿，成左前虚步，同时左臂屈肘向回退掤至胸前，掌型不变（图15-2-86）。

14. 甲身体右转，左手逆缠，向左将乙左腕，使之不能触及胸部而落空。乙顺势向前挤掤，甲随之变成虚步按势，掌心按于乙左腕外侧，掌指向上（图15-2-87）。

15. 甲左手屈指握乙腕，向下采按至腹前将手松开，随之提起左脚向后撤步，落在右脚的左侧，成马步双按势。同时乙左手随甲势向下落于腹前，向后收至胯侧，提起左脚向后撤步，落在右脚的左侧，成马步双按势（图15-2-88）。

图 15-2-86

图 15-2-87

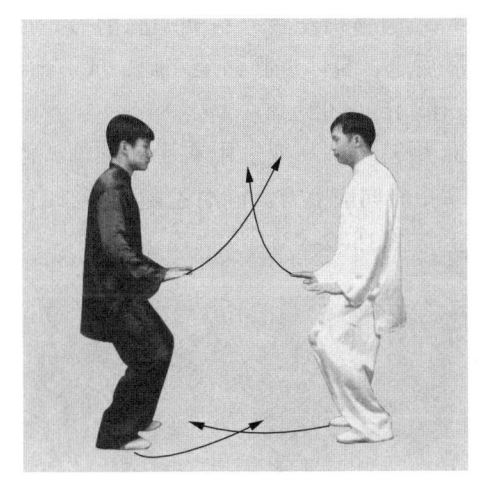

图 15-2-88

（二）立圆单推手

1. 甲乙预备势同平圆单推手，从虚步搭手开始（图15-2-89）。

2. 甲乙右脚尖落地踏实。甲右手逆缠，用掌指向乙面部伸插，右腿随之屈膝前弓。同时乙身体稍右转，右臂屈肘，右手逆缠，向右耳侧引化甲势，使甲右掌不能触及面部而落空（图15-2-90）。

3. 乙身体稍右转，右手继续逆缠，掌心按甲右手腕上，沿体侧弧线向下按至胯侧。同时甲

图 15-2-89

随乙势，右手沿乙体侧画弧至胯侧，掌心向下，掌指斜向前下方（图15-2-91）。

图 15-2-90

图 15-2-91

4. 乙身体稍左转，右腿屈膝前弓，成右弓步，右手按甲腕，向甲腹部推按。甲左腿屈膝后坐，身体重心移至左腿，成右前虚步，同时右手稍逆缠，向右胯侧引捋，掌型不变（图15-2-92）。

5. 甲乙步型不变。甲右手变顺缠，沿体侧向上弧线抬起至右肩前上方，掌心斜向前，掌指斜向前上方。同时乙随甲势，右手沿甲体侧向上至右肩前，掌心斜向下，掌指斜向上（图15-2-93）。

图 15-2-92

图 15-2-93

6. 甲右手逆缠，屈指握乙腕，向下采按至腹前，随之提起右脚向后撤步，落在左脚的右侧，成马步。同时乙右手随甲势向下落于腹前，提起左脚向前上步，落在右脚的左侧，成马步（图15-2-94）。

7. 甲右脚尖外摆，重心移于右腿，随之提起左脚向前上步，落在乙左脚内侧，脚跟先着地，脚尖翘起，左手逆缠，向前提起。同时乙重心移至左腿，提起右脚向后撤步，落在左脚的右后侧，左手逆缠，向前掤接甲左手，两手背相贴，两腕交叉相搭（图15-2-95）。

图 15-2-94

图 15-2-95

8. 甲乙左脚尖落地踏实。甲左手逆缠，用掌指向乙面部伸插，左腿随之屈膝前弓。乙同时身体稍左转，左臂屈肘，左手逆缠，向左耳侧引化甲势，使甲左掌不能触及面部而落空，右手松开，按至胯侧（图15-2-96）。

9. 乙身体稍左转，左手继续逆缠，掌心按于甲左手腕上，沿体侧弧线向下按至胯侧。同时甲随乙势，左手沿乙体侧画弧至胯侧，掌心向下，掌指斜向前下方（图15-2-97）。

图 15-2-96

图 15-2-97

10. 乙身体稍右转，左腿屈膝前弓，成左弓步，左手按甲腕向甲腹部推按。甲右腿屈膝后坐，身体重心移至右腿，成左前虚步，同时左手稍逆缠，向左胯侧引捋，掌型不变（图15-2-98）。

图 15-2-98

11. 甲乙步型不变。甲左手变顺缠，沿体侧向上弧线抬起至左肩前上方，掌心斜向前，掌指斜向前上方。同时乙随甲势，左手沿甲体侧向上至左肩前，掌心斜向下，掌指斜向上（图15-2-99）。

12. 甲左手逆缠，屈指握乙腕，向下采按至腹前将手松开，随之提起左脚向后撤步，落在右脚的左侧，成马步双按势。同时乙左手随甲势向下落于腹前，向后收至胯侧，提起左脚向后撤步，落在右脚的左侧，成马步双按势（图15-2-100）。

图 15-2-99

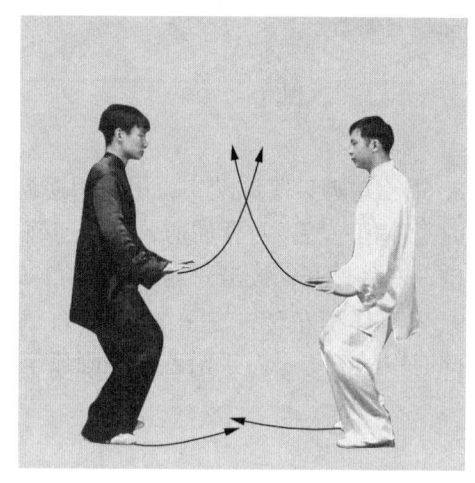

图 15-2-100

（三）折叠单推手

1. 甲乙预备势同平圆单推手，从虚步搭手开始（图15-2-101）。

2. 甲右手逆缠，向乙胸面部伸插，随之右腿屈膝前弓，成右弓步。同时乙右手顺缠，用掌背压甲掌背，向下、向右循弧线引化至右胯侧，使甲右手落空，掌心向上，甲掌心向下（图15-2-102）。

3. 乙右手逆缠，向右、向上画弧引带至右肩前，掌心向下，屈肘。同时甲右手顺缠，随乙向上画弧至肩前，掌心向上，掌指斜向前上方（图15-2-103）。

图 15-2-101

图 15-2-102

图 15-2-103

4. 乙右腿屈膝前弓，成右弓步，随之右手向甲胸面部伸插。甲左腿屈膝后坐，重心移至左腿，右手背压乙手背，随乙势，循弧线向下、向右胯侧引化乙之右手，使乙右手落空（图 15-2-104）。

5. 甲右手逆缠，向右、向上画弧引带至右肩前，掌心向下，屈肘。同时乙右手顺缠，随乙向上画弧至肩前，掌心向上，掌指斜向前上方（图 15-2-105）。

6. 乙右手向下压甲右手至胸前。甲右手向内、向上绕至乙右手腕上侧向下采至腹前，随之提起右腿向回撤步，落在左脚右侧，成马步。同时乙右手随甲势向下落至腹前，随之提起左脚向前上步，落在右脚的左侧，成马步（图 15-2-106）。

图 15-2-104

图 15-2-105

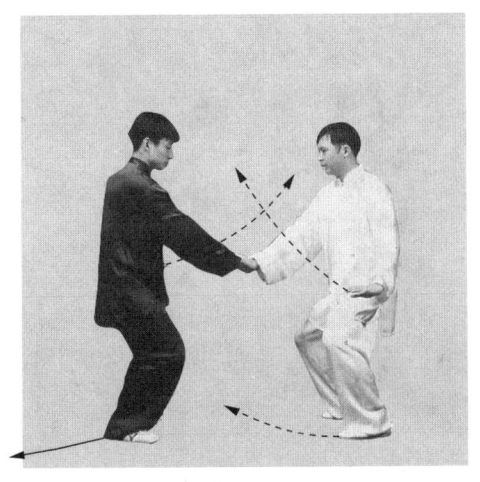

图 15-2-106

7. 甲右脚尖外摆，重心移于右腿，随之提起左脚向前上步，落在乙左脚内侧，脚跟先着地，脚尖翘起，右手逆缠，向前上方抬起。同时乙重心移至左腿，提起右脚向后撤步，落在左脚的右后侧，左手逆缠，向前掤接甲左手，两手背相贴，两腕交叉相搭（图15-2-107）。

8. 甲乙左脚尖落地踏实。甲左手逆缠，向乙胸面部伸插，右手松开按至胯侧，随之左腿屈膝前弓，成左弓步。同时乙左手顺缠，用掌背压甲掌背，向下、向左循弧线引化至左胯侧，使甲左手落空，掌心向上，甲掌心向下（图15-2-108）。

图 15-2-107

图 15-2-108

9. 乙左手逆缠，向左、向上画弧引带至左肩前，掌心向下，屈肘。同时甲左手顺缠，随乙向上画弧至肩前，掌心向上，掌指斜向前上方（图15-2-109）。

10. 乙左腿屈膝前弓，成左弓步，随之左手向甲胸面部伸插。甲右腿屈膝后坐，重心移至右腿，左手背压乙手背，随乙势循弧线向下、向左胯侧引化乙之左手，使之落空（图15-2-110）。

图 15-2-109

图 15-2-110

11. 甲左手逆缠，向左、向上画弧引带至左肩前，掌心向下，屈肘。同时乙左手顺缠，随甲向上画弧至肩前，掌心向上，掌指斜向前上方（图15-2-111）。

12. 乙左手向下压甲左手至胸前，两手松开，逆缠按至左胯侧，随之提起左脚向回撤步，落在右脚左侧，成马步双按势。同时甲左手随乙势向下松开，按至左胯侧，随之提起左脚向后撤步，落在右脚的左侧，成马步双按势（图15-2-112）。

图 15-2-111

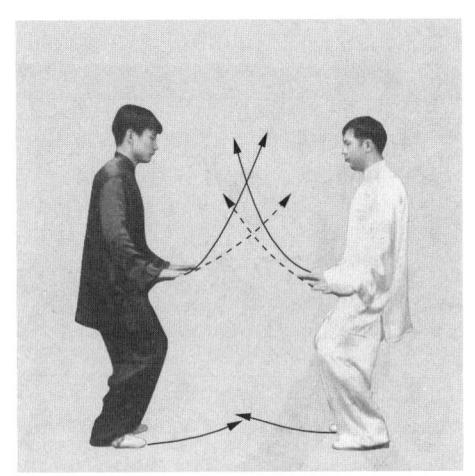

图 15-2-112

（四）平圆双推手

1. 预备势与平圆单推手相同，从虚步搭手开始（图15-2-113）。

2. 甲乙右脚尖落地踏实。甲右手逆缠，向右捋乙右腕，掌心按在乙右腕上，左手扶按在乙的右肘部。乙顺势变掤势，甲随之变按势，向乙胸前推按，同时右腿屈膝前弓。接着乙承甲之按劲，左腿屈膝后坐，重心移至左腿，随之屈肘退掤至胸前，掌心向内，掌指向左，左手也屈臂回捋至左胸前，掌型不变（图15-2-114）。

图 15-2-113

图 15-2-114

3. 乙身体右转，右手逆缠，向右捋甲右腕，左手随右手向右捋甲右臂，形成双捋势，步法不变。同时甲身体左转，右手变顺缠前挤，随着身体左转变为前掤，左手仍扶按乙右肘部不丢，步法不变（图15-2-115）。

4. 乙身法不变，右腿屈膝前弓，成右弓步，随之两手按甲右臂向前推按。甲身法不变，左腿屈膝后坐，成右前虚步，同时右臂屈肘回掤至胸前，掌型不变，左臂屈肘回捋，掌型不变（图15-2-116）。

图 15-2-115

图 15-2-116

5. 甲身体右转，右手逆缠，向右捋乙右腕，左手随右手向右捋乙右臂，形成双捋势，步法不变。同时乙身体左转，右手变顺缠前挤，随着身体左转变为前掤，左手仍扶按乙右肘部不丢，步法不变（图15-2-117）。

6. 乙身体稍右转，左腿屈膝后坐，接着提起右脚向后撤步，落在左脚的右侧，成马步，随之两手松开，下按至两胯侧，掌心向下，掌指向前。同时甲提起右脚向后撤步，落在左脚的右侧，成马步，随之两手松开，下按至两胯侧，掌心向下，掌指向前，目视对方（图15-2-118）。

图 15-2-117

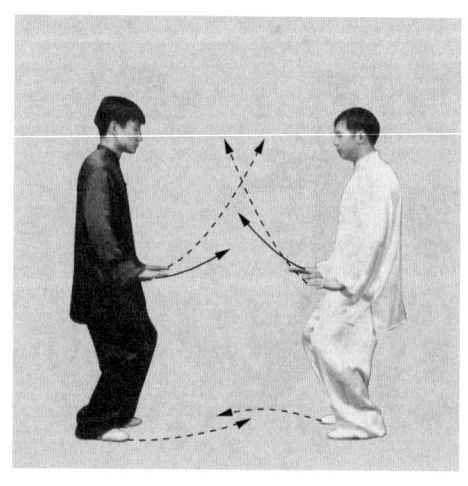
图 15-2-118

7. 甲乙身体右转，右脚尖外摆45°，重心移于右腿，随之提起左脚向前上步，两脚内侧相对，脚跟着地，脚尖翘起，成左前虚步。同时左手顺缠前伸，两手交叉相搭，手背相贴，右手抬起扶按在对方的左肘外上部，目视对方（图 15-2-119）。

8. 甲乙右脚尖落地踏实。甲左手逆缠，向左捋乙左腕，掌心按在乙左腕上，右手扶按在乙的左肘部。乙顺势变掤势，甲随之变按势，向乙胸前推按，同时左腿屈膝前弓。接着乙乘甲之按劲，右腿屈膝后坐，重心移至右腿，随之屈肘退掤至胸前，掌心向内，掌指向右，右手也屈臂回捋至右胸前，掌型不变（图 15-2-120）。

图 15-2-119

图 15-2-120

9. 乙身体左转，左手逆缠，向左捋甲左腕，右手随左手向左捋甲左臂，形成双捋势，步法不变。同时甲身体右转，左手变顺缠前挤，随着身体右转变为前掤，右手仍扶按乙左肘部不丢，步法不变（图 15-2-121）。

10. 乙身法不变，左腿屈膝前弓，成左弓步，随之两手按甲左臂向前推按。甲身法不变，右腿屈膝后坐，成左前虚步，同时左臂屈肘回掤至胸前，掌型不变，右臂屈肘回捋，掌型不变（图 15-2-122）。

图 15-2-121

图 15-2-122

11. 甲身体左转，左手逆缠，向左捋甲左腕，右手随左手向左捋乙左臂，形成双捋势，步法不变。同时乙身体右转，左手变顺缠前挤，随着身体右转变为前掤，右手仍扶按乙左肘部不丢，步法不变（图15-2-123）。

12. 乙身体稍左转，右腿屈膝后坐，接着提起左脚向后撤步，落在右脚的左侧，成马步，随之两手松开，下按至两胯侧，掌心向下，掌指向前。同时甲提起左脚向后撤步，落在右脚的左侧，成马步，随之两手松开，下按至两胯侧，掌心向下，掌指向前，目视对方（图15-2-124）。

图 15-2-123

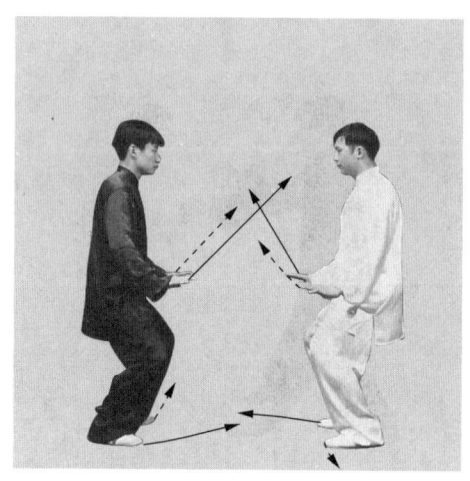
图 15-2-124

（五）立圆双推手

1. 从上势的马步双按开始。甲乙身体左转，左脚尖外摆45°，重心移于左腿，随之提起右脚向前上步，两脚内侧相对，脚跟着地，脚尖翘起，成右虚步。同时右手顺缠前伸，两手交叉相搭，手背相贴，左手抬起扶按在对方的右肘外上部。目视对方（图15-2-125）。

2. 甲乙右脚尖落地踏实。甲右腿屈膝前弓，成右弓步，随之右手逆缠前伸，向乙面部伸插，左手随右手向前推按，掌型不变。同时乙身体稍右转，步法不变，右臂屈肘，右手逆缠，向右耳侧引化甲势，使甲右掌不能触及面部而落空，右臂屈肘，左手随之向右捋（图15-2-126）。

图 15-2-125

3. 乙身法不变，步型不变，右手继续逆缠，掌心按在甲的右手腕上，沿体侧弧线向下按至胯侧，左手仍扶按在甲右肘部。同时甲随乙势，右手掌型不变，沿乙体侧画弧至胯侧，掌心向下，掌指斜向前下方，左手仍扶按在乙的右肘部（图 15-2-127）。

图 15-2-126

图 15-2-127

4. 乙身体稍左转，右腿屈膝前弓，成右弓步，右手按甲手腕向甲腹部推按，左手随之前按；甲左腿屈膝后坐，身体重心移至左腿，成右虚步，同时右手稍逆缠，向右胯侧引捋，掌型不变，左手随右手向右下侧捋，臂微屈（图 15-2-128）。

5. 甲乙步型不变。甲右手变顺缠，沿体侧向上弧线抬起至右肩前，掌心斜向前，掌指斜向前上方，左臂屈肘，左手仍扶按乙右肘部随势转化。同时乙随甲势，右手沿甲体侧向上至右肩前，掌心斜向下，掌指斜向上，左手仍扶按乙右肘部随势转化（图15-2-129）。

图 15-2-128

图 15-2-129

6. 乙身体右转，左腿屈膝后坐，随之提起右脚向后撤步，落在左脚的右侧，成马步。接着甲左腿屈膝后坐，提起右脚向后撤步，落在左脚的右侧，成马步，右手松开逆缠，向下落至右胯侧，掌心向下，掌指向前。同时乙右手随甲势向下落至右胯侧，掌心向下，掌指向前（图 15-2-130）。

7. 甲乙身体右转，右脚尖外摆 45°，重心移于右腿，随之提起左脚向前上步，两脚内侧相对，脚跟着地，脚尖翘起，成左虚步。同时左手顺缠前伸，两手交叉相搭，手背相贴，右手抬起扶按在对方的左肘外上部。目视对方（图 15-2-131）。

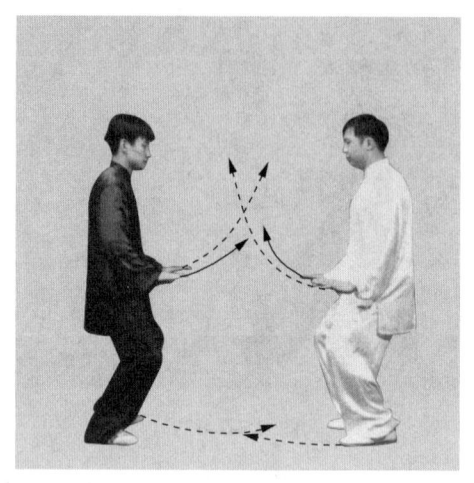
图 15-2-130

图 15-2-131

8. 甲乙左脚尖落地踏实。甲左腿屈膝前弓，成左弓步，随之左手逆缠前伸，向乙面部伸插，右手随左手向前推按，掌型不变。同时乙身体稍左转，步法不变，左臂屈肘，左手逆缠，向左耳侧引化甲势，使甲左掌不能触及面部而落空，右臂屈肘，右手随之向左将（图 15-2-132）。

9. 乙身法不变，步型不变，左手继续逆缠，掌心按在甲的左手腕上，沿体侧弧线向下按至胯侧，右手仍扶按在甲左肘部。同时甲随乙势，左手掌型不变，沿乙体侧画弧至胯侧，掌心向下，掌指斜向前下方，右手仍扶按在乙的左肘部（图 15-2-133）。

图 15-2-132

图 15-2-133

10. 乙身体稍右转，左腿屈膝前弓，成左弓步，左手按甲腕向甲腹部推按，右手随之前按。甲右腿屈膝后坐，身体重心移至右腿，成左虚步，同时左手稍逆缠，向左胯侧引捋，掌型不变，右手随左手向左下侧捋，臂微屈（图 15-2-134）。

11. 甲乙步型不变。甲左手变顺缠，沿体侧向上弧线抬起至左肩前，掌心斜向前，掌指斜向前上方，右臂屈肘，右手仍扶按乙左肘部随势转化。同时乙随甲势，左手沿甲体侧向上至左肩前，掌心斜向下，掌指斜向上，右手仍扶按乙左肘部随势转化（图 15-2-135）。

12. 乙身体左转，右腿屈膝后坐，随之提起左脚向后撤步，落在右脚的左侧，成马步。接着甲右腿屈膝后坐，提起左脚向后撤步，落在右脚的左侧，成马步，左手松开逆缠，向下落至左胯侧，掌心向下，掌指向前。同时乙左手随甲势向下落至左胯侧，掌心向下，掌指向前（图 15-2-136）。

图 15-2-134

图 15-2-135

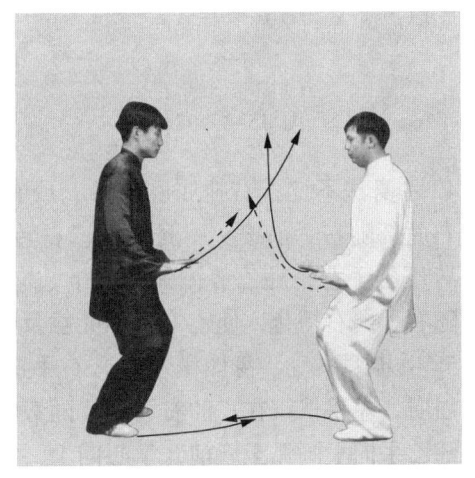

图 15-2-136

（六）折叠双推手

1. 接上势。甲乙身体左转，左脚尖外摆45°，重心移于左腿，随之提起右脚向前上步，两脚内侧相对，脚跟着地，脚尖翘起，成右虚步。同时右手顺缠前伸，两手交叉相搭，手背相贴，左手抬起扶按在对方的右肘外上部。目视对方（图 15-2-137）。

2. 甲身体稍左转，右腿屈膝前弓，成右弓步，随之右手逆缠，向乙胸面部伸插，左手按乙肘，随右手向前推按。同时乙身体稍右转，步型

图 15-2-137

不变，右手顺缠，用掌背压甲掌背，向下、向右循弧线引化至右胯侧，使甲右手不能触及面部而落空，左手按甲右肘，随右手向右捋化（图15-2-138）。

3. 乙步型不变，身体稍左转，右手逆缠，向右、向上画弧引带至右肩前，掌心向下，屈肘，左手扶按在甲右肘部，随势转化。同时甲身体稍右转，右手顺缠，随乙手向上画弧至肩前，掌心反向上，掌指斜向前上方，左手扶按乙右肘部，随势转化（图15-2-139）。

图 15-2-138　　　　　　　　　　图 15-2-139

4. 乙身法不变，右腿屈膝前弓，成右弓步，随之右手向甲胸面部伸插，左手扶按在甲右肘部随右手前按。甲身体继续右转，左腿屈膝后坐，重心移至左腿，成右虚步，右手背压乙手背，随乙势循弧线向下、向右胯侧引化乙的右手，左手扶按在乙的右肘部，随右手向右捋化，使乙右手不能触及面部而落空（图15-2-140）。

5. 甲步型不变，身体稍左转，右手逆缠，向右、向上画弧引带至右肩前，掌心向下，屈肘，左手扶按在乙的右肘部，随势转化。同时乙步型不变，身体稍右转，右手顺缠，随乙手向上画弧至肩前，掌心向上，掌指斜向前上方，左手扶按在甲的右肘部，随势转化（图15-2-141）。

图 15-2-140　　　　　　　　　　图 15-2-141

6. 乙身法不变，左腿屈膝后坐，提起右脚向后撤步，落在左脚右侧，成马步，两手松开，下按至两胯侧。同时甲身法不变，左腿屈膝后坐，提起右脚向后撤步，落在左脚的右侧，成马步，同时两手向下按至两胯侧，掌心向下，掌指向前，目视对方（图15-2-142）。

7. 甲乙身体右转，右脚尖外摆45°，重心移于右腿，随之提起左脚向前上步，两脚内侧相对，脚跟着地，脚尖翘起，成左虚步。同时左手顺缠前伸，两手交叉相搭，手背相贴，右手抬起扶按在对方的左肘外上部。目视对方（图15-2-143）。

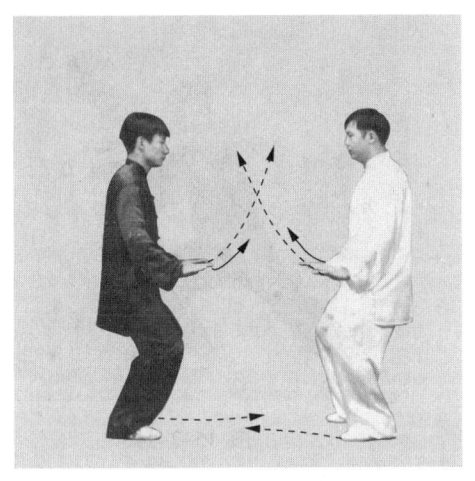

图 15-2-142　　　　　　　　　　图 15-2-143

8. 甲身体稍右转，左腿屈膝前弓，成左弓步，随之左手逆缠，向乙胸面部伸插，右手按乙肘随左手向前推按。同时乙身体稍左转，左手顺缠，用掌背压甲掌背，向下、向左循弧线引化至左胯侧，使甲左手不能触及面部而落空，右手按甲左肘，随左手向左捋化（图15-2-144）。

9. 乙步法不变，身体稍右转，左手逆缠，向左、向上画弧引带至左肩前，掌心向下，屈肘，右手扶按在甲左肘部，随势转化。同时甲身体稍左转，左手顺缠，随乙手向上画弧至肩前，掌心反向上，掌指斜向前上方，右手扶按乙左肘部，随势转化（图15-2-145）。

图 15-2-144　　　　　　　　　　图 15-2-145

10. 乙身法不变，左腿屈膝前弓，成左弓步，随之左手向甲胸面部伸插，右手扶按在甲左肘部，随左手前按。甲身体继续左转，右腿屈膝后坐，重心移至右腿，成左虚步，左手背压乙手背，随乙势循弧线向下、向左胯侧引化乙的左手，左手扶按在乙的左肘部，随左手向左将化，使乙左手不能触及面部而落空（图 15-2-146）。

11. 甲步型不变，身体稍右转，左手逆缠，向左、向上画弧引带至左肩前，掌心向下，屈肘，右手扶按在乙的左肘部，随势转化。同时乙身体稍左转，左手顺缠，随甲手向上画弧至肩前，掌心向上，掌指斜向前上方，右手扶按在甲的左肘部，随势转化（图 15-2-147）。

图 15-2-146

12. 乙身法不变，右腿屈膝后坐，提起左脚向后撤步，落在右脚左侧，成马步，两手松开，下按至两胯侧。同时甲身法不变，右腿屈膝后坐，提起左脚向后撤步，落在右脚的左侧，成马步，同时两手向下按至两胯侧，掌心向下，掌指向前，目视对方（图 15-2-148）。

图 15-2-147

图 15-2-148

（七）单缠臂

1. 预备势：甲乙相对站立，两脚并拢，身体自然站立，肩臂松垂，两手轻贴两腿外侧，头颈正直，两眼平视对方（图 15-2-149）。

2. 乙身体稍左转，重心移至左腿，提起右脚向前上步成弓步，抬起左手向甲胸推掌，掌心向前，掌指向上。同时甲身体也左转，重心移至左腿，提起右脚向前上步落在乙右脚内侧，接着屈膝前弓；随之右手顺缠，抬起至乙左前臂外侧，两臂交叉相搭，掌心斜向前，掌指斜向上；紧接着右手逆缠，挂乙左臂，向内、向下画弧转至腹前，两臂仍交叉相贴，两掌心斜向下。乙随甲势向内、向下画弧转至腹前，掌心斜向下，掌指斜向前，目视两手（图 15-2-150、151）。

3. 身法不变，步法不变。乙抬起右手，用右掌向甲胸推出，掌心向前，掌指向上。甲左手顺缠，迅速抬起，向上、向内至乙右前臂外侧，两臂交叉相搭，掌心斜向前，掌指向上；接着左手逆缠，挂乙右臂，向内、向下画弧转至腹前，两臂仍交叉相贴，两掌心斜向下，乙随甲势，画弧绕至腹前。同时甲右手向右、向上挂乙臂，画弧至甲前上方，两臂仍交叉相贴，形成上下交叉。乙左手随甲转绕至左侧前方，稍向外开劲(图 15-2-152、153)。

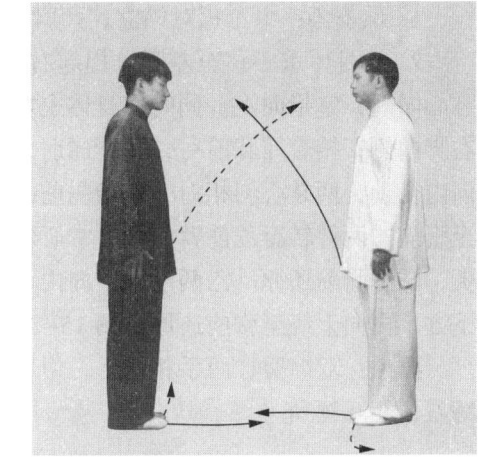

图 15-2-149

要点：单缠臂，单手相搭上下缠绕。两手相搭时，上下交叉缠绕。主要练习两臂缠绕粘随的协调用力，一人领劲一人随劲。甲乙可以互换练习。

图 15-2-150

图 15-2-151

图 15-2-152

图 15-2-153

（八）双缠臂

1. 预备势：甲乙相对站立，两脚并拢，身体自然站立，目视对方（图 15-2-154）。

2. 乙身体重心移至左腿，提起右脚向前上步，屈膝前弓，两掌抬起，向甲胸推按，掌心向前，掌指向上。同时甲身体也左转，重心移至左腿，提起右脚向前上步，落在乙右脚内侧，接着屈膝前弓，两臂屈肘，两手顺缠向前、向上抬起至乙两前臂外侧，两肘向内合劲，两掌心斜相对，掌指向前；接着两手变逆缠，同时挂乙臂向内、向下画弧转至腹前，两臂转至乙前臂内侧，掌心斜向外，掌指斜向前下方；再顺缠，向外、向上画弧，转至胸前还原。乙两手随甲向内、向下画弧，转至腹前，掌心斜向下，掌指斜向前下方，再向上绕至胸前还原（图 15-2-155~157）。

要点：双缠臂，两手相搭后，甲领劲，乙随劲，同时向同方向转动。甲乙可以互换练习，相互领劲。

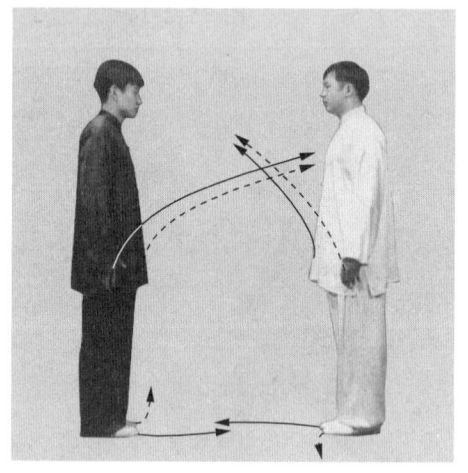

图 15-2-154

图 15-2-155

图 15-2-156

图 15-2-157

（九）弓步折叠掤按

1. 预备势：甲乙相对站立，两脚并拢，身体自然站立，目视对方（图 15-2-158）。

2. 甲乙身体重心移至左腿，提起右脚向前上步，弓膝成右弓步。乙抬起两手向前用力推按甲胸。甲两臂屈肘，两手向内掤抱于胸前，两前臂上侧贴乙两前臂下侧，两手逆缠向上掤转，随之身体略后仰（要注意，头要向前上方顶劲，裆向下松沉），化掉乙的按劲（图 15-2-159、160）。

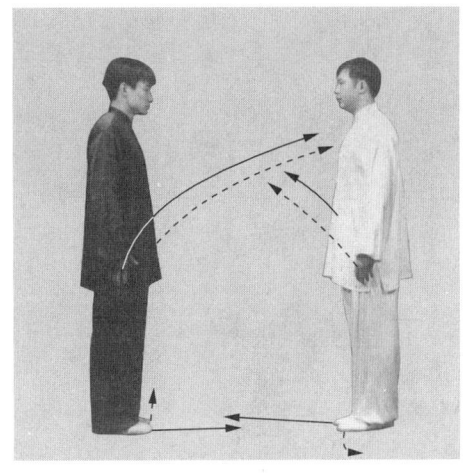

图 15-2-158

图 15-2-159

图 15-2-160

3. 接上势不停。甲两手顺缠，从乙两臂内侧向上绕至两臂上侧，向前按于乙胸部，用力向前推按。随之乙两臂屈肘，两手向内掤抱于胸前，两前臂上侧贴甲两前臂下侧，两手逆缠向上掤转，左腿屈膝，随之身体略后仰（要注意，头要向前上方顶劲，裆向下松沉），化掉甲的按劲（图 15-2-161~163）。

4. 紧接上势不停。乙两手顺缠，从甲两臂内侧向上绕至两臂上侧，向前按在甲两上臂上侧，用力向前推按，随之右腿向前弓膝塌劲。如此反复练习（图 15-2-164）。

图 15-2-161

图 15-2-162

图 15-2-163

要点：此势应注意，掤化对方来劲时要节节放松，使对方无法向前进攻后再反击。

（十）马步挂臂

1. 甲乙相对站立，距离以一方握拳前平举时拳面接触对方为准。甲提左脚，乙提右脚向同侧开步，与肩同宽，随之两手顺缠向侧上举至头上方，两手变逆缠，向内经面胸部向下按至腹前，掌心向下，掌指向前，同时两腿屈膝下蹲成马步，目视对方（图15-2-165、166）。

图 15-2-164

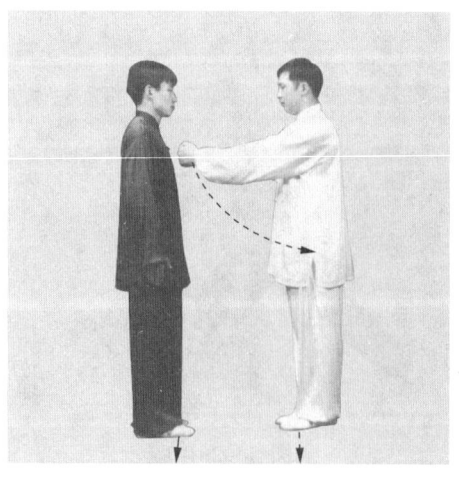

图 15-2-165

图 15-2-166

2. 身法不变，步型不变。乙抬起左手向甲胸前推按，掌心向前，掌指向上。同时甲右上臂不动，右手向上、向右画弧，至乙前臂内侧，掌心向前，掌指向上；接着右手顺缠，挂乙臂向右、向下画弧转至腹前，手转至乙手腕外侧，眼看右手（图 15-2-167、168）。

图 15-2-167

图 15-2-168

3. 身法不变，步型不变。乙抬起右手向甲胸前推按，掌心向前，掌指向上。同时甲左上臂不动，左手向上、向左画弧至乙前臂内侧，掌心向前，掌指向上；接着左手顺缠，挂乙臂向左、向下画弧转至腹前，左手转至乙手腕外侧，眼看左手（图 15-2-169、170）。

图 15-2-169

图 15-2-170

4. 身法不变，步型不变。甲抬起右手向乙胸前推按，掌心向前，掌指向上。同时乙左上臂不动，左手向上、向左画弧至甲前臂内侧，掌心向前，掌指向上；接着左手顺缠，挂甲臂向左、向下画弧转至腹前，手转至甲手腕外侧，眼看左手（图 15-2-

171、172)。

5. 身法不变，步型不变。甲抬起左手向乙胸前推按，掌心向前，掌指向上。同时乙右上臂不动，右手向上、向右画弧至甲前臂内侧，掌心向前，掌指向上；接着右手顺缠，挂甲臂向左、向下画弧转至腹前，手转至甲手腕外侧，眼看右手（图15-2-173、174)。

要点：挂臂时，要沿弧线运转，使两臂粘连不丢劲、不顶劲为原则。

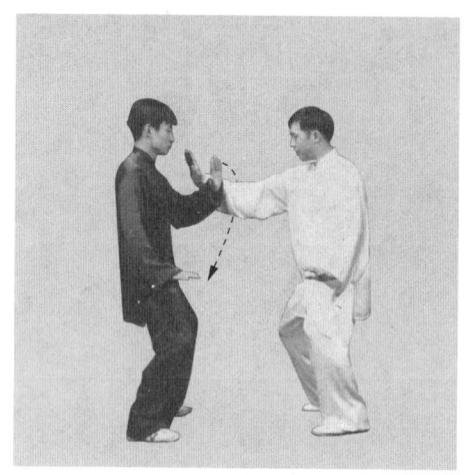

图 15-2-171

图 15-2-172

图 15-2-173

图 15-2-174

（十一）马步采按

1. 甲乙相对站立，距离以一方握拳前平举时拳面接触对方为准。甲提左脚，乙提右脚向同侧开步，与肩同宽，随之两手顺缠向侧上举至头上方，两手变逆缠，向内经面胸部向下按至腹前，掌心向下，掌指向前，同时两腿屈膝下蹲成马步，目视对方（图15-2-175)。

2. 身法不变，步型不变。乙抬起左手向甲胸前推按，掌心向前，掌指向上。同时甲右上臂不动，右手向上、向右画弧至乙左前臂内侧，掌心向前，掌指向上；随之左手顺缠，向前抬起转至乙左腋下，掌心向上贴乙左上臂下侧，屈指挂住；接着右手顺缠，挂乙臂向右、向下画弧转至腹前，手转至乙手腕外侧，松开抬起按于乙左肩胛骨上，向左按掌，与此同时左手向左采转，眼看对方（图 15-2-176~178）。

3. 乙抬起右手向甲胸前推按，掌心向前，掌指向上。同时甲左上臂不动，左手向上、向左画弧至乙右前臂内侧，掌心向前，掌指向上；随之，右手顺缠，向前抬起转至乙右腋下，掌心向上贴乙右上臂下侧，屈指挂住；接着，左手顺缠，挂乙臂向左、向下画弧转至腹前，手转至乙手腕外侧，松开抬起按于乙右肩胛骨上，向右按掌，与此同时右手向右采转，眼看对方（图 15-2-179~181）。

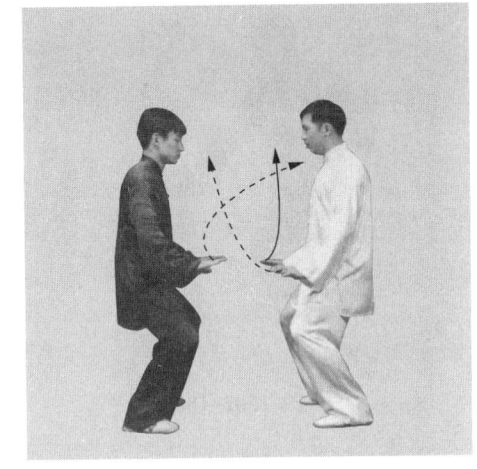

图 15-2-175

图 15-2-176

图 15-2-177

图 15-2-178

图 15-2-179

图 15-2-180

图 15-2-181

要点：采按时，要同时向同一方向用力，两手要协调配合。

（十二）合步四正手

合步四正推手又称定步四正推手，是两人彼此运用掤、捋、挤、按四种手法，在原地练习的一种方法。

1. 右势预备势。甲乙相对站立，两脚并拢，身体自然站立。双方提起右脚向前上步，脚跟先着地，脚尖翘起，双方两脚内侧相对，成右虚步。同时右手逆缠，向前转出，双方两手交叉相搭，手背相贴；接着抬起左手，扶按在对方右肘部，通称"搭手"。甲乙两臂各含掤劲（图 15-2-182）。

2. 甲掤乙捋势。甲右脚落实，接着向前弓膝，成右弓步，右手顺缠，向前掤出，随之左手前按。同时乙右脚落实，仍为虚步，右手逆缠，屈肘向内、向右捋甲右臂，左手也随右手向右捋，身体稍右转（图 15-2-183）。

图 15-2-182

图 15-2-183

3. 甲挤乙按势。甲见掤势落空,身体稍右转,右臂屈肘,右手稍逆缠,向乙胸部挤出,左手松开乙右肘向内扶按在右肘内侧,以助右手挤劲,右腿仍向前弓膝。乙身体稍左转,步法仍为右虚步,同时两手随甲右臂向左落至胸前,接着稍向下按(图15-2-184)。

4. 乙按甲退掤。乙身法不变,右腿屈膝前弓,成右弓步,同时两手按甲右臂向下、向前、向甲胸前推按。甲左腿屈膝后坐,成右虚步,接着两臂向内退掤至胸前,随之用左肘掤住乙的右手,右手向下顺缠,向外旋转至乙左肘下侧,掌心向上,托在乙左肘下侧(图15-2-185)。

5. 乙掤甲捋势。乙见按劲落空,接着身体稍右转,步法不变,左手顺缠,向上、向前掤出,右手随之稍前按。甲身体稍左转,步法不变,同时左手贴乙左腕逆缠旋转,向左侧上方捋乙左臂,右手仍扶乙左肘外上侧,随左手向左捋转,眼看对方(图15-2-186)。

图 15-2-184

图 15-2-185

图 15-2-186

6. 乙挤甲按势。乙见掤势落空,身体稍左转,左臂屈肘,左手稍逆缠,向甲胸部挤出,右手松开甲左肘向内扶按在左肘内侧,以助左手挤劲,右腿仍向前弓膝。甲身体稍右转,步法仍为右虚步,同时两手随乙左臂向右落至胸前,接着稍向下按(图15-2-187)。

7. 乙退掤甲按势。甲身法不变,右腿屈膝前弓,成右弓步,同时两手按乙左臂向下、向前、向乙胸前推按。乙左腿屈膝后坐,成右虚步,接着两臂屈肘向内退掤至胸前,随之用右肘掤住甲左手,左手向下顺缠,向外旋转至甲右肘下侧,掌心向上,托在甲右肘下侧。如此反复循环练习(图15-2-188)。

图 15-2-187　　　　　　　　　　　图 15-2-188

8. 左势预备势。甲乙双方预备势与右势相同，方向、手脚相反。双方提起左脚向前上步，脚跟先着地，脚尖翘起，双方的两脚内侧相对，成左虚步；同时，左手逆缠向前转出，双方两手交叉相搭，手背相贴，接着抬起右手，扶按在对方左肘部，双方的两臂各含　劲，形成搭手势（图 15-2-189）。

9. 甲掤乙捋势。甲左脚落实，接着向前弓膝塌劲，成左弓步，左手顺缠，向前掤出，随之右手前按。同时乙左脚落实，仍为虚步，左手逆缠，屈肘向内、向左捋甲左臂，右手也随左手向左捋，身体稍左转（图 15-2-190）。

图 15-2-189　　　　　　　　　　　图 15-2-190

10. 甲挤乙按势。甲见掤势落空，身体稍左转，左臂屈肘，左手稍逆缠，向乙胸部挤出，右手松开乙左肘，向内扶按在左肘内侧，以助左手挤劲，左腿仍向前弓膝。乙身体稍右转，步法仍为左虚步，同时两手随甲左臂向右落至胸前，接着稍向下按（图 15-2-191）。

11. 乙按甲退　。乙身法不变，左腿屈膝前弓，成左弓步，同时两手按甲左臂向下、向前、向甲胸前推按。甲右腿屈膝后坐，成左虚步，接着两臂向内退掤至胸前，随之用右肘掤住乙的左手，左手向下顺缠，向外旋转至乙右肘下侧，掌心向上，托在乙右肘下侧（图15-2-192）。

图 15-2-191

图 15-2-192

12. 乙掤甲捋势。乙见按劲落空，接着身体稍左转，步法不变，左手顺缠，向上、向前掤出，右手随之稍前按。甲身体稍右转，步法不变，同时右手贴乙右腕逆缠旋转，向右侧上方捋乙右臂，左手仍扶乙右肘外上侧，随右手向右捋，眼看对方（图15-2-193）。

13. 乙挤甲按势。乙见掤势落空，身体稍右转，右臂屈肘，右手稍逆缠，向甲胸部挤出，左手松开甲右肘，向内扶按在右肘内侧，以助右手挤劲，左腿仍向前弓膝。甲身体稍左转，步法仍为左虚步，同时两手随乙右臂向左落至胸前，接着稍向下按（图15-2-194）。

图 15-2-193

图 15-2-194

14. 乙退掤甲接势。甲身法不变，左腿屈膝前弓，成左弓步，同时两手按乙左臂向下、向前、向乙胸前推按。乙右腿屈膝后坐，成左虚步，接着两臂屈肘向内退掤至胸前，随之用左肘掤住甲右手，右手向下顺缠，向外旋转至甲左肘下侧，掌心向上，托在甲左肘下侧。如此反复循环练习（图15-2-195）。

图 15-2-195

（十三）顺步四正手

1. 掤势。甲上右腿屈膝下蹲，重心偏于右腿，右手前伸，掤乙两手，左手按在右肘内侧与乙左手相接。同时乙上左腿，屈右膝，两手掤按甲右臂上，右手扶按甲腕，左手扶按甲右肘上（图15-2-196）。

2. 甲挤势，乙按势。甲右手逆缠，向前、向下挤乙腹部。乙身体微左转，右手松开甲右手腕，按在甲左肘上，使甲挤劲落空（图15-2-197）。

3. 甲捋势，乙掤势。甲右手贴乙腹部向右、向上转至左臂下后侧，松肩沉肘。乙左臂前掤，右手松开甲肘，按在左肘内侧，使左臂掤劲加大（图15-2-198）。

图 15-2-196

图 15-2-197

图 15-2-198

4. 乙掤势，甲捋势。乙左臂前掤。甲顺势左捋，随之两腿虚实转换，左腿屈膝，身体重心转至左腿。同时乙顺甲捋势向前跟掤，身体重心移至左腿（图15-2-199）。

5. 甲按势，乙挤势。乙左手逆缠前伸，向下挤甲腹部，使甲捋势落空。甲左手松开，向前按在乙左肘上，两手向前推按（图15-2-200）。

图 15-2-199

图 15-2-200

6. 掤势。甲提起左脚向前上步，并屈膝下蹲，重心移至左腿，随之两手向前按乙右臂，左手按在乙右肘的上侧。同时乙提左脚向后撤步，屈左膝，重心移至左腿，左手扶按在右肘内侧，掤接甲的左手，右手与甲的右手相接，以形成掤势（图15-2-201）。

7. 乙挤势，甲按势。乙右手逆缠，向前、向下挤甲腹部。同时甲身体微左转，右手松开乙的右手，向前按在乙的左肘上侧，向前推按，使乙挤劲落空（图15-2-202）。

图 15-2-201

图 15-2-202

8. 甲捋势，乙　势。乙左手贴甲腹部向右、向上转至甲右臂下后侧，松肩沉肘。

甲右臂前掤，右手松开乙左肘，按在左肘内侧，使左臂掤劲加大（图15-2-203）。

9. 乙掤势，甲捋势。乙右臂前掤。甲顺势向右捋，随之两腿虚实转换，右腿屈膝，身体重心移至右腿。同时乙顺甲捋势向前跟掤，身体重心移至右腿（图15-2-204）。

10. 甲按势，乙挤势。乙右手逆缠，向前、向下挤甲腹部，使捋势落空。甲右手按在乙右腕上向前用力，左手由乙的右臂下绕出（图15-2-205）。

图 15-2-203

图 15-2-204

图 15-2-205

（十四）身体的转动练习

1. 乙按甲掤势。甲乙相对站立，距离以双方握拳前平举，拳面接触为准。成立正姿势。乙左脚尖外摆，提右脚向前上步，随之弓膝塌劲，两手抬起向甲胸部推按，掌心向前，掌指向上。同时甲身体稍左转，左脚尖外摆，接着提起右脚向前上步，落在乙右脚的内侧，两脚内侧相对，向前弓膝塌劲，成右弓步，与此同时胸向前转正，掤住乙两掌的按劲，形成胸掤势，眼看对方（图15-2-206、207）。

2. 乙前按，甲后仰掤化。甲乙身法不变，步法不变。乙两掌按甲胸，用力向前推按。同时甲步法不变，两脚用力，身体劲力下沉，胸部放松，上体稍后仰，头向前上方顶起，使乙的力向前上方滑出。乙见按劲落空，两腿向下塌劲，身体向下松沉，两手沿甲胸前向下捋至腹前，再向前推按。接着甲身体迅速向前调整，同时收腹化乙按劲。如此一上一下掤化来劲（图15-2-208、209）。

3. 左右掤化。甲乙步法不变，仍以右腿为例。乙两手按甲腹部向前推按。甲松塌裆劲，身体保持中正，同时用右腹部向前掤乙左手，左腹部化乙右手，如乙左手用力大，则身体右转，掤乙右手，化乙左手。如此左右转换练习（图15-2-210、211）。

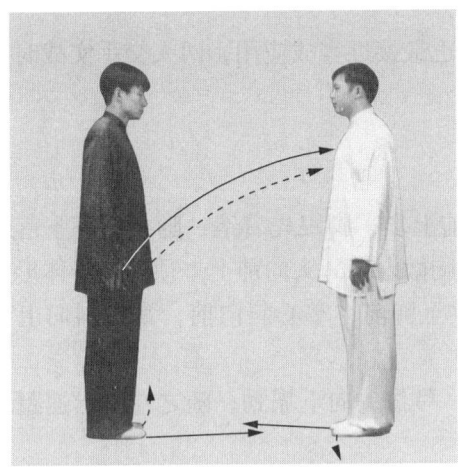

图 15-2-206

图 15-2-207

图 15-2-208

图 15-2-209

图 15-2-210

图 15-2-211

六、发力练习

发力练习是太极推手中的重要练习环节，也最接近实战应用，两人交手实战时，在得机得势时，瞬间的发力可决胜负。

(一) 弓步双按

1. 预备势与进步的预备势相同。右脚向前上步，脚跟先着地，随之前脚掌落地踏实，屈膝前弓，成右虚步。身体重心在左腿，胸微内含，头向前上方顶劲，身体形成弓形，蓄劲（如同扑鼠之猫）。同时两臂屈肘收至胸前，掌心斜向前，掌指斜向上（图15-2-212）。

2. 身体稍前移，右脚踏实，右膝稍向前，弓住，向下塌劲；随之左脚迅速蹬地发劲，使劲上传于胯，胯随劲向前平移。接着右膝制动，使劲向上传至两手，两手迅速向前发出，力达指尖，掌心向下，掌指斜向前，眼看前方（图15-2-213）。

3. 左势。准备势与右势相同，方向相反。成左弓步双按势，身法不变，右腿屈膝，左腿稍屈，成左虚步。身体重心移至右腿，胸微内含；头向前上方顶劲；身体形成弓形，蓄劲。同时两臂屈肘，两手向内至胸前，掌心斜向前，掌指斜向上（图15-2-214）。

4. 身体稍前移，左脚踏实，左膝稍向前，弓住，向下塌劲；随之右脚迅速蹬地发劲，使劲上传于胯，胯随劲向前平移。接着左膝制动，劲向上传至两手，两手迅速向前发出，力达指尖，掌心向下，掌指斜向前，眼看前方（图15-2-215）。

图 15-2-212

图 15-2-213

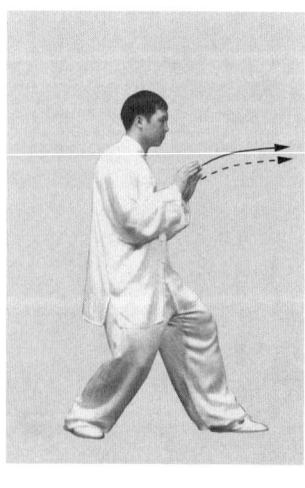

图 15-2-214

图 15-2-215

(二) 弓步采挒

1. 预备势与进步的预备势相同。身法不变,提起右脚向前上步,脚跟先着地,前脚掌再落地踏实,屈膝前弓,成右弓步。同时两掌向前上方按出,臂微屈,肘下垂,两掌与胸同高,塌腕立掌,掌心向前,掌指向上,成弓步双按势(图15-2-216)。

2. 身体稍右转,左腿屈膝松胯塌劲;右脚稍向回收转,成右虚步。左手在原处塌按,右臂屈肘,手向回收转至右胸前,掌型不变(图15-2-217)。

3. 身体左转,提起右脚向前上步,踏实,弓住右膝;左脚迅速蹬地发劲,使劲迅速上传至两手。同时左手快速向前下画弧采至腹前,掌心斜向下,掌指斜向前下方;右手发劲,迅速向前下按出,掌心向下,掌指斜向前,力达掌心,眼看发劲前方(图15-2-218)。

图 15-2-216

图 15-2-217

图 15-2-218

第三节 太极推手技法训练与运用

一、进步掤按的训练与运用

(一) 进步掤按的单式训练

1. 预备势与进步的预备势相同。身本稍右转,提起右脚向前上步,脚跟着地,然后前脚掌落地踏实,随之屈膝前弓,成右弓步。同时两手向胸前按出,两臂微屈,两手与胸同高,两掌心向前,掌指向上(图15-3-1)。

图 15-3-1

2. 身体不变，两臂不动，右腿弓膝塌劲，左胯放松，随之提起左脚向前跟步，落在右脚的内后侧（图15-3-2）。

3. 身体重心移至左腿，随之提起右脚向前上步，成右虚步。同时两臂松肩沉肘，两手沿上弧线向内收转至胸前，掌心斜相对，掌指斜向前上方（图15-3-3）。

4. 左腿蹬地发力，随之身体重心前移，右腿屈膝前弓塌劲，同时力上传于两臂，催动两手迅速向前按出，力达手指，目视前方（图15-3-4）。

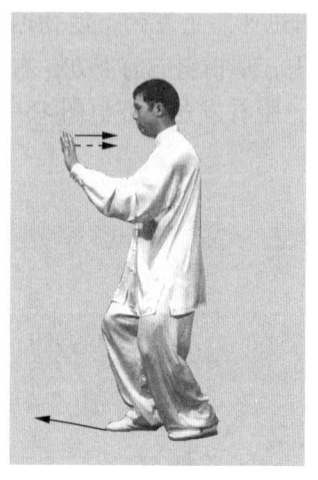

图 15-3-2　　　　　　　图 15-3-3　　　　　　　图 15-3-4

（二）进步掤按的运用

1. 预备势：甲乙相对站立，距离以双方两手握拳前平举，拳面接触对方拳面为准。身法不变，两拳变掌，向下落至体侧，还原成立正姿势。甲乙身体稍左转，以左脚跟为轴，脚尖外摆45°。接着两手外旋，向侧上举至额前上方，掌心斜相对，掌指向上，两臂屈肘，两手向内经面、胸前，向下按至腹前，掌心向下，掌指向前。同时两腿屈膝下蹲，右脚提起，向前上步，脚跟先着地，脚尖翘起，双方两脚内侧相对，成右虚步。接着双方的右脚尖落地踏实，屈膝前弓，成右弓步。同时右手逆缠，向前转出，双方两手胸前交叉相搭，手背相贴；随之抬起左手，扶按在对方右肘外上侧，通称"搭手"。双方的两臂各含掤劲，成双掤势（图15-3-5）。

图 15-3-5

2. 甲乙身法不变，步法不变。乙右手逆缠，向右引化甲的右手，顺势向前推按，同时左手也向前推按。随之甲两手向上掤至乙两臂下侧，如抱球状（图15-3-6）。

3. 甲两手向上掤乙两臂，两肘向下松沉，接着两手贴乙两臂内侧向上，绕至乙两上臂上侧。接着右脚向前上半步；左脚蹬地发力，使力向上传至两手，迅速发力向前按出，力达手指，将乙发出（图15-3-7、8）。

图 15-3-6

图 15-3-7

图 15-3-8

二、撤步大捋的训练与运用

（一）撤步大捋的单式训练

1. 预备势与进步的预备势相同。身体稍右转，右脚提起，向前上步，脚跟着地，然后脚前掌落地踏实，随之屈膝前弓，成右弓步。同时两手向胸前按出，两臂微屈，两手同胸高，两掌心向前，掌指向上（图15-3-9）。

2. 身体重心移至左腿。右臂屈肘，右手顺缠，向下落至左前臂内下侧，掌

图 15-3-9

心向上，掌指斜向前；左手不变(图15-3-10)。

3. 身体右转。右脚提起，向后撤步，落在左脚的右后侧，随之弓膝塌劲。同时两手随身体转动向右侧捋转，左臂屈肘，左掌心向下；右掌型不变，眼看左前方（图15-3-11、12）。

图 15-3-10　　　　　　图 15-3-11　　　　　　图 15-3-12

（二）撤步大捋的运用

1. 预备势：甲乙相对站立，提脚上步，搭手成双掤势（图15-3-13）。

2. 乙右腿屈膝，身体重心移至左腿。同时右手逆缠，化开甲右手的掤劲，顺势用力向前按甲胸。甲右手贴乙右腕顺缠至乙右腕下侧，手指微屈；左手贴乙右肘逆缠，掌心贴乙右臂上侧（图15-3-14）。

图 15-3-13　　　　　　　　图 15-3-14

3. 上势动作不停。甲右脚迅速提起，向后撤步，落在左脚的右后侧，随之弓膝塌劲。同时甲身体右转，两手捋乙右臂，随转体向右下方捋出（图15-3-15、16）。

图 15-3-15

图 15-3-16

三、上步挤的训练与运用

（一）上步挤的单式训练

1. 预备势与进步的预备势相同。身体稍右转，右脚提起，向前上步，脚跟着地，然后前脚掌落地踏实，随之屈膝前弓，成右弓步。同时两手向胸前按出，两臂微屈，两手同胸高，两掌心向前，掌指向上（图 15-3-17）。

2. 身体右转。右腿弓膝塌劲，左脚提起，向前上步，落至右脚的左前侧，脚跟着地，脚尖翘起，成左虚步。同时左手握拳顺缠前伸，掤至左侧前方，拳心向内，臂成弧形；右手扶按至左腕内侧，掌指斜向上（图 15-3-18）。

3. 身体左转。左脚尖稍内扣，向前弓膝塌劲；随之右脚向前跟半步，屈膝，脚跟抬起，前脚掌着地。同时左臂向左前方挤出，手至左膝外上侧；右手随左臂转动，眼看左前方（图 15-3-19）。

图 15-3-17

图 15-3-18

图 15-3-19

（二）上步挤的运用

1. 预备势：甲乙相对站立，提脚上步，搭手成双掤势（图 15-3-20）。

2. 乙右手前掤。甲右手逆缠，顺乙劲向右引采。接着右脚向回收转至左脚内侧，落实；迅速提起左脚向前上步，落至乙右腿外后侧，脚跟着地，脚尖翘起，成左虚步。同时左手握拳贴乙右臂向下、向内转至胸前（图 15-3-21）。

图 15-3-20

图 15-3-21

3. 甲左脚尖稍内扣，向前弓膝塌劲，大腿内侧贴乙大腿外侧；随之右脚向前跟半步，脚前掌着地。同时身体左转，左臂向左前方发力挤乙胸部；右手随之向前按在左腕内侧，以助左臂挤势，眼看左前方（图 15-3-22、23）。

图 15-3-22

图 15-3-23

四、采按的训练与运用

（一）进步采按的单式训练

1. 预备势与进步的预备势相同。身体稍右转。右脚提起，向前上步，脚跟着地，然后脚前掌落地踏实，随之屈膝前弓，成右弓步。同时两手向胸前按出，两臂微屈，两手同胸高，两掌心向前，掌指向上（图15-3-24）。

2. 身体稍左转。右腿弓膝塌劲，步法不变。接着左臂屈肘，手稍逆缠，向内转至左侧胸前，掌心斜向外，掌指向上；同时右手顺缠，稍向左前方转出，掌心向上，掌指斜向前，眼法不变（图15-3-25）。

3. 身体稍右转。左腿弓膝塌劲，重心随之移向左腿；接着右脚向内撤半步，落至左脚的右前侧，成右虚步。同时左手顺缠，向左、向下画弧转至腹前；右臂屈肘，右手向内采至腹前，掌心斜向上，手指微屈（图15-3-26）。

4. 身体稍右转。弓住左腿；右脚提起，向右前方上步，脚跟先着地，接着脚尖向前落地踏实，随之向前弓膝塌劲；左脚跟稍翘起。同时右手向右前上方画弧刁采，至右额前上方，屈腕，指尖向下，成刁勾手；左手在腹前立掌，向右前上方发力推出，手同胸高，掌心向前，掌指向上，眼看右前方（图15-3-27、28）。

图 15-3-24

图 15-3-25

图 15-3-26

图 15-3-27

图 15-3-28

（二）进步采按的运用

1. 预备势：甲乙相对站立，提脚上步，搭手成双势（图 15-3-29）。

图 15-3-29

2. 甲乙身法不变，步法不变。乙右手逆缠，向右引化甲的右手，顺势向前推按；左手也向前推按。同时甲身体稍左转，左手向内绕至乙左臂内侧，屈肘，手沿乙左臂内侧向内收转至乙左腕内侧，掌心斜向外，掌指向上；随之右手顺缠，右臂向前掤乙左手按劲，手向左前上方伸出，至乙右腋下，掌心贴乙右上臂根部。接着左手挂乙右手，向左、向下画弧转至右侧腹前；与此同时，右手屈指采乙右臂向右侧下方引采。身体重心移至左腿；右脚向内收转半步，成右虚步。乙知甲向右采，左手松开。随之身体左转，用右肩向前靠击甲胸部（图 15-3-30、31）。

图 15-3-30

图 15-3-31

3. 接上式动作不停。甲见下采落空，乙又向胸部靠击，右手迅速向右前上方画弧引采；随之左手向前按在乙右背侧，随采势向右前上方发力推按。同时提起右脚，向右前方上步，随之屈膝前弓，成右前弓步（图 15-3-32、33）。

图 15-3-32

图 15-3-33

(三) 撤步采按的单式训练

1. 预备势与进步的预备势相同。从弓步双按开始,身体稍右转,右脚提起,向前上步,脚跟着地,然后脚前掌落地踏实;随之屈膝前弓,成右弓步。同时两手向胸前按出,两臂微屈,两手与胸同高,两掌心向前,掌指向上(图 15-3-34)。

2. 身体稍左转,右腿弓膝塌劲,步法不变。接着左臂屈肘,手逆缠,向内转至左侧胸前,掌心斜向外,掌指向上;同时右手顺缠,向左前方转伸,掌心向上,掌指斜向左前,眼法不变(图 15-3-35)。

3. 接上势,动作不停,身法不变。左腿屈膝塌劲,身体重心移至左腿;随之提起右脚,向右后方撤步,脚尖先着地,然后再踏实。同时左手向左、向下画弧转至左腹

图 15-3-34

图 15-3-35

前,掌心向前,掌指向上;右手屈肘,向内采至胸前,掌心斜向上。接着身体右转,右脚跟落地,脚尖翘起外摆,落地踏实,随之向前弓膝塌劲;左脚以脚跟为轴、脚尖向内扣转,左腿伸直,成右侧弓步。与此同时,右手迅速沿弧线向右前上方采出,至右额前上方,屈腕,成刁勾手;左手随右手采势向前发力推出,掌心向前,掌指向上,眼看前方(图15-3-36~38)。

图 15-3-36

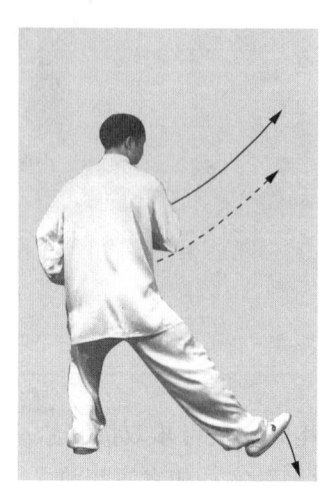
图 15-3-37

图 15-3-38

(四)撤步采按的运用

1. 预备势:甲乙相对站立,提脚上步,搭手成双掤势(图15-3-39)。

2. 乙身体稍右转。右手逆缠,向右引化甲右手,顺势向前推按。同时甲身体稍左转,左手贴乙右臂下侧向内绕至乙右前臂内侧,向内屈肘至左胸前,掌指向上;随之,右手顺缠,向左前方伸出,至乙右腋下,掌心向上,贴乙右上臂下侧。接着左腿弓膝塌劲,身体重心移至左腿;右脚提起,向右后方撤步,脚尖着地。与此同时,左手顺缠,挂乙右臂,沿弧线向外下转至腹前;右手屈指,向右下采(图15-3-40、41)。

图 15-3-39

3. 甲身体迅速右转,右脚跟落地,脚尖外摆,随之向前弓膝塌劲;左腿伸直,成右弓步。同时右手沿弧线向下至腹前,再向右前上方迅速采出;左手抬起,按在乙右肩后下侧,随右手采势向前发力,将乙按出(图15-3-42、43)。

第十五章 太极推手

图 15-3-40

图 15-3-41

图 15-3-42

图 15-3-43

（五）绕步采按的单式训练

1. 预备势与进步的预备势相同。从弓步双按开始，身体稍右转。右脚提起，向前上步，脚跟着地，然后前脚掌落地踏实，随之屈膝前弓，成右弓步。同时两手向胸前按出，两臂微屈，两手与胸同高，两掌心向前，掌指向上（图15-3-44）。

图 15-3-44

2. 身体稍左转，右腿弓膝塌劲；随之左脚提起，向前上步，落在右脚的左前侧，向前弓膝塌劲。接着左臂屈肘，手稍逆缠，向内转至左侧胸前，掌心斜向外，掌指向上；同时右手顺缠，向左前方转伸，掌心向上，掌指斜向左前。眼法不变（图15-3-45、46）。

图 15-3-45　　　　　图 15-3-46

3. 身体右转。左腿弓住塌劲；右脚提起，经左腿后侧插步，脚尖着地。动作不停，身体继续右转。左脚尖内扣落实；右脚跟也内扣踏实，成小弓步。两手随身体转动，手法不变（图15-3-47、48）。

图 15-3-47　　　　　图 15-3-48

4. 接上势，动作不停。身体继续右转。左腿弓膝塌劲；随之右脚提起，向右前方上步，脚跟着地，接着脚尖落地，向前弓膝塌劲，成右弓步。同时右手向下经腹前沿弧线向右前上方采出，成刁勾手；左手随右手采势向前发力按出，掌心向前，掌指向上。眼看前方（图15-3-49、50）。

图 15-3-49　　　　　图 15-3-50

（六）绕步采按的运用

1. 预备势：甲乙相对站立，提脚上步，搭手成双掤势（图 15-3-51）。

2. 乙身体稍右转，右手逆缠，向右引化甲右手，顺势向前推按。同时甲身体稍左转，左手贴乙右臂下侧向内绕至乙右前臂内侧，向内屈肘至乙前臂内侧，屈指向外挂乙前臂；随之右手顺缠，向左前方伸出，至乙右腋下，掌心向上，贴乙右上臂下侧（图 15-3-52）。

图 15-3-51

图 15-3-52

3. 接上势，动作不停。甲身体右转，右脚向内收转至左脚内侧；左脚迅速提起，向前上步，落在乙右脚的后侧；接着再提起右脚，经左腿后侧插步。同时，左手顺缠挂乙右臂，沿弧线向外下转至腹前；右手屈指采住，并向右引采；左手松开，向前扶按在乙右肩后下侧，两手随身体转动（图 15-3-53、54）。

图 15-3-53

图 15-3-54

4. 上势动作不停。甲身体继续右转，右脚提起，向右前方上步，随之向前弓膝塌劲；左腿伸开成右弓步。同时两手随身体转动不停，右手随右腿弓膝迅速向右前采出；左手随右手采劲向前发力推按，将乙发出（图 15-3-55~57）。

图 15-3-55

图 15-3-56

图 15-3-57

五、撤步双采的训练与运用

（一）撤步双采的单式训练

1. 预备势与进步采按相同。身体稍右转。右脚提起，向前上步，脚跟着地，然后前脚掌落地踏实，随之屈膝前弓，成右弓步。同时两手向胸前按出，两臂微屈，两手与胸同高，两掌心向前，掌指向上（图 15-3-58）。

2. 身法不变。右腿弓膝塌劲，身体重心移至右腿；随之左腿屈膝提起，左脚跟至右小腿内后侧，脚尖自然下垂。同时两手松腕前提，指尖自然下垂（图 15-3-59）。

3. 接上势，动作不停。左脚迅速向后撤一大步，身体重心随之后移；右脚随身体向后拖撤。同时两手快速捋采至两腿外下侧，掌心向下，掌指向前，眼看前方（图 15-3-60）。

图 15-3-58　　　　　图 15-3-59　　　　　图 15-3-60

（二）撤步双采的运用

1. 预备势：甲乙相对站立，提脚上步，搭手成双掤势（图 15-3-61）。

图 15-3-61

2. 乙右手逆缠，向下、向前按甲腹部，左手也顺势向前按甲腹部。甲右手逆缠，向右按乙左上臂上侧；左手按乙右上臂上侧，并向前推按。同时提起左脚，向后撤半步，加大步法，以稳定重心（图 15-3-62）。

图 15-3-62

3. 乙用两臂掤住甲的按势，两手继续向前推按。同时甲两手迅速向下采乙两臂，右脚向后拖撤发力，使乙向前扑倒（图15-3-63、64）。

图 15-3-63　　　　　　　　　　　图 15-3-64

六、进步采挒的训练与运用

（一）进步采挒的单式训练

1. 预备势与进步采按相同。身体稍右转。右脚提起向前上步，脚跟着地，然后前脚掌落地踏实，随之屈膝前弓，成右弓步。同时两手向胸前按出，两臂微屈，两手与胸同高，两掌心向前，掌指向上（图15-3-65）。

2. 身体稍右转，重心移至左腿。右脚提起，向前上半步，脚跟着地，脚尖翘起。同时右臂屈肘，右手回收至右肩前，掌心斜向前下方，掌指斜向前上方；左手型不变（图15-3-66）。

3. 身体左转。右脚尖稍内扣，落地踏实，随之弓膝塌劲。同时右手向左前下方发力按出，掌心斜向下，掌指斜向上；左手向左画弧采按至腹前，掌心向下，掌指斜向前。眼看右前方（图15-3-67）。

图 15-3-65　　　　　图 15-3-66　　　　　图 15-3-67

（二）进步采挒的运用

1. 预备势：甲乙相对站立，提脚上步，搭手成双掤势（图15-3-68）。

2. 甲右手逆缠，化开乙的掤劲，向前按在乙的左上臂上；左手也向前按在乙右上臂上。随之提起右脚，向前上半步，接着向前弓膝塌劲。左手向前、向左下采按；同时右手向左前下方发力猛按，两手的用劲形成挒劲，使对方向后仰跌。左脚随势向前拖步，身体随势左转（图15-3-69、70）。

图 15-3-68

图 15-3-69

图 15-3-70

七、肘法的训练与运用

（一）进步掤肘的单式训练

1. 预备势与进步采按相同。身体稍右转，右脚提起，向前上步，脚跟着地，然后前脚掌落地踏实，随之屈膝前弓，成右弓步。同时两手向胸前按出，两臂微屈，两手同胸高，两掌心向前，掌指向上（图15-3-71）。

图 15-3-71

2. 身体稍左转。右手顺缠，握拳，拳心向内；左手也顺缠，握拳，屈臂向内收至右肘内下侧，拳心斜向内（图 15-3-72）。

3. 身法不变。身体重心移至左腿。随之右脚向内收转半步至左脚内前侧。同时两手继续顺缠，向下、向内画弧收转至腹前，拳心向上（图 15-3-73）。

4. 身体稍右转。右脚提起，向右前方上一大步。左拳逆缠，按在右手腕上。随之左腿蹬地发力，右腿向前弓膝塌劲。左腿屈膝，脚跟抬起，稍外摆，膝关节稍内扣。同时右拳逆缠，向前上方迅速掤出；左手随右手前转，以助掤力，拳心斜向前下方。眼看右前方（图 15-3-74）。

图 15-3-72

图 15-3-73

图 15-3-74

（二）进步掤肘的运用

1. 预备势：甲乙相对站立，提脚上步，搭手成双掤势（图 15-3-75）。

2. 乙右手逆缠，化开甲的掤劲，用力向甲胸推按。甲身体稍左转，左手按在乙右手上侧，屈腕，随身体左转向左将乙右手；同时右手顺缠，向前伸至乙右臂下侧；左手松开，向前按于乙右肘上侧。乙顺势向前挤靠（图 15-3-76、77）。

3. 甲右手握拳逆缠，向前上方掤转，同时松肩沉肘；左手向前按在右手腕上，向前用力，以助右手掤力。随之，提起右脚，向前上半步，向前弓膝塌劲（图 15-3-78）。

图 15-3-75

4. 甲左脚蹬地，使力上传于臂，向前上方发力将乙掤出（图 15-3-79）。

图 15-3-76

图 15-3-77

图 15-3-78

图 15-3-79

（三）上步压肘的单式训练

1. 预备势与进步采按相同。身体稍右转。右脚提起，向前上步，脚跟着地，然后前脚掌落地踏实，随之屈膝前弓，成右弓步。同时两手向胸前按出，两臂微屈，两手与胸同高，两掌心向前，掌指向上（图 15-3-80）。

图 15-3-80

2. 身体稍左转。左臂屈肘，手逆缠，转至左胸前，掌心斜向外，掌指向上；右手顺缠，向左前方转出，掌心向上，掌指斜向前上方（图15-3-81）。

3. 身体重心移至左腿。右脚向回收转至左脚内侧。同时左手顺缠，向左、向下、向内画弧挂转至腹前，掌心斜向下；右臂屈肘，右手向内采至腹前，掌型不变（图15-3-82）。

图 15-3-81

图 15-3-82

4. 身体继续左转，身体重心移至右腿。随之提起左脚，向前上步，脚跟先着地，脚尖翘起。同时左手向上，提至胸前，掌心斜向下，掌指斜向右（图15-3-83）。

5. 身体变为左转。左脚尖落地踏实，随之弓膝塌劲。左臂沉肘，左手向下采；右手不动，右肘向上、向左前下方画弧下压。同时右脚向前跟半步，屈膝，脚跟抬起，脚前掌着地（图15-3-84）。

图 15-3-83

图 15-3-84

（四）上步压肘的运用

1. 预备势：甲乙相对站立，提脚上步，搭手成双掤势（图15-3-85）。

2. 乙右手逆缠，化掉甲的掤劲，向甲胸推按。同时甲左手从乙右臂内侧抬起，与乙右手腕内侧相贴，手心斜向外；右手顺缠，向左前方伸转至乙右腋下，掌心贴乙右上臂根部，屈指。身体稍左转（图15-3-86）。

图 15-3-85

图 15-3-86

3. 甲左手顺缠，挂采乙手向左、向下再向内转至左侧腹前；右手向内采。同时身体重心后移左腿；右脚提起，向内收转，落至左脚内侧；接着左脚提起，向前上步，落在乙右脚外侧，大腿内侧贴紧乙右大腿外侧，向内合劲。随之左手抬起，扶按在乙右肩后侧（图15-3-87、88）。

图 15-3-87

图 15-3-88

4. 甲右手向内采紧，右肘向上、向前压乙胸部，同时左手屈指采住乙肩部向下采，两脚站定，手肘同时发力，将乙发出（图 15-3-89~91）。

图 15-3-89

图 15-3-90

图 15-3-91

八、进步靠法的训练与运用

（一）进步靠法的单式训练

1. 预备势与进步采按相同，弓步双按，身体稍右转。右脚提起，向前上步，脚跟着地，然后前脚掌落地踏实，随之屈膝前弓，成右弓步。同时两手向胸前按出，两臂微屈，两手与胸同高，两掌心向前，掌指向上（图 15-3-92）。

2. 身体稍右转，重心移至左腿。随之右脚提起，向前上步，脚跟先着地，脚尖翘起。同时右手握拳逆缠，向右斜下方采出，与腹同高，拳心向下；左手向左平转，掌心斜向前，掌指斜向上（图 15-3-93）。

3. 右脚尖落地踏实，随之弓膝塌劲。同时身体左转，用右肩向前发力靠出（图 15-3-94）。

图 15-3-92

图 15-3-93

图 15-3-94

（二）进步靠法的运用

1. 预备势：甲乙相对站立，提脚上步，搭手成双掤势（图 15-3-95）。

2. 乙用掤劲。甲右手逆缠，握住乙右手腕向右下方引采，手与腹同高；左手松开，向左自然伸展。同时右脚提起，向前上步，落在乙两脚之间，脚跟先着地，脚尖翘起，接着落地踏实，随之向前弓膝塌劲。同时身体左转，用右肩靠击乙右肩部，将乙靠出（图 15-3-96、97）。

图 15-3-95

图 15-3-96

图 15-3-97

九、进步搂法的训练与运用

（一）进步搂法的单式训练

1. 预备势与进步采按相同，弓步双按，身体稍右转。右脚提起，向前上步，脚跟着地，然后前脚掌落地踏实，随之屈膝前弓，成右弓步。同时两手向胸前按出，两臂微屈，两手与胸同高，两掌心向前，掌指向上（图15-3-98）。

2. 身体左转，重心移至左腿。右脚提起，向前上步，脚跟先着地，脚尖翘起。同时左手向左平摆至左侧前方，掌心斜向左，掌指斜向上；右手逆缠，向左前下方伸转，掌心斜向前下方，掌指斜向下（图15-3-99）。

3. 右脚落地踏实，随之屈膝前弓。右手向右后方搂转，手至右侧后方，掌心斜向下，掌指斜向右后方；同时，身体向右转，左手随之向前平摆，掌型不变。左腿屈膝，左脚跟抬起外摆。眼看右手（图15-3-100、101）。

图 15-3-98

图 15-3-99

图 15-3-100

图 15-3-101

（二）进步搂法的运用

1. 预备势：甲乙相对站立，提脚上步，搭手成双掤势（图15-3-102）。
2. 甲左手从乙右臂下侧绕至内侧，向左后捋采乙右手。接着右脚提起，向前上步，随之向前弓膝塌劲。右手逆缠，向左前下方伸转至乙右侧腹前，掌心向下，掌指斜向下（图15-3-103）。

3. 甲左手松开，裆劲向下塌，身体下降；右手沿乙腰部向前转身，接着右手变顺缠，松肩沉肘，向右后方搂转；左手随身体摆动。眼看右手（图 15-3-104、105）。

图 15-3-102

图 15-3-103

图 15-3-104

图 15-3-105

第四节　太极推手战术及其训练

实现战术目的，必须掌握战术原则、战术形式和发挥战术作用的条件，这是运用战术的基础，而且掌握的广度、深度，直接影响战术的质量和效果。故此，战术训练要培养良好的战术意识。这就要求在复杂、多变、困难的环境下，积极地观察场上情况，随机应变，快速准确地决定自己的战术行动方案。战术意识反映在行动的预见性、判断的准确性、攻防的主动性、技术的目的性、动作的隐蔽性、配合的一致性和战术的灵活性等诸方面。可以说运动员在比赛中每一个战术的正确运用，无不受战术意识所支配，战术意识水平高低是衡量运动员成熟与否的重要标志。

太极推手战术，是根据比赛双方的具体情况，为战胜对手而采取的计谋和方法。

随着太极推手运动的发展，比赛中运动员技术水平和竞技能力日趋接近，单凭身体、技术战胜对手的机会逐渐减少，良好的运动素质和技术水平，只有通过一定的战术形式表现出来，才能在比赛中有更多的取胜机会。因此，太极推手战术训练是太极推手训练的重要内容，它的作用就在于把运动员已经获得的身体、技术、心理等训练成果，根据比赛双方的具体情况综合运用，其核心就是"制人而不受制于人"，制造有利的形势，掌握主动权。为了争取主动，一方面对自己要扬长避短；另一方面对对手要抑长制短。比赛中在双方旗鼓相当、势均力敌的情况下，正确地运用战术，可减少体力的消耗和无效行动，对夺取比赛的胜利具有重要的作用。

一、战术原则

战术原则，是制定战术计划、实施战术方案必须遵循的准则。

（一）按太极推手动作设计战术

战术，是通过一定的技术动作运用来实现的，不同动作的技术组成的方案，表达了不同的战术思想。因此，按太极推手动作功能设计战术是合理地、有效地发挥技术的战术原则，它能使我们从太极推手技术的整体性、有序性、相关性、动态性的系统观点中，正确地制定战术，而不是独立地、片面地考虑某一个战术动作的技术因素，产生单一的战术方案。

（二）合理运用攻防设计战术

在比赛中，有些运动员一味地进攻，不顾防守；有的则单纯防守，不讲进攻，结果使攻防失调，顾此失彼。因此，要遵循"攻防兼顾"的原则，在瞬息万变的激烈对抗中，临战不乱，临危不惧，保持攻防的合理节奏。

攻防兼顾不是绝对的或一成不变的，在比赛中要根据具体情况灵活运用。一般来讲，面对强手应加强防守，防中有攻，以防守反击为主；面对弱手要积极进攻，攻中有防，以主动进攻为主；水平相当时，要攻防兼顾，做到有序进攻，稳妥防守，抓住战机，猛烈进攻。

（三）合理运用控制的战术

在太极推手比赛中，有时听运动员说"我浑身是劲，动作还没有用上就输了，真气人。"产生这种现象的原因，是被对方所控制。太极推手比赛的过程，实质上是一个控制与反控制的过程，谁控制谁，谁就占主动权。例如，甲乙双方，甲擅长摔法，乙如果不能有效地控制其特长，甲的摔法就会得到充分的发挥，成功率就会很高。如果换了丙与其相对，丙了解甲的特长，只要甲使用摔法，丙便以防守破之，成功几次后，甲在心理上就会产生慌乱，不但摔法这一技术专长发挥不出来，其他技术也难以正常地发挥和运用。所以，在制定战术时，就是要根据控制与反控制的这一原理，全面了解对方的情况，避实击虚，先夺其长，掌握主动权，使其不能发挥技术特长。

（四）多变的战术

太极推手的任何战术都不是万能的。在比赛中采用固定不变的战术，容易被对方摸到规律，使自己陷入被动的困境。在设计战术时，应多考虑几种战术形式及其互相之间的衔接和配合。这样，可以最大限度地体现不同的进攻方向和攻击点。不同攻击点是指从正面、侧面、背面等不同的角度，对对方的上、中、下三盘交错进攻。在太极推手比赛中，战术的变化要有灵活性、实效性和针对性。否则，光图形式多样，华而不实，没有针对性、实效性，形式再多，也不能取得最终胜利。

（五）根据对方的状态制定战术

太极推手比赛和作战一样，要战胜对方，首先要了解对方，兵法云："知彼知己，百战不殆。"否则，制定的战术就没有针对性，就会陷入盲目的冒险之中。战术设计之前应了解对方的以下几种情况：

1. 技术情况

对方是善于用按、用挤，还是善于用靠；他的攻击实力是什么，主要得分手段是什么；对方的技术弱点是什么，是防靠法的能力差，还是防挤法的能力差等。

2. 攻防情况

运动员的攻防情况一般来讲可分为三种类型，即（1）以主动进攻为主的进攻型，（2）以防守反击为主的防守型，（3）能攻能守的综合型，在制定战术前，要了解对方属于哪一种攻防类型，"对症下药"。

3. 进攻类型

进攻类型可分为力量型、技术性。力量型运动员在进攻时，主要依靠强大的力量威慑对方，削弱对方战斗力，以力取胜；技术型运动员，主要依靠良好的技术发挥，以得分取胜。对付前者，需要制定以快制力、以柔制刚、柔化顺为主的战术；对付后者，则需要封堵其双手，使用减少身体的接触等方法，制定连续进攻的战术。

4. 身体素质

运动员之间的身体素质有明显的差异，有的力量大，有的耐力好，有的反应快，有的速度快，有的协调性好。对于不同身体素质的对手要采用不同的战术，例如，遇到耐力差的就要采用消耗其体力的战术，进攻时要粘住对方，逼着对方使他没有反击之力或者把对方斗急了再进攻，不给喘息的机会，使对手体力迅速下降而取胜之。

二、比赛常用的战术形式

太极推手的战术形式，是为了完成战术意图而由各种动作组成的具体方法。太极推手以它丰富的技术内容和相生相克、相互制约、相互转换的技术规律，为太极推手多姿多彩的战术形式提供了先决条件。太极推手的战术形式有：

(一) 直攻战术

直攻战术，是指在没有虚晃及假动作的掩护下，直接进攻对方。运用直攻战术须具备以下条件：

1. 当对方的反应速度、动作速度、位移速度没有自己快时。
2. 当对方的攻防不够熟练时。
3. 当对方的体力不足时。
4. 当对方的防守动作出现空隙时。
5. 当与对方的距离能有效地使用进攻动作时。

(二) 猛攻战术

猛攻战术，是指硬性突破对方的防守后发出的攻击。一开始就连续使用技术动作，猛烈进攻，使对方只有招架，没有还手的机会，在短时间内取胜。在以下情况下可采用猛攻战术：

1. 对方经验不足，或是体力不佳时。
2. 对方的攻防能力比较差时。
3. 对方的心理素质比较差时。
4. 自己的身体素质比较好，技术比较全面，但比赛经验不如对方时。

(三) 诱攻战术

先用假动作，给对方造成错觉后再用真动作进攻。常用的手段有"声东击西"，使对方不易察觉真正的进攻方向。使用假动作要引起对方的反应，结果使对方站成施技者所需要的姿势，例如甲右手用力向前按乙，当乙向前用劲掤时，甲趁机运用"右采左按"。许多情况是左右、前后、上下配合运用，形成连环动作，如进步按与退步采按相配合、撤步采与上步压肘相配合等等。

(四) 稳攻战术

站好实战姿势，两手掤住对方，"看好门户"，严阵以待。先试探、观察，找出对方的弱点，选好机会进攻。

在交手时先做以防守为主的掤势，使对方的手、身、腿无法靠近。避其锋芒，挫其锐气，使得对方无可奈何，结果对方性格急躁，展开猛烈进攻，待其体力消耗尽，露出破绽，再乘隙进攻。

稳攻战术适于对付势力强、技术好的对手。这种战术需要沉着稳重的精神、深谋远虑的智慧和不畏强手的意志。

(五) 圈线战术

圈线战术，是利用竞赛规则和圈线等客观条件，采用相应的方法迫使对方出圈或倒地、踩踏圈线。圈线战术按其形式可分为前冲出圈和引化出圈。

1. 前冲出圈

前冲出圈有两种：一是将对方牵动后，抓住对方站立不稳的这个机会，直线向前紧贴对方，直至其出圈。二是技术不如对方，但是力量比对方强，则用两手控制住对方，结合步法的堵截迫使其后退，直至出圈。

2. 引化出圈

引化出圈，必须借用对方向前的冲力，运用太极拳中引用落空的方法，将对方引化出圈。但是自己必须具备较好的听劲、化劲的能力，在最短的时间里判断出对方用力的方向。在以下情况下可采用引化出圈：

(1) 当对方直线向前进攻时。
(2) 当对方运用进步双按时。
(3) 当对方向前猛扑、双手撞击时。
(4) 运用撤步采按的方法引化其出圈。

（六）边线战术

边线战术，是利用对方退到边缘，害怕踩线或出圈的心理进行攻击的战术。比赛中，有目的地将对方逼到边线，造成对方的心理恐惧、惊慌而致使对方紊乱，趁此机会，加强正面进攻，争取得分。

三、战术训练

（一）战术训练的要求

1. 战术意识的培养

战术意识的培养是战术训练中的重要环节。比赛中战术的制定，要靠赛前了解情况、教练员的临场决策，更重要的是在瞬息万变的情况下，要靠运动员独立作战的能力、战术思维能力和战术应变能力等。因此，在训练过程中，通过各种途径使运动员学会分析、判断、比较，促进战术意识水平的提高。

2. 基本战术与多种战术相结合

通过战术的训练，运动员要掌握多种战术。这样在比赛中才能根据自己掌握的技、战术，随着战势的发展灵活运用。除了要掌握基本战术外，还应根据自己的特点掌握对待不同对手的几种战术方法，以适应各种不同的对手。在战术训练中要求实、求精，要严格按照实战的要求去做。

3. 战术训练要与全面训练相结合

战术训练的质量，与身体训练、技术训练和心理训练有着密切的关系。训练内容的各部分之间是相互影响、相互联系、相互制约、相互促进的，因此，战术训练要与全面训练相结合。

(二) 战术训练的方法

1. 假设

要求运动员精神高度集中，有一种身临其境、面对对手的实战姿态，设想对手所采用的各种方法，自己运用相克的手法破之。如设想对手采用"抢攻"，我即可采用相应的"反击战术"而破之。这种练习可以一个战术反复练习，也可以多种战术变换练习；可以单练，也可以对练。可以设想各种情况进行练习，如"引进落空"，再"粘随快进"，或边线"换位""强攻硬取""连招快攻"等。这种想练结合的方法，主要是培养战术意识，掌握各种战术的具体用法。

2. 分析战例的训练

可录制一部分比赛录像带，选择一些反映战术特点和应用较典型的片段，组织运动员反复观看。通过教练员讲解，运动员进行分析、研究，教练员提问，找出不足之处，经大家讨论找出正确答案。为使分析全面，看完片段后还应把全场比赛连起来看，使局部与全局结合起来，然后综合研究，指导训练。

3. 分解训练

一个战术形式往往需要由几个技术动作组合成。为了使每个技术动作掌握得牢固、扎实，可将其分解开，一个动作一个动作地训练。例如，练习指上（上按）打下（下靠）的佯攻战术，训练时，第一步先用双掌向对方胸部按出，目的是为了使对方造成错觉，引起注意与反应。这是要改变正常的用劲方向，使双掌变为一采一按的捌法或结合进步等练习进步捌。第二步练习上步靠，要求变势突然，上步快。第三步把双按掌与进步捌、上步靠连起来做完整练习，掌握正确的动作节奏。

4. "喂招"训练

由同伴或教练员给练习者"喂招"，重复练习某一战术的用法。例如，练习迂回战术，确定以直线动作"喂招"，练习左右转换及步法的配合；或以进步按为主的进攻方法"喂招"，练习反击战术。教练员还可寻找练习者的空隙，指导喂招者乘虚进攻，以纠正其错误。

"喂招"应逐步加大难度。开始时练习者往往不是丢劲就是顶劲，可指定其站在限定物上，如站在砖上或方桌上，练习走化劲法。要慢慢适应，壮大胆量。"喂招"可由慢到快，虚实结合；由固定的、单一的到一招变多招地灵活运用等，以提高各种战术的熟练程度和运用能力。

5. 模拟训练

根据不同对手，由同伴进行模拟而采取的一种针对性专门练习，以提高战术适应能力和运用能力，比如模拟主动进攻型的对手、模拟力量型的对手、模拟防守反击型的对手、模拟擅长用摔法的对手、模拟擅长用进步按的对手，以及模拟比赛中的各种情况。要求模拟者动作真实，以提高练习者的适应能力。

6. 找劲、摸手

它虽有比赛的因素，但其着眼点不在胜负，主要是培养练习者的听劲、问劲、化劲的战术意识和战术运用的能力。初期摸手、找劲以定步为主，熟练后再加步法。可以规定一方进攻，但只限于一次性进攻与防守（反击），不许连续进攻以防死顶，在教练员的监督指导下，搭手比试，教练员视情况随时暂停，分析和纠正练习者战术运用、听劲、化劲正确与否。由易到难，待战术训练到一定程度后，可安排不同特点的对手进行练习，轮流互换比试；或者安排一个人"坐庄"进行轮战，以提高战术的应变能力。

7. 实战比赛

按照竞赛规则的要求和规定，在比赛的条件下，训练和培养运动员运用战术的能力，丰富临场比赛经验。也可根据从难、从严、从实战需要出发，安排有特定条件的比赛，如不同体重级别、不同技术水平等的对手间进行比赛，重点训练弱者。或者在一场两局的比赛中，多人轮战一个对手，以训练和提高战术的合理运用及应变能力。另外，通过与兄弟队合练或邀请赛的机会，进行战术训练，效果更好。

实战比赛是训练和检验战术运用的最有效的手段，同时应及时进行总结，养成研讨战术的良好习惯，牢固地树立战术观念。

主要参考文献：

1. 张山. 中国太极推手. 北京：人民体育出版社
2. 唐豪、顾留馨. 太极拳研究. 北京：人民体育出版社
3. 刘光鼎. 太极拳术——理论与实践. 北京：科学出版社
4. 黄康辉. 跟冠军学推手. 北京：北京体育大学出版社
5. 李诚志. 教练员训练指南. 北京：人民体育出版社
6. 张耀庭. 中国武术史. 北京：人民体育出版社
7. 林伯源. 中国武术史. 北京：北京体育大学出版社
8. 林伯源. 中国体育史. 北京：北京体育大学出版社
9. 洪均生. 陈式太极拳实用拳法. 济南：山东科技出版社
10. 全国体育学院教材委员会. 体育学院通用教材运动心理学. 北京：人民体育出版社
11. 全国体育学院教材委员会. 体育学院通用教材运动训练学. 人民体育出版社
12. 《中国散手》编写组. 中国散手. 北京：人民体育出版社

（第十五章作者：黄康辉　摄影：柯　时　演示：黄康辉、王天宇）

第十六章 其他格斗技术介绍

第一节 武术短兵

一、概　说

短兵是运用武术中刀、剑的攻防方法，按照一定的规则要求，两人进行实战或比赛的一种对抗性竞技体育项目。通过短兵的练习，可以培养机智灵活、勇敢顽强的意志品质，提高对抗性技能，促进身体素质的全面发展。

武术短兵是我国民族传统体育中具有特色和风格的一项新型竞技项目。1927年"中央国术馆"成立，曾设置武术短兵科目，并于1928年和1933年举办的两届国术国考中均设有武术短兵比赛。

1949年中华人民共和国成立后，国家体委对武术工作给予了高度重视，武术短兵曾于1952年在"天津民族形式体育表演比赛大会"中被列为比赛项目。继后，短兵又被列为体育院校的一门课程，但未作为一个竞技项目进行比赛。1979年在全国武术挖整工作中，对抗性运动项目再度受到国家重视，对散打、短兵、太极推手三个对抗性项目进行了专门的整理研究，并在北京体育学院、武汉体育学院和浙江省体委进行实验。继之，于1979年在第4届全运会武术赛区，进行了散打和短兵的公开表演。1981年在沈阳又举办了内部交流比赛。2001年2月，国家体育总局武术运动管理中心下发了"关于同意西安体育学院承担研究、试点武术短兵运动的批复"，并于2001年8月在山东青岛召开了"武术短兵竞赛规则"论证会，与会专家、教授对竞赛规则的有关条文进行了认真的论证，并达成共识，确定了武术短兵今后发展的初步框架。

二、基本动作与技法

（一）短兵结构

短兵结构如图16-1-1所示。

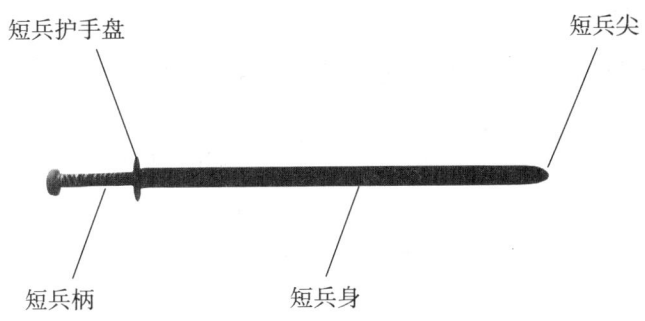

图 16-1-1　短兵结构图

1. 短兵身：短兵尖至护手盘部位。
2. 短兵尖：短兵身梢端。
3. 短兵护手盘：置于短兵身和柄之间的硬牛皮盘。
4. 短兵柄：手握的部位。

（二）持短兵礼与握短兵方法

1. 持短兵礼：并步站立，左手持短兵，屈臂抬起，使短兵身贴前臂外侧，斜置于胸前。右手成掌，以掌外缘附于左手食指根节，高与胸齐，两手与胸间距离为 20～30 厘米（图 16-1-2）。
2. 握短兵方法：虎口贴紧短兵护手盘，拇指与其余四指相对握拢短兵柄（图 16-1-3）。

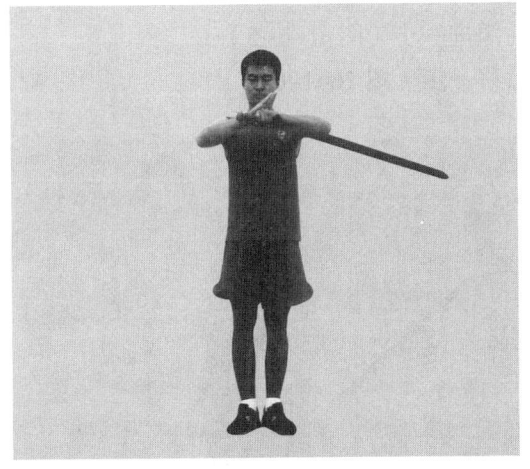

图 16-1-2

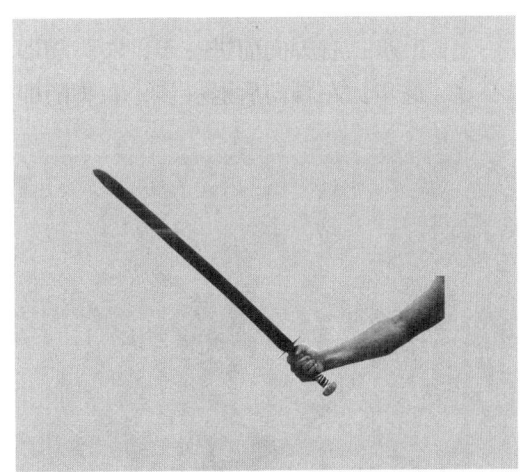

图 16-1-3

（三）实战姿势

1. 左手以拇指和食指靠近护手盘握紧短兵身，其余三指松握，使短兵斜置于身体左侧（图 16-1-4①）。

2. 右手虎口朝护手盘握短兵柄向前提起，右脚向前迈出一步成半马步，身体重心落于两脚之间，右脚尖朝右前方（与右臂伸出方向一致）；左脚尖朝左前方，上体保持正直。右臂微屈，手心朝左，短兵尖与眼同高；左手掌伸向左侧后方。此势为正架（图 16-1-4②）。

如左脚在前，则为反架。本教材全部以正架为例。

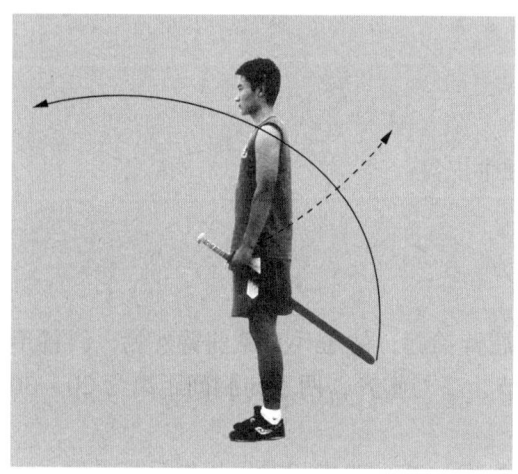

图 16-1-4①

图 16-1-4②

（四）基本步法

1. 上步：右脚向前进一步，左脚随即向前跟进一步（图 16-1-5）。
2. 退步：左脚向后退一步，右脚随即向后移一步（图 16-1-6）。

图 16-1-5

图 16-1-6

3. 闪步：右脚向右横跨一步，同时左脚也向右侧移动一步（图16-1-7）。

4. 前跳步：左脚经右腿内侧向前跃出一步，右脚随即经左腿内侧也向前跃进同样距离的一步（图16-1-8）。

图 16-1-7

图 16-1-8

（五）基本技法

1. 进攻动作

（1）刺：右臂伸直，手心向左，虎口朝前，使短兵直向前刺出，力达短兵尖（图16-1-9）。

（2）劈：右臂伸直，手心向左，使短兵身由上向下劈出，力达短兵前端（图16-1-10）。

图 16-1-9

图 16-1-10

（3）砍：右臂外旋向内摆，手心向上，使短兵身由右向左砍出，力达短兵前端（图16-1-11）。

（4）斩：右臂内旋向外摆，手心向下，使短兵身向右横击，力达短兵前端（图16-1-12）。

（5）点：右手提腕，使短兵尖由上向下点击，力达短兵尖（图16-1-13）。

（6）崩：右手沉腕，使短兵尖由下向上崩击，力达短兵尖（图16-1-14）。

图 16-1-11

图 16-1-12

图 16-1-13

图 16-1-14

2. 防守动作

（1）上架：右臂内旋向右上方举起，手心向前，使短兵身横架于头上方，短兵尖稍高于柄，手臂微屈（图16-1-15）。

（2）里格：右前臂外旋并向里摆，使短兵向左、向里格挡，短兵尖斜朝上，力达短兵后端（图16-1-16）。

图 16-1-15

图 16-1-16

（3）外格：右前臂内旋并向外摆，使短兵向右、向外格挡，短兵尖斜朝上，力达短兵后端（图16-1-17）。

（4）里挂：右臂内旋并微屈，手心向右，使短兵向左侧下挂，短兵尖斜向下，力达短兵前端（图16-1-18）。

（5）外截：右臂微内旋向下、向外摆，手臂微屈，手心向后，使短兵向右侧下截，短兵身斜置于身体右下方，短兵尖斜朝下，力达短兵前段（图16-1-19）。

图 16-1-17

图 16-1-18

图 16-1-19

（6）提膝：右腿屈膝上提躲闪（图16-1-20）。

图 16-1-20

三、基本技法的应用

（一）进攻技法的应用

1. 刺法

（1）正面上刺头：甲向前上步，同时右臂前伸，使短兵刺向乙的面、胸等部位（图16-1-21，图中右侧为甲，左侧为乙）。

图 16-1-21

（2）右闪上刺头：甲向右侧闪步，同时右臂前伸，使短兵刺向乙的面、肩等部位（图16-1-22）。

图 16-1-22

图 16-1-23

（3）左闪上刺肩：甲向左前上步，上体向左闪，同时右臂伸直，使短兵绕至左侧，刺向乙的肩、头等部位（图 16-1-23）。

图 16-1-24

（4）正面下刺腿：甲向前上步，同时右臂向前伸直，使短兵刺向乙的腿、膝等部位（图 16-1-24）。

图 16-1-25

2. 劈法

（1）正面劈头：甲向前上步，同时右臂前伸，使短兵劈向乙方的头、肩等部位（图 16-1-25）。

（2）右闪劈臂：甲向右前上步，上体稍向右闪，同时右臂微向左摆，使短兵劈向乙的肩、腕或头等部位（图16-1-26）。

图 16-1-26

（3）左闪劈头：甲向左前方跨步，身体左闪，同时右臂微向右摆，使短兵劈向乙的头、肩等部位（图16-1-27）。

图 16-1-27

3. 砍法

（1）右闪上砍头：甲向前上步，身体右闪，同时右臂外旋向左摆，使短兵砍向乙的头、肩等部位（图16-1-28）。

图 16-1-28

图 16-1-29

（2）左闪砍腹：甲左脚向左前方上步，同时右臂外旋，向前、向左摆，使短兵砍向乙的腹部（图16-1-29）。

图 16-1-30

（3）左闪下砍腿：甲左脚向左前方上步，同时右臂外旋，向下、向左摆，使短兵砍向乙的腿、膝等部位（图16-1-30）。

图 16-1-31

4. 斩法

（1）左闪斩头：甲向左前上步，身体稍左闪，同时右臂内旋，由左向右摆，使短兵斩向乙方的头、肩等部位（图16-1-31）。

（2）左闪下斩腿：甲向左前上步，身体稍左闪，同时右臂内旋向下、向右摆，使短兵斩向乙的腿部（图16-1-32）。

图 16-1-32

（3）左闪斩臂、肋：甲向左前上步，身体稍向左闪，同时右臂内旋，向前、向右摆，使短兵斩向乙的臂、肋等部位（图16-1-33①②）。

图 16-1-33①

图 16-1-33②

5. 崩法

（1）崩下颌：甲向前上步，右臂向前，使短兵伸向乙的胸前，继而右手沉腕，使短兵尖崩其下颌部位（图16-1-34①②）。

图 16-1-34①

图 16-1-34②

（2）右闪崩臂：甲向右前上步，并向右闪身，右臂向下，使短兵伸至乙的臂下方，继而右手沉腕，使短兵前端崩其臂、腕部位（图16-1-35）。

图 16-1-35

6. 点法

（1）点头：甲向前上步，右膝提起，右臂稍前伸并向上提，虎口下压，使短兵向下点击乙的头部，力达短兵尖（图 16-1-36）。

图 16-1-36

（2）点腕：甲向左侧方闪步，同时右臂稍前伸并向上提腕，虎口下压，以短兵尖由上向下点击乙的右腕（图 16-1-37）。

图 16-1-37

（3）点脚：右腿前弓，上体前倾，以短兵尖点击乙的右脚面（图 16-1-38）。

图 16-1-38

（二）防守反击技法的应用

1. 防刺反击法

（1）防刺反刺法

①防正面直刺反刺头：乙向前上步，同时向前伸右臂，直刺甲面部。甲向右侧闪步，身体左转，同时右臂外旋屈肘，将短兵带至面前，向里格开乙方的短兵，随即伸右臂，使短兵尖向乙的头面部刺去（图16-1-39①~③）。

图 16-1-39①

图 16-1-39②

图 16-1-39③

②防外上刺反刺头：乙向左前方上步，同时右臂外旋，向甲右耳侧刺来；甲右臂内旋，将乙短兵向外格开，并顺势向乙头面部刺去（图16-1-40）。

图 16-1-40

③防下刺反刺腹：乙向前上步，同时伸臂，使短兵向甲的腿部刺来。甲向右侧闪步，同时右臂向下，使短兵由上向下截住乙短兵，随即右臂向前，使短兵直刺乙的腹、膝等部位（图16-1-41①~③）。

图 16-1-41①

图 16-1-41②

图 16-1-41③

图 16-1-42①

图 16-1-42②

图 16-1-42③

（2）防刺反劈法

①防平刺反劈头：乙向前上步，同时刺向甲的胸部以上部位。甲立即向右侧闪步闪身，同时右臂外旋回收，使短兵格开乙短兵，继而右臂前伸，右腕内旋，使短兵由上向下劈向乙的头部（图16-1-42①~③）。

②防外上刺反劈头：乙向左前上步，右臂外旋前伸，刺向甲右耳。甲身体立即向右拧转，同时右臂屈肘内旋向外格开乙短兵，继而右臂前伸，手外旋，使短兵由上向下劈向乙的头部（图 16-1-43①~③）。

图 16-1-43①

图 16-1-43②

图 16-1-43③

③防下刺反劈头：乙向前上步，同时伸右臂，使短兵刺向甲腰以下部位。甲右臂立即由上向下里挂，截住乙短兵，继而右臂随势在体前抡摆，使短兵由上向下劈向乙的头、肩等部位（图 16-1-44①~③）。

图 16-1-44①

图 16-1-44②

图 16-1-44③

（3）防刺反砍法

防上刺砍头：乙向前上步，同时伸右臂，使短兵刺向甲的头面部。甲身体微向下潜，向右闪身，同时屈右臂，上架乙的短兵，继而右臂顺势外旋向右、向前摆，使短兵抡砍向乙的头、颈部位（图16-1-45①~③）。

图 16-1-45①

图 16-1-45②

图 16-1-45③

（4）防刺反斩法

防平刺斩头：乙向前上步，向甲下平刺。甲立即提右脚，右臂弯曲内旋，使短兵向下截开乙的短兵，继而向前落右脚顺势向右平抡，斩向乙的头颈及背部（图16-1-46①~④）。

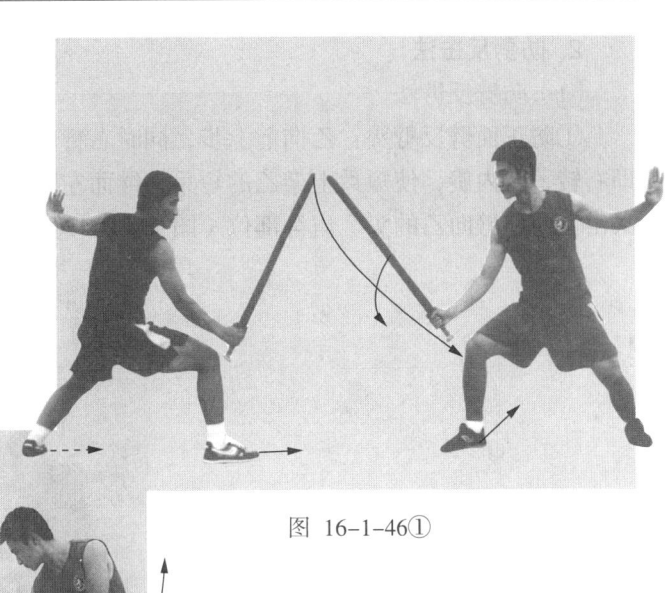

图 16-1-46①

图 16-1-46②

图 16-1-46③

图 16-1-46④

2. 防劈反击法

（1）防劈反劈法

①防正面劈反劈头：乙向前上步，同时右臂向前，使短兵劈向甲的头、肩部。甲立即右转，臂内旋，使短兵上架乙的短兵，继而左脚向左前方上步，同时右臂向前，使短兵由上向前劈向乙的头、肩等部位（图16-1-47①~③）。

图 16-1-47①

图 16-1-47②

图 16-1-47③

②防正面劈反侧劈头：乙向前上步，同时举短兵欲正面劈向甲时，甲方立即向右闪步、闪身，同时右臂向前下压，使短兵从右侧劈向乙的头、肩等部位（图 16-1-48①~③）。

图 16-1-48①

图 16-1-48②

图 16-1-48③

③防劈腿反劈头：乙向前上步，同时欲将右臂向下压，使短兵斜劈向甲的腿部时，甲立即提起前腿防守，同时右臂由上向下截住乙的短兵，继而右脚向前落步，右臂顺势由后向上、向前抢劈乙的头、肩等部位（图16-1-49①~④）。

图 16-1-49①

图 16-1-49②

图 16-1-49③

图 16-1-49④

（2）防正面劈反砍法：乙向前上步，正面由上向下劈向甲。甲右脚立即向左前方上步，身体下潜，闪开乙的短兵，同时右臂向下、向左摆，使短兵砍向乙的腿、膝等部位（图16-1-50）。

图 16-1-50

图 16-1-51①

图 16-1-51②

（3）防外侧劈反斩法：乙向左前上步，同时由侧向前劈向甲的右上臂时，甲立即向左侧闪身，避开乙的短兵，同时右臂由下向右平摆，使短兵斩向乙的头、肋、腿等部位（图16-1-51①~③）。

图 16-1-51③

3. 防砍反击法

（1）防砍反劈法

①防砍腿反劈头：乙向右前上步，同时右臂向后下摆，使短兵砍向甲的腿部。甲前腿立即上提，使其短兵落空，继而顺势举短兵向前下劈向乙的头、肩等部位（图 16-1-52①~③）。

图 16-1-52①

图 16-1-52②

图 16-1-52③

②防平砍反劈头：乙向左前方上步，同时右手挥短兵砍向甲。甲右手立即内旋至虎口向下，使短兵由上至下挂挡住乙的短兵，继而右臂外旋，向前、向下抡劈向乙的头、颈等部位（图 16-1-53①~④）。

图 16-1-53①

图 16-1-53②

图 16-1-53③

图 16-1-53④

③防上砍反砍头、肋：乙向左前方上步，同时右臂上举左摆，使短兵砍向甲的胸部以上部位。甲右臂立即外旋，弯曲回收里格，继而右手顺势在头前旋绕，使短兵砍向乙的头或肋部（图16-1-54①~⑤）。

图 16-1-54①

图 16-1-54②

图 16-1-54③

图 16-1-54④

4. 防斩反击法

（1）防斩反刺法

防斩肋反刺腹：乙向前上步，同时右手向前，使短兵斩向甲。甲左腿立即向左前方上步，身体右转，同时右手向下并内旋，使短兵由上至下截住乙的短兵，继而右臂顺势前伸，使短兵刺向乙的腹部（图16-1-55①~③）。

图 16-1-54⑤

图 16-1-55①

图 16-1-55②

图 16-1-55③

（2）防斩反劈法

防斩腿反劈头、背：乙向前上步，同时使短兵斩向甲的前腿。甲前腿立即提起，使乙的短兵落空，身体顺势前探，同时右臂向前、向下抢劈乙的头、背等部位（图16-1-56①~③）。

图 16-1-56①

图 16-1-56②

图 16-1-56③

（3）防斩反斩法

防斩头反斩头、背：乙向前上步，同时顺势斩向甲的头部。甲右臂立即向右上抬，格挡住乙的短兵，继而左脚向左前方上步，同时右手内旋，使短兵经头后由左向右斩向乙的头、背等部位（图16-1-57①~③）。

图 16-1-57①

图 16-1-57②

图 16-1-57③

5. 防崩反击法

防崩腕反刺腹：乙向左前上步，同时右手前伸并向下沉腕，使短兵尖崩向甲臂。甲前臂立即回收，继而右手内旋，使短兵由上至下截压乙的短兵，并顺势前伸右臂，使短兵刺向乙的腹部（图 16-1-58①~④）。

图 16-1-58①

图 16-1-58②

图 16-1-58③

图 16-1-58④

6. 防点反击法

防外点臂反点头：乙向左前方上步，同时右臂前伸提腕，使短兵点击甲的臂外侧。甲右脚立即向左侧跨步，同时前臂回收于胸前，使乙方进攻落空，继而顺势左脚向左前方上步，同时右手向上、向前伸，虎口下压，使短兵尖点击乙方的头、肩等部位（图16-1-59①~③）。

图 16-1-59①

图 16-1-59②

图 16-1-59③

主要参考文献：

1. 体育院系教材编审委员会《武术》编写组. 体育系通用教材·武术. 第1版，北京：人民体育出版社. 1978年9月
2. 体育院系教材编审委员会《武术》编写组. 体育系通用教材·武术. 第2版，北京：人民体育出版社. 1985年4月
3. 王华锋、周金彪. 短兵——刀剑实战技击法. 第1版. 北京：北京体育学院出版社，1991年5月

（作者：王华锋、陈亚斌　摄影：岳庆利　演示：刘　超、齐宝松）

第二节　擒拿与解脱

擒拿是武术实用技术的一种，它是针对人体最易遭受伤害的部位，通过抓、缠、锁、扣、扛、托、抱、搂、砸、压、切、带、折、拧、踩、打等技法，撅其关节，挫其筋骨，攻其要害，使其失去正常生理活动，达到防身制敌的技击术；解脱是针对对方对己的控制部位和实施的方法，利用人体关节活动的力学规律和特点，通过技法进行挣脱防护的技击术。擒拿和解脱是相互矛盾、相互转化的整体，是中国武术徒手搏击的重要组成部分。

擒拿与解脱在运用中，必须明确任何一种技法都不是绝对的"一招制敌"，只有在熟练掌握技术动作的基础上，通过双方常年的擒拿、解脱的互动练习，在具备良好的身体素质的情况下，才能相对地在对抗中取得主动和制约权，此其一。其二，在运用擒拿和解脱时，必须遵循动作要熟、出手要快、部位要准、下手要狠、反应要灵、变化要多的原则。其三，必须加强力量、速度、反应等身体素质的基础练习，才能更好地掌握和运用擒拿与解脱。

一、擒拿法

（一）双方相握擒拿法

1. 折指法

方法（1），双方右手互握时，右手松握，随后前臂内旋，四指扣其拇指掌骨，同时虎口对其拇指，然后四指回带，虎口前推，折其拇指（图16-2-1①~③）。

要点： 松握、内旋要迅速、连贯，回带、前推用力方向相反。

方法（2），双方右手互握时，右手松握，随后前臂内旋，四指扣其拇指掌骨，同时虎口对其拇指，接着左手抓握对方小指和无名指，然后右手四指回带、虎口前推折其拇指，同时左手用力分掰其无名指（图16-2-2①~③）。

要点： 松握、内旋要连贯，回带、前推用力方向相反，左手分掰时四指扣其掌背。

第十六章　其他格斗技术介绍

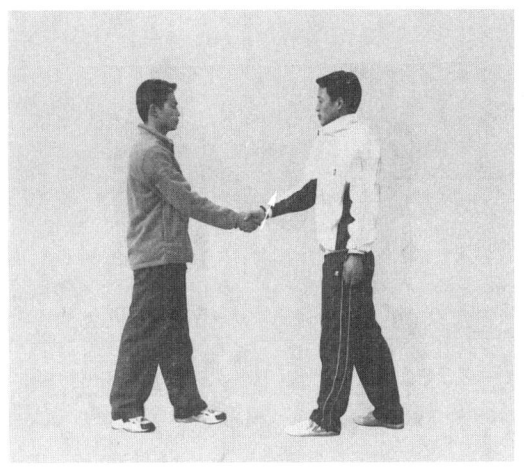

图 16-2-1①

图 16-2-1②

图 16-2-1③

图 16-2-2①

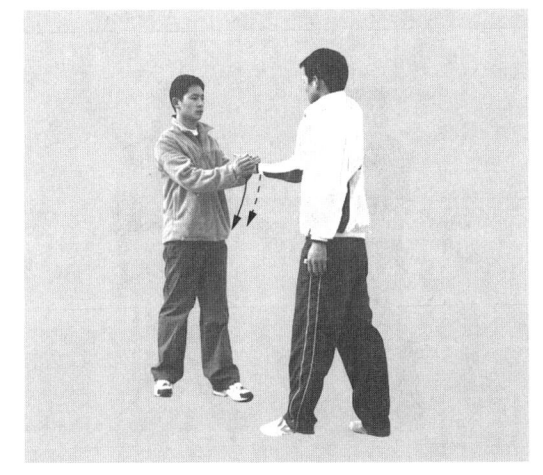

图 16-2-2②

图 16-2-2③

277

2. 折腕法

双方右手互握时，左臂内旋，左手四指抠其拇指，同时拇指压其掌背，随后左臂外旋，四指翻拧、拇指上推，随即右手挣脱，然后右手反抓对方手背，配合左手逆时针方向用力拧折对方手腕和前臂（图16-2-3①~③）。

要点：右手挣脱摆幅要小，拧折对方手腕时身体左转，必要时撤左步。

图 16-2-3①

图 16-2-3②

图 16-2-3③

3. 撅肘叠腕法

双方右手互握时，右臂内旋，右手下拉，同时身体右转，随即左手抓对方右肘，接着右手下按，左手上托，撅折对方右肘。若对方屈肘抵抗，则顺势向前，右掌按压其右手背，折对方手腕（图16-2-4①~③）。

要点：下按、上托动作要快，发力要脆；拿腕时左手要把对方的右肘固住。

图 16-2-4①

图 16-2-4②

图 16-2-4③

（二）腕部被抓擒拿法

同侧手腕被正抓（虎口朝前）擒拿法
1. 折指法

当左腕被对方右手正抓握时，左臂外旋回拉屈肘，同时右手从对方右手下方抠握对方右手拇指指骨，随后右臂内旋推折对方拇指（图 16-2-5①~③）。

要点：左臂外旋迫使对方右手拇指脱开，右手抠握要快，右臂边旋边推折。

图 16-2-5①

图 16-2-5②

图 16-2-5③

2. 折腕法

方法（1），当左腕被对方右手正抓握时，左臂外旋回拉屈肘，接着右手用四指从对方右手下方扣抓其右手拇指掌骨，同时拇指压握对方右手掌背，随后右臂内旋，四指和拇指逆时针方向用力，随即挣脱左手，然后左手反抓对方手背，配合右手向外撅拧其手腕和前臂（图16-2-6①~③）。

要点：撅拧对方右臂要连贯、迅速，身体右转远离乙方，使其失去反抗能力。

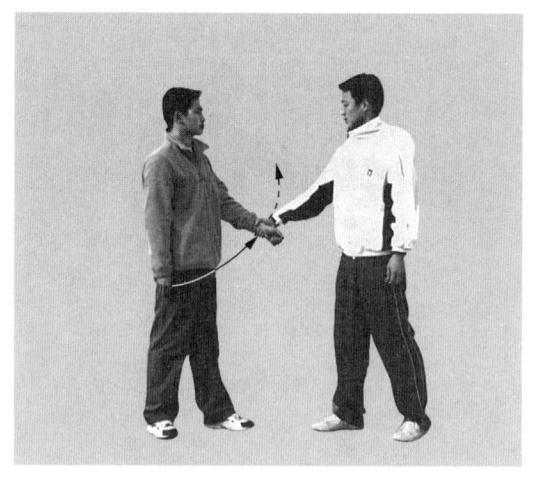

图 16-2-6①

图 16-2-6②

图 16-2-6③

方法（2），左腕被对方右手正抓握时，即以右手拇指按压其右手虎口，其他四指扣抓其右手掌外沿内侧，随即右手外旋，同时左手外旋挣脱，然后左手拇指按压对方右手背，其他四指扣抓其右手拇指掌骨内侧，配合右手向前下撅拿其右腕（图16-2-7①~③）。

要点：左臂外旋与右手外旋要同时用力，撅拿对方右腕部时应边推边压。

图 16-2-7①

图 16-2-7②

图 16-2-7③

同侧手腕被反抓（虎口朝里）擒拿法

1. 折指法

左腕被对方右手反抓握时（对方肘朝下），左手下切对方手腕上侧，迫使其右手松握，即以右手抓握其右手拇指，同时左手挣脱，随后，左手抓握对方小拇指内侧，接着左手外掰，配合右手向前下推折其右手手指（图16-2-8①~③）。

要点： 左手下切对方手腕与右手抓握对方右手拇指衔接要迅速、连贯。

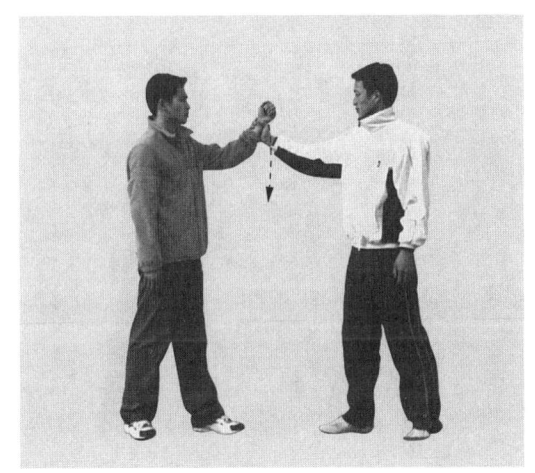

图 16-2-8①

图 16-2-8②

图 16-2-8③

2. 折腕法

方法（1），左腕被对方右手反抓握时（对方肘朝上），左臂内旋，同时左手向身体左侧外摆，随即右手四指抓握其右手手掌外沿内侧，拇指按压对方右手手背，接着左臂外旋挣脱，随后，左手四指抓握对方右手拇指掌骨，拇指按压其右手手背，配合右手拇指前推同时四指回带用力折其右手手腕（图16-2-9①~③）。

要点：挣脱与折拿要连贯、迅速，两手向前下用力时勿靠近对方。

图 16-2-9①

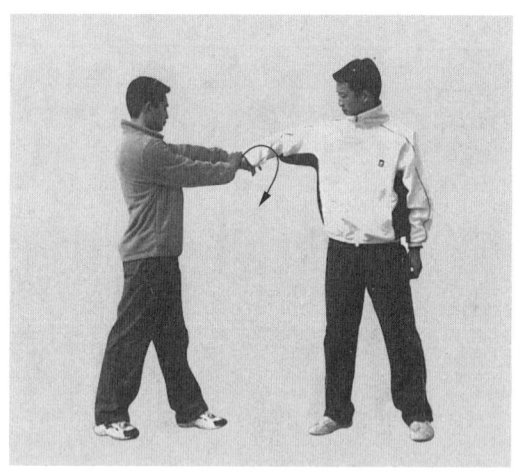

图 16-2-9②

图 16-2-9③

方法（2），左腕被对方右手反抓握时（对方肘朝上），以右手抓住其右手背，身体右转的同时，左臂内旋，屈肘上抬，压在其右前臂上，随后身体和左肘向前下压折其右手手腕（图16-2-10①~③）。

要点：右手要固住对方右手背，身体和左肘下压要协调。

图 16-2-10①

第十六章 其他格斗技术介绍

图 16-2-10②

图 16-2-10③

异侧手腕被抓擒拿法

异侧手腕被正抓（虎口朝前）擒拿法

1. 折指法

右腕被对方右手正抓握时，上左步，同时以左手拇指抠握其右手拇指，使其右手松握，随即右臂外旋，屈肘回带，进行挣脱，然后身体左转，左臂外旋，掰折其拇指（图 16-2-11①~③）。

要点：右手挣脱后与左手衔接要连贯，掰折对方拇指要有狠劲。

图 16-2-11①

图 16-2-11②

图 16-2-11③

283

2. 折腕法

右腕被对方右手正抓握时，左手（虎口朝上）扣按对方右手手背，随后右臂屈肘内旋，右手外翻内收，用掌外沿切压其右腕，使其折腕（图 16-2-12①~③）。

要点：左手按压要牢固，切腕要有力。

图 16-2-12①

图 16-2-12②

图 16-2-12③

3. 折肘法

右腕被对方右手正抓握时，即以左手（虎口朝前）扣按其右手手背，同时右手抓握其前臂，随后双手向身体右侧摆动，同时左脚盖步，身体右后转体，使对方的右肘搭在左肩上，然后双手下按，左肩上顶，撅其右肘（图 16-2-13①~③）。

要点：左手扣按要牢，摆臂转体要协调，搭肩上肘要准。

图 16-2-13①

图 16-2-13②

图 16-2-13③

异侧手腕被反抓（虎口朝里）擒拿法

1. 折指法

右腕被对方右手反抓握时（对方肘朝下），右手四指切压其手腕上侧，迫使其松握，随即左手抓握其小拇指，向前下推折其小拇指（图 16-2-14①~③）。

要点：右手四指切压与左手推折要连贯。

图 16-2-14①

图 16-2-14②

图 16-2-14③

2. 拧腕别臂法

右腕被对方右手反抓握时（对方肘朝上），右臂向左外侧摆动的同时右臂外旋屈肘，顺势将左手从对方右手下穿过，用四指扣抓其右手手掌外沿内侧，拇指按压其右手拇指掌骨，接着右臂内旋挣脱，左手顺时针方向拧转，并向其身后向下带拉，右手臂紧随挑挎其右肘，然后进左步，右手按抓其右肩，左手上推，拧别其右臂（图 16-2-15①~③）。

要点：右臂摆动屈肘与肩同高，左手拧转时要下落，右臂挑挎协助右手上推。

图 16-2-15①

图 16-2-15②

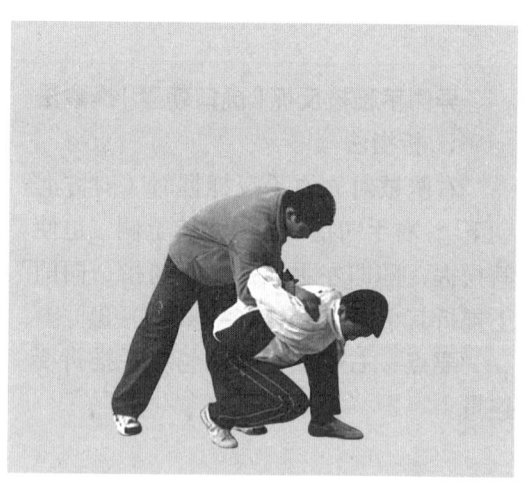

图 16-2-15③

3. 折肘法

右腕被对方右手反抓握时（对方肘朝下），右臂内旋抓握其右臂前方，随即左手抓握其肘部，然后左手上托，右手下按，撅折其右肘（图 16-2-16①~③）。

要点：右手抓握要牢，抓握、上托、下按要迅速、连贯、协调。

图 16-2-16①

第十六章 其他格斗技术介绍

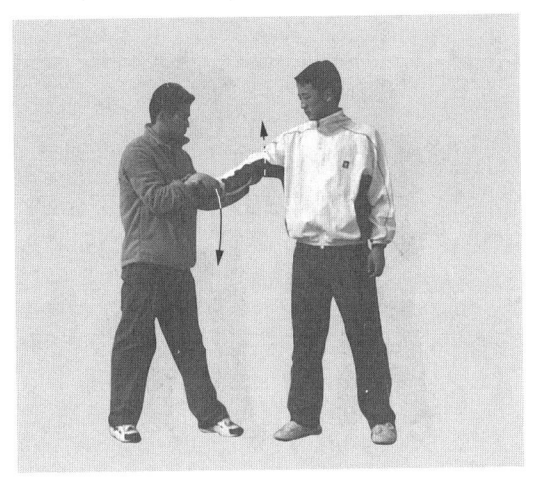

图 16-2-16②

图 16-2-16③

（三）肩部被抓擒拿法

肩部前面被单手抓擒拿法

1. 折腕法

左肩部被对方右手抓握时，右手抓握其右手背，其中四指扣抓其右手手掌外沿内侧，拇指按压其右手虎口，接着左臂屈肘上抬，经外向里砸压其右腕，同时身体右转，右手拧折其右手腕（图16-2-17①～③）。

要点：右手伸腕拧折对方右手腕与左臂下压和身体右转，用力要一致、协调，砸腕要猛、狠而有力。

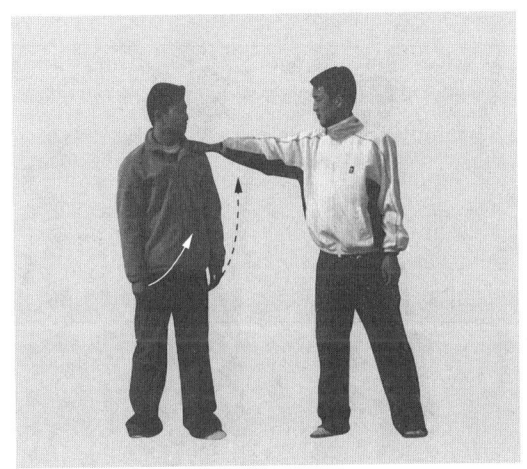

图 16-2-17①

图 16-2-17②

图 16-2-17③

287

2. 折肘法

左肩部被对方右手抓握时，右手抓握其右手背后，接着左臂屈肘上抬，磕击其右肘，同时身体右转，撅折其右肘（图 16-2-18①~③）。

要点：扣抓要紧，磕击要狠。

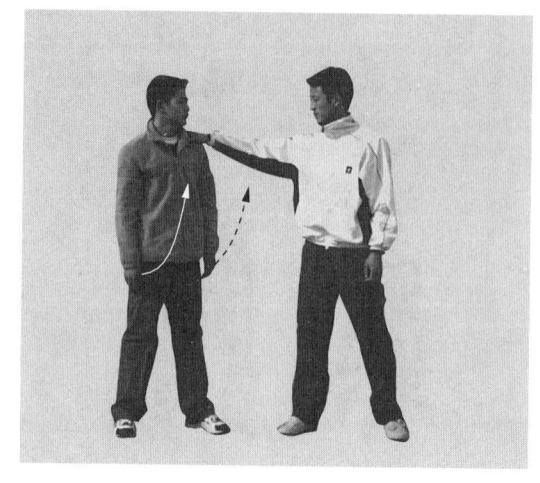

图 16-2-18①

图 16-2-18②

图 16-2-18③

肩部前面被双手抓擒拿法

拧腕折臂法：肩部被对方双手抓握时，即以左手由下抓握其左腕，同时右手由上抓握其右腕，随后左臂屈肘上撬，同时上体后仰右转，随即右手扳拉，左臂翻转，拧折其腕臂（图 16-2-19①~③）。

要点：双手抓握要紧，上撬、仰头、转体要协调、连贯，发力要狠。

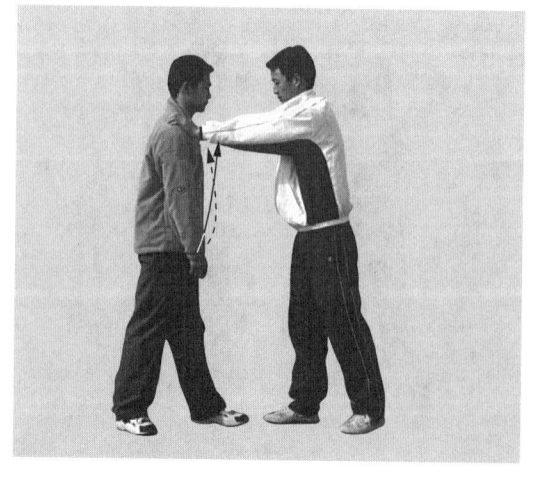

图 16-2-19①

图 16-2-19②

图 16-2-19③

肩部后面被单手抓擒拿法

1. 扣腕格肘

右肩部被对方右手抓握时,即以左手扣抓其右背,随后身体右转,同时右臂屈肘撞击其肘部(图 16-2-20①~③)。

要求:扣抓对方右腕要牢,上步、转身要协调,撞击要脆、要狠。

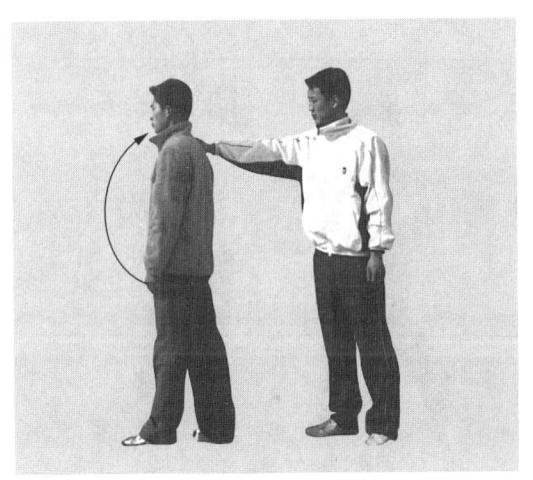

图 16-2-20①

图 16-2-20②

图 16-2-20③

2. 挟腕折肘法

左肩部被对方右手抓握时，立即向左后转身，同时左臂向后摆伸，用左腋下挟住对方右腕，使对方臂内旋，随后左臂屈肘，左手上托其右肘部，接着身体右转，折其右肘（图16-2-21①~③）。

要点：转身要快，抡臂迅猛，挟腕要牢，上托、转身要一致。

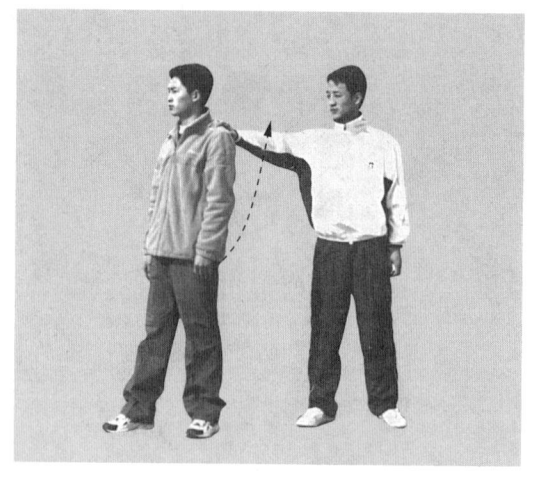

图 16-2-21①

图 16-2-21②

图 16-2-21③

肩部后面被双手抓擒拿法

肩部后面被对方双手抓握时，即以左手扣抓其右腕，随即左手回拉，身体右转，同时上右步，右手向上用拇指和食指掐卡其喉部（图16-2-22①~③）。

要点：左手回拉用力要猛，上步、转身、摆头要协调，掐卡对方喉部要狠。

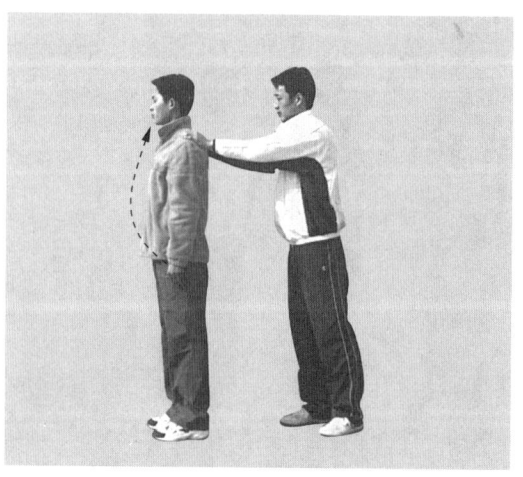

图 16-2-22①

图 16-2-22②

图 16-2-22③

（四）胸部被抓擒拿法

胸部被对方右手抓握

折腕法： 胸部被对方右手抓握时，即以右手扣按其右手背，随后身体回带右转，接着左臂屈肘上抬，砸压其前臂，折对方腕部（图 16-2-23①~③）。

要点： 扣按要牢，转身回带要快，砸压要狠。

图 16-2-23①

图 16-2-23②

图 16-2-23③

胸部被对方左手抓握

拧腕撅肘：胸部被对方左手抓握时，右手四指扣抓其左手拇指掌骨内侧，拇指按压其手背，同时左手抓其左肘部，接着身体右转，右手伸腕翻拧对方左腕，左手配合右手推其肘部（图16-2-24①~③）。

要点：伸腕翻拧、身体右转、推其肘部的动作要一致，用力要一致。

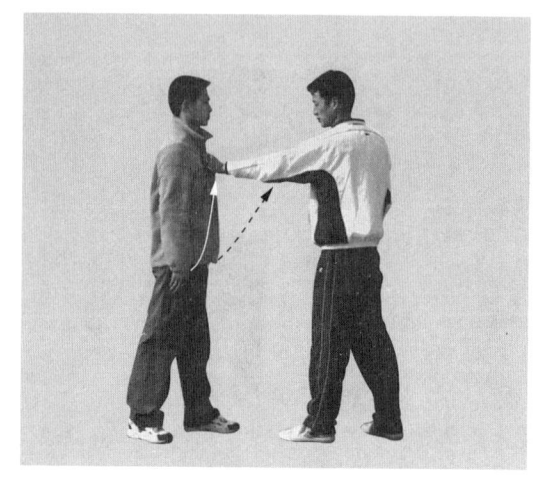

图 16-2-24①

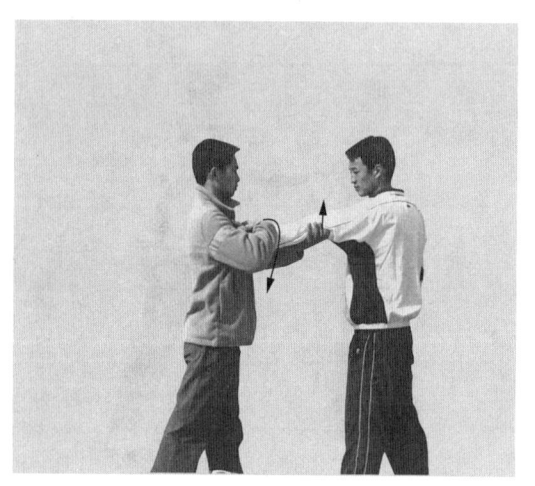

图 16-2-24②

图 16-2-24③

（五）头部被抓擒拿法

头部前面被抓擒拿法

折腕法：

方法（1），头部被对方右手抓时，即以右手抓扣其右手背，左手按压其右肘尖，随后身体右转，头向右外侧下顶，右手横折其右腕（图16-2-25①~③）。

要点：右手折腕、左手压肘和头向前下顶，用力要一致，以折腕为主。

图 16-2-25①

第十六章 其他格斗技术介绍

图 16-2-25②

图 16-2-25③

方法（2），头部被对方右手抓时，双手相叠（右下左上）扣压其右手手背，接着身体前屈，低头前顶，折其手腕（图16-2-26①~③）。

要点：扣压对方右手要牢固，身体前屈、低头前顶要协调，用力要猛。

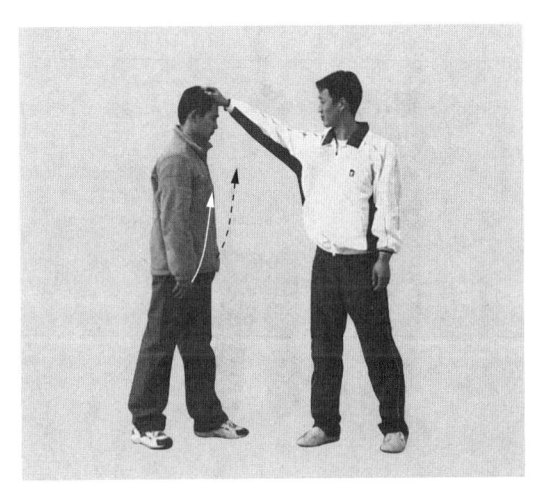

图 16-2-26①

图 16-2-26②

图 16-2-26③

头部后面被抓擒拿法

拧折腕法：头部后面被对方右手抓时，即以双手相叠扣压其右手背，身体下蹲并向右后转身180°，随即身体直立抬头，扭折其手腕（图16-2-27①~③）。

要点：扣压对方右手要牢固，下蹲、转身要连贯，抬头要用力。

图 16-2-27①

图 16-2-27②

图 16-2-27③

（六）腰部被抱擒拿法

腰部前面被搂抱擒拿法

1. 推鼻折腰法

腰部被对方从前面搂抱，并且两臂在内时，即以双手掌根撞击其双肋，随后左手搂抱其腰部，同时右手由内向上穿，用拇指按于其鼻底部位，然后右手拇指推按，同时左手回拉，使其折腰（图16-2-28①~③）。

要点：击肋要狠，同时含胸，以便右手向上穿；折腰、推鼻用力要一致。

图 16-2-28①

图 16-2-28②

图 16-2-28③

2. 搂腰折颈法

腰部被对方搂抱,并且两臂在外时,即以左手搂抱住其腰部,右手掌根推其下颌,折其颈部(图 16-2-29①~③)。

要点: 右手推下颌要快速、有力。

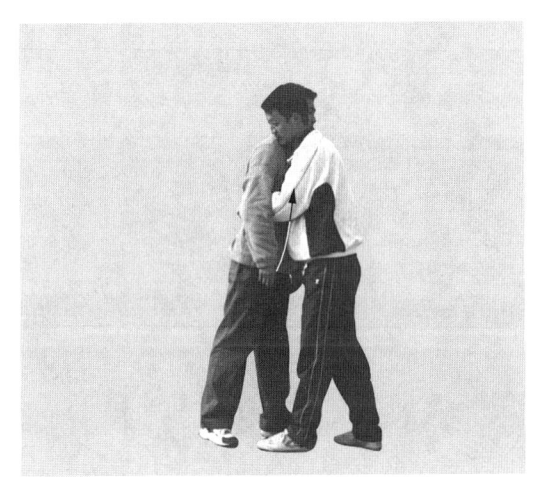

图 16-2-29①

图 16-2-29②

图 16-2-29③

腰部后面被搂抱擒拿法

1. 拧臂折腕法

腰部被对方从后面搂抱,并且两臂在内时,即以头部向后撞击其头面部,接着臀部向后撞击其裆部,紧接左手上托其左肘,右手抓握其左手腕,随后身体下蹲,左手上托,身体向右后转体解脱,至对方身后,同时左手拧其左肘,右手抓其手掌外延向上折扣其左腕(图 16-2-30①~③)。

要点:撞击对方的头部和裆部,对方由于疼痛,易于松握,便于擒拿;下蹲、上托、折扣要连贯、迅速。

图 16-2-30①

图 16-2-30②

图 16-2-30③

2. 折腕法

腰部被对方从后面搂抱,并且两臂在外时,即以头部向后,撞击对方头部,同时左手四指扣抓其左手手掌外沿内侧,拇指按压其左手虎口,接着左臂内旋拧转,身体挣脱,向左转体180°,至对方身后,随后右手拇指按压其左手手背,其余四指扣推其左手手腕,配合左手向前、向下折推其左腕(图 16-2-31 ①~③)。

要点:拇指按压对方左手虎口要用力,转体、折腕要连贯、迅速。

图 16-2-31①

图 16-2-31②

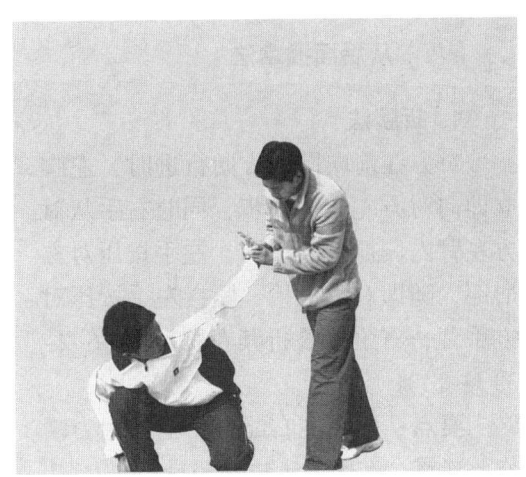

图 16-2-31③

（七）对面相遇擒拿法

双方面对面相遇时，其左脚向斜前上步，接着左手抓握其右腕，同时右臂从其右臂内侧插进，接着右脚向前上步，身体右后转体180°，再上左步，同时右臂上挑后插至其右肩井穴，左手内旋推拧其右腕（图16-2-32①~③）。

要点：上步、挑臂、转体、推拿动作要连贯、准确。

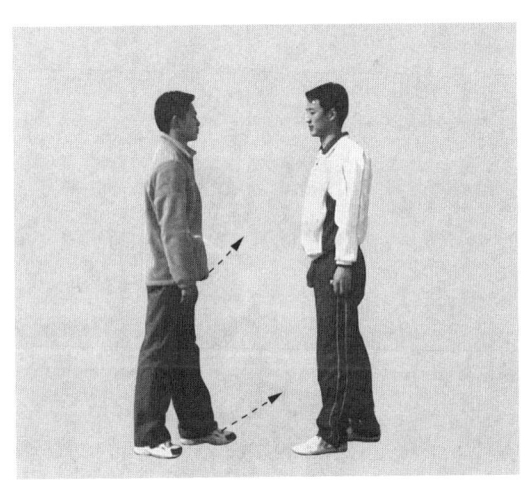

图 16-2-32①

图 16-2-32②

图 16-2-32③

（八）从后面擒拿法

1. 折腕法

对方在前向同一方向行进时，左脚立即向对方左侧迈大步，同时右手从对方左臂内侧抓握其手腕，左手按压对方肘部，随即右手上抬，紧接左手按压对方手背，右手相叠折其左腕（图 16-2-33①~③）。

要点：两手左右配合、上下用力动作要连贯、准确，步法要轻灵。

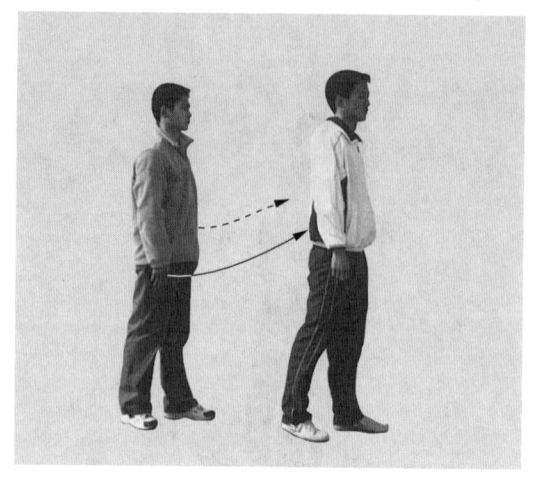

图 16-2-33①

图 16-2-33②

图 16-2-33③

2. 锁喉擒拿

对方在前向同一方向行进，以右脚蹬踩其腘窝处，在他后仰的瞬间，右手搂抱其颈部锁喉，左手配合回带（图 16-2-34①~③）。

要点：蹬踩要准，右手搂抱要快，左手与右手前后配合用力锁喉动作要连贯、迅速、完整。

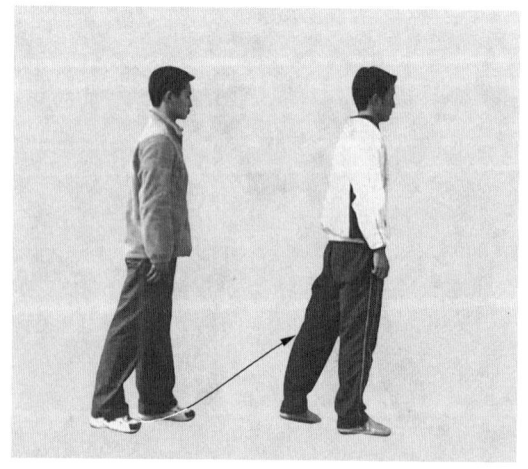

图 16-2-34①

第十六章 其他格斗技术介绍

图 16-2-34②

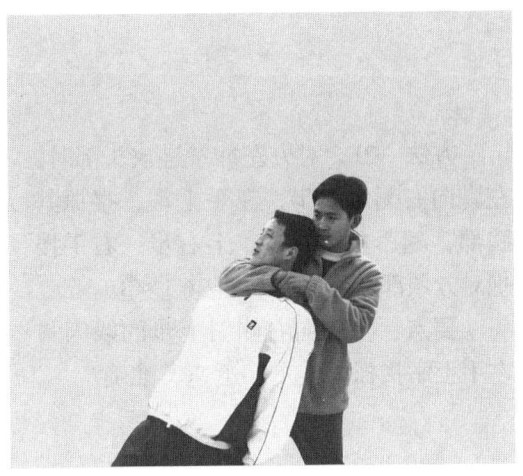

图 16-2-34③

（九）冲拳擒拿法

方法（1），对方右冲拳进攻头部，即以左手上举，抓握其腕部，紧接向左转身，同时右手前伸卡其喉（图 16-2-35①~③）。

要点： 左手上举抓握要准，转身、卡喉要连贯、协调。

图 16-2-35①

图 16-2-35②

图 16-2-35③

299

方法（2），对方左冲拳进攻头部时，左脚向右侧斜上步，左手上举，搂抓其腕部，随后左手回拉，上右步，右手搂抱对方颈部卡脖(图 16-2-36①~③)。

要点：左脚向右侧斜上步的躲闪与左手上举搂抓要连贯、迅速、准确。

图 16-2-36①

图 16-2-36②

图 16-2-36③

（十）贯拳擒拿法

方法（1），对方右贯拳进攻头部时，左手上举，抓握其腕部，接着右手前伸，由其右侧抓握其后颈部，然后回带，右膝尖顺势撞击其躯干（图 16-2-37①~③）。

要点：回带与顶膝要相向。

图 16-2-37①

图 16-2-37②

图 16-2-37③

方法（2），对方左贯拳进攻头部时，右手挂挡，并搂抓其左腕，同时左臂由下向上挑击其左肘，随后身体左转，右脚上步，左手顺势抓其左肩，并以食指、中指和无名指扣压其肩井穴，同时右臂内旋，并向前推拧其左腕（图 16-2-38 ①~③）。

要点：右手挂挡、抓握与左手挑击和插肩与推拧要连贯、快速。

图 16-2-38①

图 16-2-38②

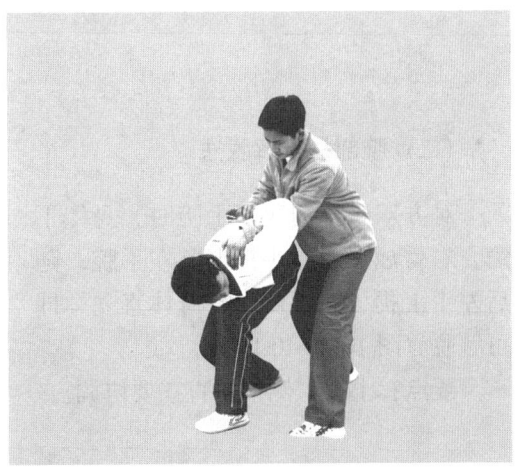

图 16-2-38③

二、解脱法

（一）拇指被折解脱法

当对方用右手推折我右手拇指时（对方肘朝下），我即以左手抓握其右手背，拇指上推，右手下拉，即可解脱（图 16-2-39①~③）。

要点：上推和下拉要同时用力。

图 16-2-39①

图 16-2-39②

图 16-2-39③

（二）腕部被折解脱法

对方双手缠切我右手腕时，身体下蹲，右臂屈肘，左手抓握其左手腕，随后左手上提，右手侧带，身体直立，即可解脱（图 16-2-40①~③）。

要点：上提、侧带、直立要协调。

图 16-2-40①

图 16-2-40②

图 16-2-40③

（三）腕部被抓解脱法

单手腕被单手抓解脱法

方法（1），左手腕被对方右手正抓握时，左臂立即外旋，屈肘向右肩回拉，即可解脱（图 16-2-41①~③）。

要点：左臂外旋与回拉要连贯有力，要从对方的虎口处挣脱。

图 16-2-41①

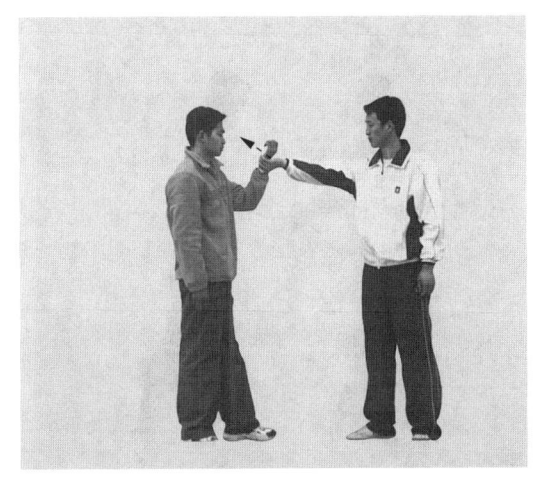

图 16-2-41②

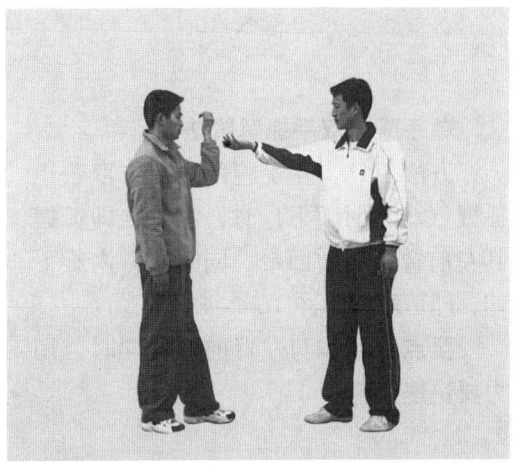

图 16-2-41③

方法（2），左手腕被对方右手反抓握（对方肘朝上）时，右手立即抓握其右肘内侧向上提，同时左臂外旋，由其右手的虎口处下压，即可解脱（图16-2-42①~③）。

要点：左手回带与右手下拉要协调一致。

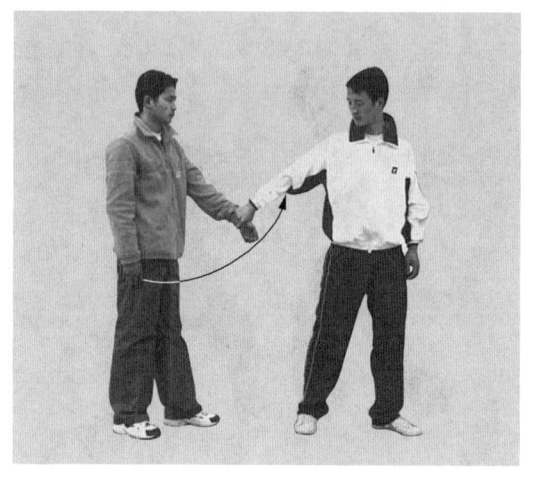

图 16-2-42①

图 16-2-42②

图 16-2-42③

单手腕被双手抓解脱法

方法（1），左手腕部被对方双手正抓握（对方肘朝下）时，右手立即抓握其左前臂，屈肘回带，同时左臂内旋下伸，即可解脱（图16-2-43①~③）。

要点：回拉与左臂前伸要同时，用力要快速完整。

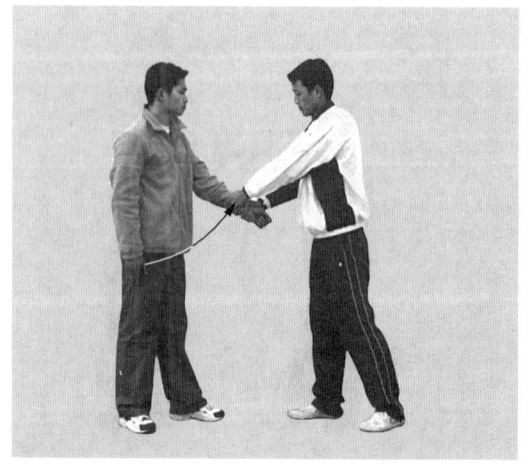

图 16-2-43①

第十六章 其他格斗技术介绍

图 16-2-43②

图 16-2-43③

方法（2），左手臂被对方双手反抓握（对方肘朝下）时，右手立即由其两臂之间向上抓握自己的左拳，然后两手同时向下用力即可解脱（图 16-2-44①~③）。

要点：两手向下同时用力。

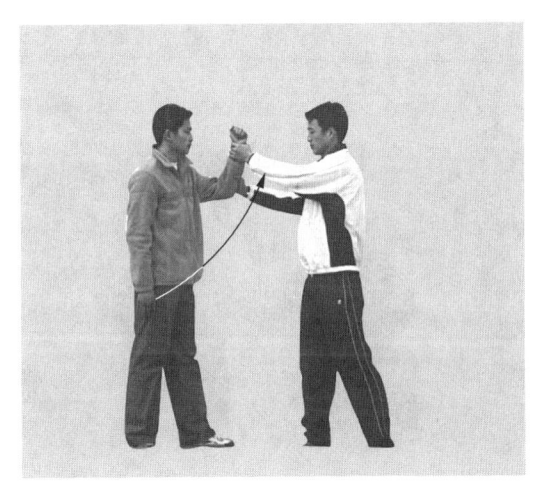

图 16-2-44①

图 16-2-44②

图 16-2-44③

双手腕被双手抓解脱法

双手腕被对方双手抓握时，立即屈膝下蹲，双臂内旋下按，随后身体直立，双臂外旋屈肘回带，即可解脱（图16-2-45①~③）。

要点：屈膝下蹲时重心偏向双臂，身体直立与双肘上顶要有力、协调。

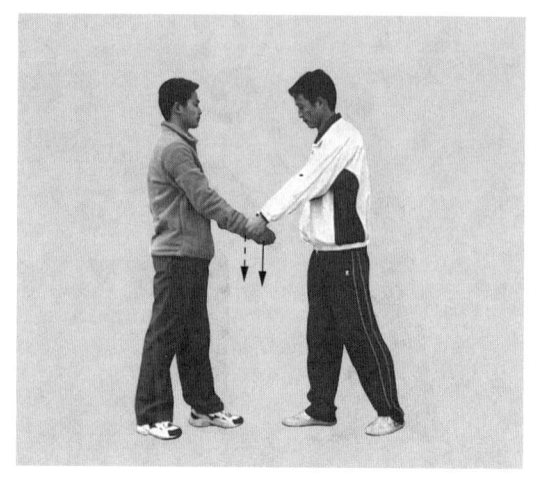

图 16-2-45①

图 16-2-45②

图 16-2-45③

（四）肘部被折解脱法

方法（1），右肘被对方背向扛在右肩上时，左手抓揪对方头发回拉，同时右膝顶撞其后腰，即可解脱（图16-2-46①~③）。

要点：回拉与顶撞要协调，发力要猛。

图 16-2-46①

图 16-2-46②

图 16-2-46③

方法（2），左臂被反拧，对方右手压在我左肘关节。左臂立即屈肘，身体右转，右手前伸，卡掐其喉部，即可解脱（图 16-2-47①~③）。

要点：右转要快，卡掐要准、要狠。

图 16-2-47①

图 16-2-47②

图 16-2-47③

（五）颈部被卡解脱法

方法（1），被卡喉同时右手被对方抓握时，左手虎口朝上推击对方右手腕，同时仰头，右手回带，即可解脱（图 16-2-48①~③）。

要点：推击、仰头要协调，右手回带要连贯。

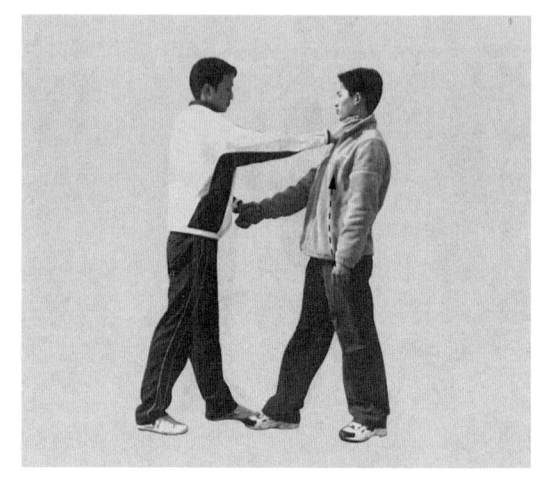

图 16-2-48①

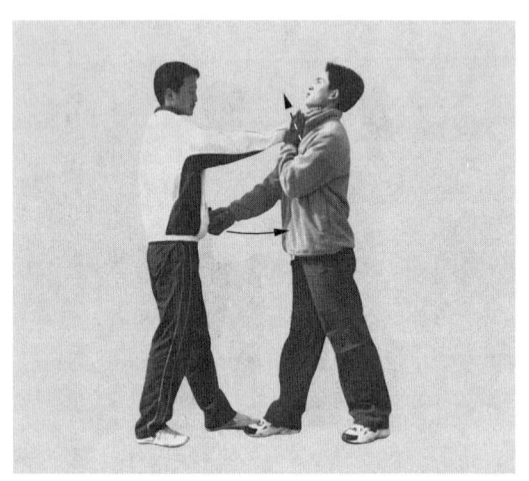

图 16-2-48②

图 16-2-48③

方法（2），被对方双手卡喉时，双手立即相握，由下向上撞击其下颌，接着两手下落时砸撞其鼻梁骨，即可解脱（图 16-2-49①~③）。

要点：上撞要仰头，砸撞要有力。

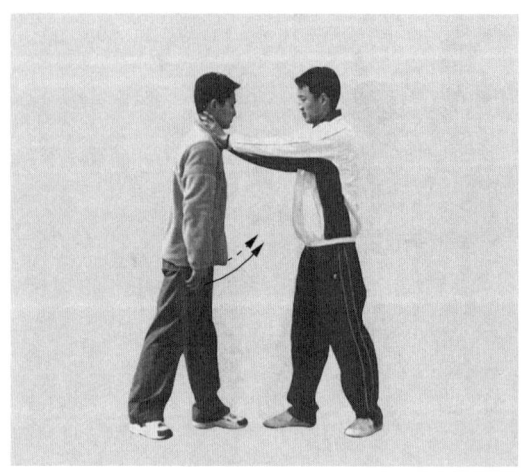

图 16-2-49①

第十六章　其他格斗技术介绍

图 16-2-49②

图 16-2-49③

方法（3），对方从背后以右臂锁喉时，左手立即抓握其右上臂向下拉，同时右手抓握其右肩，紧接提臀撞击其裆部，同时身体前屈将其摔倒，即可解脱（图 16-2-50①~③）。

要点：左手抓握下拉在先，撞击、前屈要连贯、协调。

图 16-2-50①

图 16-2-50②

图 16-2-50③

主要参考文献：

《武术训练教材》编写组. 全国武术训练教材. 北京：北京体育学院出版社，1991

(作者：马学智　摄影：马学智　演示：段新川、黄清峰)

第三节　肘、膝技术

肘是人体上肢前臂与上臂连接的部位，摆动时灵活，容易发力，尤其肘尖质硬，击打和抗击打性极强。拳理讲"肘法护心""手不离肘，肘不离肋""掌轻、拳重、肘要命"，表明了肘法在对抗中所占的地位和所起的作用。肘法的攻击距离比拳法短，通常在贴近对方时使用，发力时以腰带肘，以气催力，力足势猛，进攻部位多是头部、颈部、胸部等人体致命部位，往往以短制长，威胁和杀伤力极强。它的主要方法有顶肘、担肘、盘肘、砸肘等基本肘法。

膝是人体下肢大腿与小腿连接部位，摆动幅度小，运用方法少，但膝部坚硬，攻击凶猛，往往有一击必杀的功力。膝法通常在贴近对方时使用，进攻部位多是肋部、腹部等人体的易伤部位，尤其配合手法，上下结合，能够产生极大的威胁和杀伤力。它的主要方法有顶膝、撞膝等基本膝法。

一、肘　法

(一) 顶肘

1. 左顶肘

预备势： 散打的实战姿势（正架），以下均同。

动作： 左臂内旋平屈，身体微右转，左手置于右胸外，然后肘尖向前撞击，身体顺势微左传，力达肘尖（图 16-3-1①~③）。

要点： 转腰、顶肘要一致，发力干脆。

图 16-3-1①

图 16-3-1②

图 16-3-1③

2. 右顶肘

动作： 从实战姿势开始，右脚上步，或左脚撤步，右臂内旋平屈，右手置于左胸外，然后肘尖向前撞击，力达肘尖（图 16-3-2①~③）。

要点： 右脚上步或左脚撤步与顶肘要协调，发力要干脆。

图 16-3-2①　　　　　　　图 16-3-2②　　　　　　　图 16-3-2③

应用：

（1）先用拳法进攻，待贴近对方时，可以进步或上步用左顶肘或右顶肘攻击对方胸、腹部（图 16-3-3①~③）。

（2）对方用拳法进攻，在挂挡防守或躲闪后，可以退步或撤步用左顶肘或右顶肘攻击对方胸、腹部（图 16-3-4①~③）。

（3）双方搂抱时，当他即将离开的瞬间，可以进步或上步用左顶肘或右顶肘攻击其胸、腹部（图 16-3-5①~③）。

图 16-3-3①　　　　　　　　　　　　图 16-3-3②

图 16-3-3③

图 16-3-4①

图 16-3-4②

图 16-3-4③

图 16-3-5①

图 16-3-5②

图 16-3-5③

（二）担肘

1. 左担肘

动作：从实战姿势开始，身体微下潜，随后左臂内旋上挑，同时上体左侧微上提，用肘尖下端撞击对方，左拳心向左耳（图 16-3-6①~③）。

要点：上挑、上提要一致，力发于腰，达于肘。

2. 右担肘

动作：从实战姿势开始，身体左转，右臂内旋上挑，同时上体右侧微上提，用肘尖下端撞击对方，右拳心向右耳（图 16-3-7①~③）。

要点：上挑、上提要一致，力发于腰，达于肘。

图 16-3-6①

图 16-3-6②

图 16-3-6③

图 16-3-7①

图 16-3-7②

图 16-3-7③

应用：

（1）对方以右贯拳或左贯拳进攻，躲闪进步待贴近后可用左担肘或右担肘撞击其下颌（图 16-3-8①~③）。

图 16-3-8①

图 16-3-8②

图 16-3-8③

（2）对方以右贯拳或左贯拳进攻，经挂挡防守后，再用右担肘或左担肘反击其下颌（图 16-3-9①~③）。

图 16-3-9①

第十六章 其他格斗技术介绍

图 16-3-9②

图 16-3-9③

(3) 对方以右鞭腿或左鞭腿进攻，外抄防守后，可用右担肘或左担肘反击其下颌（图 16-3-10①~③）。

图 16-3-10①

图 16-3-10②

图 16-3-10③

(三) 盘肘

1. 左盘肘

动作：从实战姿势开始，身体微左转，随后上体右转，同时左臂内旋平屈，用肘尖下端向前横撞对方，拳心朝下（图16-3-11①~③）。

要点：左转、摆肘与右转要连贯，肘借腰力发劲。

图 16-3-11①

图 16-3-11②

图 16-3-11③

2. 右盘肘

动作：从实战姿势开始，身体左转，同时右臂内旋上抬平屈，用肘尖下端向前横撞对方（图16-3-12①~③）。

要点：左转与摆肘要连贯，力发于腰，达于肘。

图 16-3-12①

图 16-3-12②

图 16-3-12③

应用：

（1）对方用组合拳法进攻逼近时，我先以右手拍挡防守，再以左盘肘攻击对方头部（图16-3-13①~③）。

图 16-3-13①

图 16-3-13②

图 16-3-13③

（2）腹部被对方搂抱而双手在外时，可用左盘肘和右盘肘连击对方头部（图16-3-14①~③）。

图 16-3-14①

图 16-3-14②

图 16-3-14③

（3）双方相互搂抱时，即以一手抓握对方颈部控制进攻距离，然后用右盘肘或左盘肘攻击对方头部（图 16-3-15①~③）。

图 16-3-15①

图 16-3-15②

图 16-3-15③

(四）砸肘

1. 左砸肘

动作：从实战姿势开始，身体微右转，同时上体左侧微上提，左肘上抬，拳心向左耳，随后用左肘尖上端向下撞击（图16-3-16①~③）。

要点：上提要自然，向下撞击要沉气发力。

图 16-3-16①

图 16-3-16②

图 16-3-16③

2. 右砸肘

动作：从实战姿势开始，身体左转，同时上体右上仰，右肘上抬，拳心向右耳，随后用右肘尖上端向下撞击（图16-3-17①~③）。

要点：上提要自然，向下撞击要沉气发力。

图 16-3-17①

图 16-3-17②

图 16-3-17③

应用：

（1）腰部被对方搂抱时，可用左砸肘或右砸肘向下撞击对方后背（图16-3-18①~③）。

图 16-3-18①

图 16-3-18②

图 16-3-18③

（2）腿部被对方搂抱时，可用左砸肘或右砸肘向下撞击对方后背（图16-3-19①~③）。

图 16-3-19①

图 16-3-19②

图 16-3-19③

二、膝 法

(一) 顶膝

1. 左顶膝

动作：从实战姿势开始，身体重心移至右腿，同时左腿屈膝上提，高过于腰，左脚尖自然向下，力达膝尖（图 16-3-20①~③）。

要点：支撑腿要稳，上顶要快速有力。

图 16-3-20①

图 16-3-20②

图 16-3-20③

2. 右顶膝

动作：从实战姿势开始，身体重心移至左腿，同时右腿屈膝上提，高过于腰，右脚尖自然向下，力达膝尖（图 16-3-21①~③）。

要点：支撑腿要稳，上顶要快速有力。

图 16-3-21①

图 16-3-21②

图 16-3-21③

应用：

（1）用拳法进攻，待搂抱对方颈部后，顺势用膝顶击其胸、腹部（图 16-3-22①~③）。

（2）对方以右贯拳或左贯拳进攻，我以挂挡防守后，随机用手抓握对方颈部回带，即以右膝或左膝顶击其胸、腹部（图 16-3-23①~③）。

（3）在对方下潜近身抱腿的瞬间，我即以左膝或右膝顶击其头、胸部（图 16-3-24①~③）。

图 16-3-22①

图 16-3-22②

图 16-3-22③

第十六章 其他格斗技术介绍

图 16-3-23①

图 16-3-23②

图 16-3-23③

图 16-3-24①

图 16-3-24②

图 16-3-24③

(4) 与对方相互搂抱时，以双手搂住对方的腋下，用左膝或右膝顶击对方胸、腹部(图16-3-25①~③)。

图 16-3-25①

图 16-3-25②

图 16-3-25③

(二) 撞膝

1. 左撞膝

动作：从实战姿势开始，身体微左转，左胯外展，随后重心移至右腿，左腿屈膝内旋，由外向里横击对方。膝高过腰，小腿外翻，力达膝尖内侧（图16-3-26①~③)）。

要点：左胯外展与内旋要连贯，发力于腰，支撑腿要稳。

2. 右撞膝

动作：从实战姿势开始，右胯外展，随后重心移至左腿，右腿屈膝内旋，由外向里横击对方。膝高过腰，小腿外翻，力达膝尖内侧（图16-3-27①~③)）。

要点：左胯外展与内旋要连贯，发力于腰，支撑腿要稳。

图 16-3-26①　　　　图 16-3-26②　　　　图 16-3-26③

图 16-3-27①　　　　图 16-3-27②　　　　图 16-3-27③

应用：

(1) 先以拳法进攻，当对方向右侧或左侧躲闪时，伺机用右膝或左膝撞击其肋部（图 16-3-28①~③）。

(2) 对方用腿法进攻，我一只手经外抄抱防守后，另一只手反抓对方颈部回带，用右膝或左膝撞击对方肋部（图 16-3-29①~③）。

(3) 与对方相互搂抱时，以双手搂住对方的颈部或肩部，再用右膝或左膝顶撞对方肋部（图 16-3-30①~③）。

图 16-3-28①

图 16-3-28②

图 16-3-28③

图 16-3-29①

图 16-3-29②

图 16-3-29③

图 16-3-30①

第十六章　其他格斗技术介绍

图 16-3-30②

图 16-3-30③

主要参考文献：

1. 《武术训练教材》编写组. 全国武术训练教材（下册）. 北京：北京体育学院出版社，1991
2. 杜仲勋、杜振高. 擒拿与反擒拿. 北京：北京体育学院出版社，1988
3. 马中碧. 徒手制服搏杀法. 北京：北京体育大学出版社，1997
4. 安在峰. 膝法大擂台. 北京：北京体育大学出版社，1996

（作者：马学智　摄影：马学智　演示：段新川、黄清峰）

第四节　中国式摔跤

一、概　说

中国式摔跤在我国有着悠久的历史，是一项深受人们喜爱的民族传统体育项目，也是中国文化遗产的一部分。新中国成立后，由于党和政府的关心和重视，从1953年全国民族形式体育表演和竞赛大会起，直至第1~6届全运会，都被列为正式比赛项目，同时每年都有全国中国式摔跤锦标赛，参赛人数之多、规模之大前所未有。

第7届全运会以后，国家体育总局对我国体育运动项目进行战略调整，从整体上分为"奥运争光计划"和"全民健身计划"两大类，中国式摔跤被列入"全民健身计划"运动项目的范畴，在进行体育锻炼、促进人民身体健康方面发挥了重要作用。2000年国家体育总局在浙江宁波举办了首届体育大会，中国式摔跤被列入正式比赛项目，其发展势头越来越强劲。

目前，尽管中国式摔跤还没有进入奥运会，但中国式摔跤仍以它独特的魅力，悄然走出国门，在法国、美国、德国、瑞典、加拿大等不少国家或地区设有中国式摔跤的组织和俱乐部，而且每年都有较大规模的中国跤世界邀请赛。2001 年在香港成立了中国式摔跤联合会，称为"世界摔跤联合会"，现在有 36 个成员国家或地区成员。中国式摔跤在国际上有很大的市场，正被越来越多的国家或地区所认识和推广。

中国式摔跤在规定的比赛区域内，两人徒手相互抢抓有利把位，运用手法技术的撕、拉、牵扯、抱、压和脚、腿、臀、腰、肩的踢、挂、蹉、别、背、扛、扣、掏等动作，破坏对方的身体平衡，瞬间将对方凌空摔起，形成一倒一站胜负鲜明的局面。这种巧妙的摔法，潇洒漂亮的动作，给人以美的享受。中国式摔跤决定胜负以表现技术为主，技术讲究严谨、合理、全面，动作讲究规范、干净、连贯，效果讲究沾着就来、挨着就倒的快跤风格。

二、术　语

中国式摔跤作为一种竞技项目，有它特定的训练和比赛用语，我们称其为摔跤术语。

（一）通用俗语

1. 跤场：指过去私人设场授艺的摔跤场所，现在是指摔跤训练和比赛的场地。
2. 跤衣：俗称褡裢，指训练和比赛时必须穿的专项服装。
3. 把位：是实战训练中，运动员抢抓的跤衣上各部位及其名称。
4. 跤架：指双方交手之前，所站的一种既有利于进攻，又有利于防守的摔跤姿势。
5. 大架：指身体重心偏高的跤架，站此架多以进攻为主，防守为辅。
6. 小架：也称矮架。此架重心低，防守严密，其特点是能攻善守。
7. 顺架：双方都是左架或双方都是右架，两人对摔时都能在相同的方向，走出相同的步法，故称顺架。
8. 顶架：指左架和右架两人对摔，双方的活腿（攻击腿）在同一侧相互顶挡，故叫顶架。
9. 换架：也称变架，根据进攻需要，利用步法的转换，改变跤架的方位实施进攻，称为换架。
10. 跤绊：中国跤术语中，所有的进攻、反攻、套摔等技术动作，统称为跤绊。
11. 进攻跤绊：训练实战中所使用的攻击性技术动作，统称为进攻跤绊。
12. 反攻跤绊：当对手攻击时，你所使用的反攻技术动作，统称为反攻跤绊。
13. 套摔跤绊：实战中，使用连续攻击性的连贯技术，统称为套摔跤绊。
14. 对脸摔跤绊：实战中，面对面所使用的进攻与反攻技术动作，统称为对脸摔跤绊。
15. 背脸摔跤绊：实战中，背对对方所使用的攻击、反攻技术统称为背脸跤绊。
16. 脸对背跤绊：实战中，绕到对手背后，脸对其背的摔跤动作，称脸对背跤绊。

（二）把位术语

摔跤衣是摔跤训练、比赛的专用服装。摔跤衣上的领襟、胸襟、袖口、前后腰带、底襟等处，都属于互相抢抓的把位。按其部位抓法可分为：

1. 大领：活手拇指在里，四指在外，抓握对手的领襟。
2. 直门：底手小袖，活手拇指贴其胸，四指在外抓握其上胸襟。
3. 偏门：右手（或左手）四指贴其胸，拇指在外，抓握其右（或左）上胸襟。
4. 软门：右手（或左手）拇指贴其腹部，四指在外，虎口向上抓握其左（或右）腹胸襟称抓软门。

注：直门、软门也有反抓握的，称反挂门。

5. 中带：单手四指在内贴其腹部，拇指在带外抓握跤带的方法称抓中心带。
6. 底岔：也就是跤衣的前衣角，单手虎口向上抓握衣角。
7. 后带：底手小袖、活手拇指贴其后衣背，四指扣握后腰带。
8. 后契：是指跤衣的后带下边的跤衣边。单手抓握后契，拇指在跤衣外，四指在跤衣边的里边。

（三）手法术语

手法是实战中运动员手部抓握和解脱手部动作的方法。

1. 底手：指参与辅助进攻的手。底手揪抓的部位，如小袖、直门等。
2. 活手：也叫上手，指参与主要攻击对方的手。活手可根据进攻动作的需要，灵活地揪抓不同的把位。
3. 抢手：抢抓有利于自己攻、防的把位，为攻击对手创造条件。
4. 封手：用双手封挡、解脱对方抓握自己把位的手法。
5. 撕手：就是揪到把位后来换手揪、抓、扯、拉，使对手没有机会揪抓自己，造成对手失去平衡的手法。
6. 捅手：用底手揪抓对方的小袖或直门，先捅后拉，使对方重心能前后移动的手法。
7. 登手：用单手或双手向后下方推开被揪抓的把位，称为单手登手或双手登手。
8. 借手：借对手揪抓自己的某一把位，为自己借力并发动攻击的手法。
9. 引手：不主动抓对方，敞开自己某一把位的空当，诱使对方抓握，然后借力使绊的办法。
10. 散手：为了迅速战胜对方，双方出架刚交手，及时揪拿有利把位，立即发绊进攻对方。

（四）步法术语

步法是在摔跤运动中，借以调整自身的重心和与对方之间距离的脚步移动方法。

1. 上步：底、活腿纵向向前移动的步法。
2. 撤步：底、活腿纵向向后移动的步法。
3. 背步：底腿经活腿脚跟向后插步的步法。

4. 盖步：底腿经活腿膝关节上盘插的步法。
5. 跳步：双腿同时腾空移动至某一位置的步法。
6. 败步：活腿在底腿脚尖前横向撤步并能随之转体的步法。
7. 三点步：一脚盖步，另一脚上步，两脚为轴可转成原来跤架的步法。
8. 车轮步：一脚背步，另一脚为轴使上身随之转体，背步脚落在近一周的位置上，并能形成跤架的步法。

三、跤 法

为了更好地解读动作要领和识图方便，本教材把进攻者称为甲方、被攻者称为乙方。

（一）脚部摔法

1. 大领踢摔

双方跤架：甲左架，乙右架。

使用方法：甲底手抓小袖，活手抓大领。使用大领踢时，底手应向斜下方紧拉乙的小袖，活手配合猛力向其脖子一侧摁压，使乙产生错觉，等乙向上犟劲时，立即上底腿于乙的活腿脚前，底手猛向斜上方捅送，同时活手翻把扯拉大领，配合转身坐腰，乙受甲上下肢同时攻击，必然会重心不稳，被甲的大领踢所摔倒（图16-4-1）。

2. 小袖偏门蹉摔

双方跤架：甲左架，乙右架。

使用方法：甲底手抓小袖，活手抓偏门。使用偏门蹉时，双手将乙的小袖偏门向右侧控紧，使乙身体向右倾斜，然后底腿垫步，调整进攻距离，活腿前伸，蹉管乙的踝关节处，双手配合将乙的小袖偏门往其被蹉管的底腿上紧拽，使乙被牢牢地蹉控不能抽逃。此时甲的进攻腿粘蹉用力上挑，迫使乙被粘蹉的脚离开地面，双手同时捅袖紧偏门，导致乙身体失去平衡而被摔倒（图16-4-2）。

图 16-4-1

图 16-4-2

3. 偏门里刀勾摔

双方跤架：甲左架，乙右架。

使用方法：甲底手抓小袖，活手抓偏门。使用动作时，双手猛向怀里紧勒，使乙的活腿处于自己的攻击距离之内。甲随即活腿前伸至乙的裆内，用脚后跟刀勾乙活腿小腿的后部，往自己裆中猛力刀勾，迫使乙腿离开地面，同时双手配合，大力向乙身后推捅其肩胸部位，上体欺身，迫其上体后仰。此时，乙上体被推捅，活腿被刀拉，身体严重失去平衡而被摔倒（图16-4-3）。

图 16-4-3

4. 大领耙子摔

双方跤架：甲左架，乙右架。

使用方法：甲底手抓小袖，活手抓大领。使用耙攻时，甲双手先横向圆拉，等乙犟劲挺身时，活手抓大领向脖子部位摁压，底手紧带小袖，使乙身体向其底腿方向倾斜。接着甲迅速前伸活腿出耙，耙拉乙底腿的踝关节后部，两手配合用力向前捅推，迫使被耙拉的脚翻离地面而被摔倒（图16-4-4）。

图 16-4-4

（二）腿部摔法

1. 大领别子摔

双方跤架：甲右架，乙左架。

使用方法：甲底手抓小袖，活手抓大领。使用别攻时，双手横向圆拉走跤步扯动乙，当自己的活腿靠近乙前伸的腿时，突然双手合力向体前揪带，活腿随之前伸外展，猛力地横别乙膝关节以下部位，身体配合前倾长腰转体变脸，迫使乙双腿离地被摔倒（图16-4-5）。

图 16-4-5

2. 小袖偏门牵别摔

双方跤架： 甲右架，乙左架。

使用方法： 甲底手抓小袖，活手抓偏门。使用动作时，甲双手突然用力向自己身侧圆拉乙，一旦乙的步法被拉乱，则双手垂肘向上顶支其肩窝，并随之以自己的肩顶贴在乙的肩窝下，活腿迅速蹬伸攻击乙的活腿膝关节处，接着双手配合向自己支撑腿方向牵拉，迫使乙身体失去平衡而被腾空摔倒（图16-4-6）。

图 16-4-6

3. 后带挤桩摔

双方跤架： 甲左架，乙右架。

使用方法： 甲底手抓袖，活手抓后带。使用动作时，甲上活腿于乙的身后，同时双手往怀里紧带，攻击腿顶绊乙的大腿后侧，同时提膝，将乙双脚顶离地面，形成单腿支撑，然后坐腰转体，双手配合，大力向身后支捅。此时乙双脚离开地面，失去平衡而被甲的挤桩所摔倒（图16-4-7）。

图 16-4-7

4. 中带大得合摔

双方跤架： 甲右架，乙左架。

使用方法： 甲双手率先抢抓乙的中带和大领。使用动作时，甲双手猛力横向圆拉，然后背底腿调整距离，出活腿向后勾挂乙的支撑腿，同时底手回拉中带，活手支捅乙的大领，迫使乙身体严重后仰而被摔倒（图16-4-8）。

5. 跪腿小得合摔

图 16-4-8

双方跤架：甲右架，乙左架。

使用方法：甲底手抓小袖，活手控乙手腕。使用动作时，甲撤步向后带拉乙，迫使乙向甲扯拉方向上步，待乙的活腿上步至甲的活腿脚前时，甲迅速撤开攥腕的活手，同时伸活腿入乙裆内跪压其活腿的小腿部，并用活手扣握其踝关节处，避免其被跪腿逃脱，并用头撞击乙胸腹，底手也配合向后支捅其小袖，迫使乙后仰摔倒（图16-4-9）。

（三）腰、臀摔法

图 16-4-9

1. 小袖直门崴摔

双方跤架：甲右架，乙左架。

使用方法：甲底手抓小袖，活手抓直门。使用崴攻时，甲双手横向圆拉，调整距离，待乙活腿靠近甲攻击腿时，甲迅速插活腿入乙裆内。随之转体背脸使崴。双手配合大力向前支捅，迫使乙上体倾斜而被摔倒（图16-4-10）。

2. 后带腰入摔

双方跤架：甲右架，乙左架。

图 16-4-10

使用方法：甲底手抓小袖，活手抓后带。使用动作时，甲双手突然向自己身上紧带乙的小袖后带，随之底腿背步，活腿拧钻，转体填胯入腰，使自己的臀部贴紧乙的小腹部位，乘机向前低头、俯腰、拱臀、崩腿拉擦，用臀部撞击乙的小腹迫使其双脚离地，双手配合向体前支撑腿处紧拽，使其身体失去平衡而被摔倒（图16-4-11）。

3. 小袖偏门披袖摔

双方跤架：甲左架，乙右架。

图 16-4-11

使用方法：甲底手抓小袖，活手抓偏门。甲使用动作时，双手突然向斜前方大力支捅乙的小袖，待乙犟劲而身体前移欺身时，甲迅速回拉底手，活手紧带偏门，同时活腿上步于乙的裆中，钻拧转体，屈膝跪蹲，捧袖钻肩，用臀腰部位贴紧其胸腹，紧接着拱臀崩腿，俯腰低头，双手配合向支撑腿前大力紧拽乙的小袖偏门，使乙头朝下脚朝上摔倒在地（图16-4-12）。

4. 揪袖单把揣摔

双方跤架：甲右架，乙左架。

图 16-4-12

使用方法：甲抢先抓到小袖，并用活手控乙底手，待乙急于解脱抢把时，甲突然用活手大力向乙身后推捅，待乙犟劲向前欺身时，甲乘机回带底手，并迅速地背底腿转体，捧臂扛肩、填胯入腰，将臀部贴紧乙的腹部，紧接着向前俯腰低头。迫使其双脚离地，底手配合向体前紧袖，活手于身后扶托乙的大腿部，大力地向上反豁，使乙身体失去平衡而被摔倒（图16-4-13）。

（四）手部摔法

图 16-4-13

1. 小袖手别子摔

双方跤架：甲右架，乙右架。

使用方法：甲抢先用底手抓到乙的小袖，突然向后支捅，待乙欺身抢抓把位时，甲可乘机用活手由乙的腋下按别乙活腿膝关节外侧，紧接着底腿撤步，长腰背脸，配合底手向体前拽拉，迫使乙重心失控而被手别摔倒（图16-4-14）。

2. 偏门扣腿摔

双方跤架：甲左架，乙右架。

图 16-4-14

使用方法：甲抢先用活手揪抓乙的偏门，同时揪偏门的手横向捅拉，待乙欲脱手而身体后仰时，甲乘机上活腿于乙的两腿中间，同时底手下滑至乙的膝关节处，用力扣掏乙的踝关节后部，活手配合大力向前支捅乙的直门，同时欺身、掀腿，迫使乙身体后仰而被扣腿摔倒（图 16-4-15）。

3. 直门里手掏摔

双方跤架：甲左架，乙右架。

图 16-4-15

使用方法：甲抢先用活手反抓乙的直门向下沉拉，使乙被抓直门一侧的上体向被沉拉方向倾斜，甲可乘机以活腿上步于乙活腿后侧，并俯腰用底手掏扣乙大腿内侧上提，迫使其腿离开地面，上体配合欺身以活手大力向其身后支捅胸部，使乙仰面倒地（图 16-4-16）。

4. 窜头扳打摔

双方跤架：甲左架，乙右架。

图 16-4-16

使用方法：甲乙双方各抓合适把位相互顶峙，甲突然用底手由下向上推托乙抓领手的上臂，并屈膝下蹲晃头从其腋下钻出，同时底腿上步欺身，用底手由下向上扳提乙活腿的膝关节处，迫使其腿离开地面，活手配合向体前紧拽乙的大领，活腿上步挂腿使其头朝下，身体仰面摔倒（图 16-4-17）。

（五）肩、头部摔法

图 16-4-17

穿腿扛倒摔

双方跤架：甲右架，乙左架。

使用方法：甲抢抓到底手，并用活手封抓乙的底手。待乙急于挣脱被抓握之手时，甲突然撒开抓腕的活手，并利用乙抢把上体欺身前倾之机，迅速屈膝下蹲，晃头从乙右腋下钻出，活手穿腿于裆部，挺身抬头，向上托扛乙的身体，迫使乙双腿离开地面，紧接着底手向体侧紧拉小袖，活手向底手紧拉的同一方向托乙的臀部。此时乙已成头朝下脚朝上之势，必然被甲侧摔倒地（图16-4-18）。

图 16-4-18

四、规则与裁判法简介

根据国家体育总局重竞技运动管理中心摔协字（2000）175号《关于下发中国式摔跤竞赛规则（试行版)》的通知精神，现节录其主要内容。

（一）比赛礼节

比赛开始和比赛结束后，双方运动员应站在比赛开始线互相抱拳致意，并向场上裁判员抱拳致意。如运动员不执行此规定将受到警告处罚。

（二）比赛局数和时间

1. 每场比赛3局，每局2分钟，局间休息30秒钟。
2. 比赛中，一切暂停时间（如场上裁判员的叫"停"、宣告运动员得分、判罚以及受伤处理等情况）均应扣除。
3. 在比赛进行中，因特殊情况由场上裁判员发令终止比赛时，双方的比分和已用时间，均予保留，以便继续进行该场比赛。

（三）比赛中的信号

1. 每局比赛，均由场上裁判员发令开始。
2. 每局结束，均由记时员鸣哨或鸣锣。
3. 在比赛进行中，场上裁判员发出停止口令时，双方运动员应立即停止比赛，迅速站到比赛开始线。

（四）比赛服装

1. 运动员必须穿规定颜色的摔跤服、相同颜色的灯笼裤及螳螂肚靴。

2. 运动员在上场前,必须穿好摔跤衣,扎牢腰带(腰带由腹前绕至背后,再绕回腹前打扁结,松紧度要适度,以手能插入为宜),以免妨碍比赛。

(五)得分标准

在比赛进行中,除两脚外,身体其他部位先着地者失分(跪腿摔除外)。一方被摔倒后,根据倒地的情况,判对方得 2 分、1 分或互不得分。

1. 得 2 分

(1)将对方摔倒至背、胸、腹着地,自己保持站立。
(2)使用跪腿摔将对手摔倒,并使其躯干着地,自己保持稳定。

注:使用跪腿摔(次数不限)未成功,虽然膝部着地,但能迅速起立,不判失分。

2. 得 1 分

(1)将对方摔倒,仅使其头、手、肘、膝、臀部着地。
(2)将对方摔倒后,自己随之倒地。
(3)双方同时着地,躯干在上者得分。
(4)使用跪腿摔,自己失去身体平衡(判进攻者得 1 分)。
(5)一方受到一次警告,对方得 1 分。

3. 互不得分

双方同时倒地,分不出先后或上下者,互不得分。

(六)进攻有效与无效

1. 在比赛区内使用方法将对方摔倒在保护区,判进攻有效。
2. 在比赛区内将对方摔倒后,自己踏入或跌入保护区,判进攻有效;对方倒地与进攻者踏入或跌入保护区同时发生,判进攻有效;把对方摔倒着地以前,自己踏入或跌入保护区,则判进攻无效。
3. 双方运动员有一只脚踏入保护区,裁判员及时喊"停",双方回到场地中央重新开始比赛。在使用方法过程中,进攻者在比赛区,对方在保护区而被摔倒,判进攻有效。
4. 踩着对方的脚进攻,或松开对方的脚后即刻进攻,判进攻无效。
5. 抓住对方的裤子使用动作,判进攻无效。
6. 场上裁判员发出"停"的口令后,再进攻无效。
7. 将对方摔倒着地与记时员鸣哨或鸣锣同时发生,判进攻有效;摔倒着地在(空中)鸣哨或鸣锣之后,判进攻无效。

主要参考文献:

1. 中国跤术. 北京:人民体育出版社,1985
2. 中国式摔跤实用教程. 北京:人民体育出版社,2002

(作者:王玉明　摄影:李志鸿　演示:王　鹏、王郭强)

附录

武术主要典籍简介

《角力记》

是五代十国到宋朝初期（公元 960 年前后）成书的，在《宋史·艺文志》、宋代郑樵《通志略》，以及清代胡珽《琳琅秘室丛书》中均有收录。1990 年人民体育出版社出版了翁士勋《角力记》校注本。《角力记》的著者，据《宋史·艺文志》载，系调露子。此书记载了自春秋至五代十国时期有关角力和手搏的情况，其内容相当丰富，在这部著作中，有史，有论，还有生动的体育故事，作者通过"述旨""名目""考古""出处"和"杂说"五个部分系统地论述了角力的形成、角力的名目和角力的发展过程。它是我国现存最早的一部角力专著。

《正气堂集》

明代俞大猷撰。《明史·艺文志》著录。明代有嘉靖四十四年（1565 年）、隆庆三年（1569 年）两次刊本，传世稀缺。清代有道光二十一年（1841 年）龙溪孙氏刊本。1934 年，柳诒征先生借嘉业堂刘氏所藏道光刊本，与国学图书馆所藏明刊本对勘，补缺校讹，影印行世。俞大猷所著《剑经》和《射法》收在正气堂集卷四。其《剑经》是精论棍法的杰作。《剑经》和《射法》后由戚继光转收在《纪效新书》中，但《纪效新书》的坊刻本多有脱漏舛讹，远不及影印本《正气堂集》完整。《正气堂集》是研究俞大猷本人及明代武术状况的重要史料。

《武编》

明代唐顺之编著。《明史·艺文志》著录。万历四十六年徐象㮚曼山馆首出刻本。1989 年解放军出版社出版的丛书《中国兵书集成》收录了《武编》，据明曼山馆刻本影印。《武编》共十二卷，分前后两集，前集六卷，后集六卷。《武编》前集卷五有牌、射、弓、弩、拳、枪、剑、刀、筒、锤、扒、锐十二篇，是本书中与古代武艺有关的部分。其内容虽有与其他书籍雷同者，但也保存了不少他书所没有的明代武术资料，其中尤以"拳"的部分价值最高。唐顺之年辈高于戚继光，戚继光曾向唐氏请教枪法，《武编》成书又在戚氏《纪效新书》之前，因此《纪效新书》的武艺部分有取材于《武编》之处。

《纪效新书》

明代戚继光著。《明史·艺文志》著录。戚继光在世之时，此书即有三种卷秩不同的版本。其最初刻于嘉靖三十九年（1560）的本子，是十四卷。后来又补上《布城》《旌旗》《守哨》和《水兵》四篇，以十八卷形式重加刊刻。戚继光晚年又曾对十八卷本重加整理，删去《拳经》等篇，改为十四卷本刊行。而明以后流行最广的是十八卷本。以十八卷本而论，其专言武艺者凡九卷，有射、棍、枪、钯、牌、筅、拳等技艺。其第十四卷为《拳经捷要篇》，是目前所见唯一一部势法俱备、又提供了许多拳史资料的明代拳谱。此书虽然刊刻本很多，但大都出自坊间俗工之手，而自明代周世选刊本开始，其《拳经》就已残失八势。1987年人民体育出版社出版了马明达的点校本，是该书比较完备的一个版本。1994年解放军出版社出版的丛书《中国兵书集成》收录了《纪效新书》，是据明万历年间李承勋刻本影印。《纪效新书》是明代诸兵书中对后世影响最大的一部，也是戚继光的代表作，作为研究古代武术的文献具有极为重要的价值。

《耕余剩技》

明代程宗猷著。刊于明代天启元年（1621年）。全书由四个部分构成，即《少林棍法阐宗》三卷、《蹶张心法》一卷、《长枪法选》一卷、《单刀法选》一卷。程宗猷之棍法得自少林僧洪转、广按师徒，刀法得自浙人刘云峰所传之日本刀法，枪法乃河南李克复所传，弩法依据寿春古墓中发现之弩机而创。其《少林棍法阐宗》刊行于万历四十四年，后于天启元年续成《蹶张心法》《长枪法选》和《单刀法选》三书，与《少林棍法阐宗》合刊行世。此书有清道光二十二年（1842年）聚文堂翻刻本，但缺棍法三卷。1929年，吴兴周由廑取家藏天启本影印行世，改名为《国术四书》，这是比较常见的本子。此书是明代继《武编》《纪效新书》等书之后的一部重要武术专著，对研究古代武术技术的发展，以及少林寺等武术史专题有着重要的史料价值。

《武备志》

明代茅元仪辑。《明史·艺文志》著录。又名《武备全书》，二百四十卷。明天启元年（1621年）刊行，清道光年间，先有活字本，以后又有刻本行世。此书卷八十四至九十二与古代武术有关，分载弓、弩、剑、刀、枪、钯、牌、筅、棍、拳等内容。各部分大体均由各家兵书中辑录而成，其棍取自程宗猷之《耕余剩技·少林棍法阐宗》；其刀、牌、筅、拳等，分别取自戚继光《纪效新书》十八卷本和十四卷本。所述各武艺中惟《朝鲜势法》为他书所鲜见，堪称珍奇。而所录戚继光《拳经捷要篇》中三十二势一势不缺，较之一般坊刻《纪效新书》，更接近于戚继光创刊时之原貌。此书对研究古代军事和武术有重要的史料价值。

《浑元剑经内外篇》

明代毕坤著。是一部有关以剑相搏的武术著作。其内容有剑破枪、棍说，剑破诸器说。此书对研究剑法、击剑、搏剑、对练等都有重要的参考价值。

《手臂录》

清代吴殳著。《清史·艺文志》著录。此书的序作于康熙十七年（1678年），是年吴殳 67 岁。全书共四卷，加附卷上、下则共六卷。除卷三《单刀图说》、卷四《诸器总说》《叉说》《狼筅说》《藤牌说》《大棒说》《剑诀》《双刀歌》和《后剑诀》等之外，其他内容均为枪法，故此书基本上是一部枪法专著，是吴殳对由明代至清初流传的石家枪法、马家枪法、沙家枪法、杨家枪法、峨嵋枪法、梦绿堂枪法、程宗猷枪法等多家枪法的一部总结性著作。吴殳是明清时期集枪法之大成者，《手臂录》包含着吴殳一生对枪法的实践和研究结果。本书除以论解枪法精妙以外，其《单刀图说》、渔阳老人所传之剑法、天都侠少项元池所传之双刀法，都是明清其他武术著作中所仅见者，故此书是研究古代武术的重要典籍。

《内家拳法》

清代黄百家著。此书收入《昭代丛书》，《清史·艺文志》著录。此书所记拳法为黄百家之师王征南所传习。据黄宗羲《王征南墓志铭》称，王征南之拳起自宋之张三峰，三峰为武当丹士，徽宗召之，道梗不得进，夜梦元帝授之拳法，厥明以单丁杀贼百余，遂以绝技名于世。黄百家所记之内家拳法，则称张三峰既精于少林，复从翻之，是名"内家"。黄百家所述与其父黄宗羲所述显有不同。《内家拳法》记述了内家拳法源流和主要技术内容，包括应敌打法、穴法、所禁犯病法、练手法三十五、练步法十八，记有"六路"和"十段锦"歌诀及诠解，并述王征南独创之盘斫法及习拳精要。

《剑法真传》

清代宋赓平撰，三卷。光绪三十四年（1908年）出版。1911年，吴广儒与吴学廉增修图说，改为二卷重刊问世。1920年，上海大东书局改名为《剑法图说》，并付诸石印发行。1929年上海武学书局改名为《剑法图解》出版。书中主要内容有剑法源流、剑学内功四十八式、七剑底母图、十三剑法图说解、二十四剑式图、论剑有八法与书法相通等。书中所载是宋赓平平生所学剑法和执教之法。

《拳经拳法备要》

明代少林寺玄机和尚传授，陈松泉、张鸣鹗撰。清代康熙初年张孔昭补充，乾隆年间曹焕斗又增补并作序。1927年由中国国技社改名为《玄机秘授穴道拳诀·跌打骨科秘本》出版。1936年蟫隐庐出版影印本。本书分拳经、拳法备要各一卷。拳经记述了少林拳术的各种手法、身法、步法、眼法、劲力、运气以及应敌技术的秘诀。拳法备要则对拳势进行了图解。此书对研究少林武术有重要价值。

《十三刀法》

明代遗民王余佑著。原为手写本，1931年，上海蟫隐庐据旧抄本石印出版，改名为《太极连环刀法》，实与太极拳派无关系，其中"诱敌"三势残缺不全。另据赵衡为孙禄堂《形意拳学》所写序言称，1915年前北京即有刊本。王余佑把刀法归纳为劈、打、磕、扎、砍、扇、撩、提、托、老、嫩、迟、急十三种刀法。是古代重要的刀法著作。

《苌氏武技书》

清代苌乃周著。乾隆年间苌乃周创编此书，成书之初并无全书名称，只分为前后两部分，前部名《培养中气》，后部名《武备参考》，一直作为手抄本在习武者中流传。1932年经徐哲东整理，重新编定为六卷七十四篇，正式定书名为《苌氏武技书》，1936年交由南京正中书局出版发行。1990年10月，复由上海书店按1936年版重新影印出版。《苌氏武技书》主要内容有中气论、阴阳入扶论、三尖照论、三尖到论、拳法渊源序、合炼中二十四势、养气论、讲出手、讲打法、打法总诀、二十四字论，并有枪法、猿猴棒、双剑等。其中二十四字图说有详细图解。苌氏武技以"培养中气"为宗旨，并将有关"中气"之学理及锻炼之法结合武术技艺特点进行论述，是最早研究内炼精气神的拳学著作。

《太极拳谱》

清代王宗岳等著。此书汇集了清代王宗岳、武禹襄、李亦畬等多家太极拳之论。民国初年关百益尊王宗岳太极拳"论"为"经"，后始以《太极拳经》为名。1936年中国武学会将其并入《王宗岳太极拳经·王宗岳阴符枪谱》出版。1991年人民体育出版社出版的《中华武术文库》收录《太极拳谱》，并由沈寿点校考释。《太极拳谱》的内容包括太极拳论、太极拳解、十三势歌、打手歌、十三势行功要解、十三势说略等。其中太极拳论一文以我国古代的阴阳学说为理论基础，阐明了太极拳推手的要领、方法和技击原理，成为太极拳的重要理论依据，对太极推手有一定指导意义。此书是太极拳重要的典籍。

《形意拳学》

孙禄堂著。1915年出版。1981年台湾华联出版社易名《形意拳术全书》出版。此书分上下两编。上编主要介绍三体式和五行拳、五行连环拳、五行炮的练法，下编介绍十二形、杂式捶和安身炮的练法。此书将拳理和技法要求融入动作解说中，每式插图均为作者演示摄照。

《八卦拳学》

孙禄堂编著。1916年出版，全书共分二十三章。作者在书中首次总结提出"初学入门三害"和"入门练习九要"。这些见解被后世八卦掌和形意拳传者奉为准则。书中以易理参解拳理，并以卦数、卦形和卦名比附于人体与掌法，将八个基本掌法依卦取象为狮形、麟形、蛇形、鹞形、龙形、熊形、凤形、猴形，再一一依卦形、易理和取象动物之形性说明拳势的练习要求。

《太极拳学》

孙禄堂撰。1919年上海中华书局出版。全书分上下编。上编图解说明孙福全以得自郝为真的太极拳架为基础，吸取八卦掌和形意拳的个别典型动作和基本技法创编成的太极拳架套路。下编图解介绍太极推手的基本练法，末附李亦畬《五字诀》《擎引松放》四字诀、《走架打手行功要言》。书中拳照尽为作者自己演示摄取。后世称孙福全编创的这一拳套为《孙式太极拳》。2001年人民体育出版社出版《孙禄堂武学录》，此书汇编了孙禄堂的《形意拳学》《八卦拳学》《太极拳学》《拳意述真》《八卦剑学》五本著作。

《陈氏太极拳图说》

陈鑫著。太极拳的重要著作之一。其抄本先后有四种，1933年由开明印刷局出版。1935年陈绩甫（照丕）编著《陈氏太极拳汇宗》亦纳入其图说。凡三卷。卷首有太极图、伏羲八卦图、太极拳内圆精图说、太极拳缠丝精图说、太极拳缠丝精论、太极拳缠丝法诗四首、太极拳经谱等。卷一、卷二、卷三对太极拳势法如金刚捣碓、懒扎衣、单鞭、白鹤亮翅、掩手肱捶、披身捶、倒卷肱、二起脚、小擒打、玉女穿梭、青龙出水等，均有图解。逐势详其着法、运动和周身规矩，以易理说拳理，引证经络学说，阐明贯穿于缠丝劲的核心作用，是以内劲为统驭。此书附录有《陈氏家乘》《陈英公传》和《陈品三墓志》等。

《少林武当考》

唐豪著。1930年由中央国术馆印行。全书十三节，分上下两编，上编为《少林考》，下编为《武当考》。作者以丰富的史料为依据，运用考据方法，证明达摩和尚和张三丰道士都不会武术，指出所谓少林寺拳法始于印度僧人达摩、太极拳始于武当山张三丰之说，都是后人的附会。这些观点，在当时产生了很大影响，显示了作者实事求是的治学态度和识略。《少林武当考》是唐豪的代表作之一，也是武术史学科发展过程中有标志性意义的学术成果。

《国技论略》

徐哲东著。1930年由商务印书馆出版。全书分上下两编，凡征古、考异、辨伪、近师、存疑、源流、类别、器械、择述、指要、述旨十一篇。作者是文史学者，又深好武术，在《国技论略》中他对武术史、武术拳种分类等问题，以及许多武术界口耳相传的不实之说，进行了言简意赅的辨析。此书与唐豪《少林武当考》的相继问世，对近代武术界的虚妄荒诞之风有廓清之功，对武术史与武术理论的研究有着重要的贡献。

《中国武艺图籍考》

唐豪著。初以论文形式载《说文月刊》第二卷，1940年辑为册，上海现代印书馆印刷，上海市国术协进会发行。全文分诸艺、角力、手搏、射、弹、弩、枪、棍、戈、戟、刀、剑、斧、干盾、狼筅、镋钯、器制、仪节、选举等20个类目，著录了选自《汉书·艺文志》以下至清代的公私武艺图籍。作者对每书均写有简要题解、考究源流，辨明真伪，多有发现。此书是我国第一部武术史文献学著作，也是第一部武术史目录学著作。对从事武术史研究的初学者来说，是一部基础性读物。

《国术概论》

吴图南著。1936年商务印书馆出版。1983年北京中国书店影印。分为总论、身体各部之名称与功用、国术原理、国术史略、国术行政、国术设备、国术教学、器械考证八章，附录有太极操讲义、弓矢概论。此书曾作为民国时期中央国立体育专科学校的武术理论讲义。

《行健斋随笔》

唐豪著。初为散篇，发表于《国术声》，1937年汇集成册，上海市国术馆发行。全文包括"元清二代禁汉人藏执兵器与服习武艺""易筋洗髓经牛李二序之伪""踏雪无痕""形意拳鼻祖与谱"和"陈氏家谱"等46则。此书言之有据，辨则循理，于整理研究传统武术颇有见地。

《中华新武术》

马良主编，是一部综合性的武术教材丛书。全书分率角（摔跤）、拳脚、棍术、剑术四科，每科又分上、下编。各科上编（初级教科）于1917年后陆续由商务印书馆出版，经当时教育部审定，曾在军警和学校中推行一时。各科下编（即高级教科）没有问世。此书参照西方兵操和徒手体操教练法，将传统武术套路改编成按口令进行教练的教本，其编撰体例统一，主要内容均按"基本单人团体教练""团体基本教练""团体连贯教练""团体对手教练""团体连贯对手教练"和"节录步操典并添矮步教练"等章目顺序编撰。是一部借鉴西方体育并结合中国武术的专著。

主要参考文献：

1. 中国武术大辞典编辑委员会. 中国武术大辞典. 北京：人民体育出版社，1990
2. 翁士勋. 《角力记》校注. 北京：人民体育出版社，1990
3. 吴殳著. 孙国中增订点校. 手臂录. 北京：北京师范大学出版社，1989
4. 孙禄堂著. 孙剑云编. 孙禄堂武学录. 北京：人民体育出版社，2001
5. 徐震编订. 苌氏武技书. 上海书店，1990
6. 〔日〕松田隆智. 中国武术史略. 成都：四川科学技术出版社，1984
7. （清）王宗岳等著. 沈寿点校考释. 太极拳谱. 北京：人民体育出版社，1991
8. 吴图南. 国术概论. 中国书店，1983

（作者：余水清）